和魂洋才の連弾

園田高弘メモリアル

原 明美
HARA Akemi

文芸社

まえがき～恩師への感謝～

園田高弘（日本芸術院会員、文化功労者、一九二八～二〇〇四）は、日本初の国際的ピアニストとして戦後の音楽界を牽引したパイオニアであり、日本人初とされる数々の業績を残したトップランナーであった。そして、後進の育成にも情熱を傾け、相手の年齢を問わず誠意をもって、常に真摯な態度で接し、人間的にも尊敬を集める人柄で、広い世代から敬愛されたマエストロである。

パイオニアであり、トップランナーであり、マエストロ。そのような世界に誇る巨匠が、実は私にとって、十歳からピアノを師事した恩師である。当時住んでいた京都で、そのあとは主に東京で、できうる限り園田先生の演奏を聴きに行き、話を聞く機会も多く持つことができた。国内外に及ぶ膨大な演奏歴のなかの、一部分ではあるけれど、先生から受けたピアノのレッスンの記録などと共に、多くの人に知ってもらいたい。パーソナルな内容に偏るかもしれないけれど、恩返しとして残さなければならない、残したい。

園田先生の逝去から二十年、ようやくこの思いを一冊の本にすることができました。恩師に捧ぐ回想録として、お読みいただければ幸いです。

カバー写真提供　園田春子
カバー手書き譜面　園田高弘

目次

I　萌芽への軌跡と奇跡

誕生から、東京音楽学校入学まで

園田高弘は、大分県出身の両親のもと、一九二八年（昭和三年）九月十七日に東京で生まれた。父の園田清秀（一九〇三〜三五）は、大分市の「稲田屋」という旅館の長男であったが、近くの教会で聴いたパイプオルガンの響きに魅了され、音楽家を志す。家族に反対されるなか、一度だけという約束で東京音楽学校（現・東京藝術大学）を受験したところ、見事合格、晴れて上京し、同校で高折宮次（一八九三〜一九六四）にピアノを師事した。卒業したころに長男の高弘が誕生するが、清秀はさらにフランスのパリに私費で留学し、名ピアニストのロベール・カサドシュ（一八九九〜一九七二）に師事して研鑽を積む。

パリ留学中、音楽の早期教育の必要性を痛感した清秀は、息子に徹底的な早期音感教育を授けるべく、小学校教諭だった妻の静子（一九〇三〜五二）に手紙で詳細な指示を出し、帰国後は清秀自身が指導を続けた。物心ついたころから、父の練習するピアノの音が聞こえていたことを覚えているという高弘は、最初からピアノが好きだった。昔からのならわしに従って、数え年で六歳の六月六日から正式にピアノを習い始めたが、それまでの間もピアノを鳴らしていた。そして自身の回想によれば、色を覚えるように自然に、音感を身につけたという。子供のためのピアノ教則本を出版するなど、ピアノ指導者としても活躍した清秀は、

「絶対音早教育法」と名づけた独自の音感教育法を提唱した。これが、自由学園を開いた羽仁もと子（一八七三～一九五七）の目に留まり、自由学園の「音楽グループ」で、子供たちを指導することになった。清秀は、三十二歳の若さで、病気のため亡くなるが、その前に高弘を、作曲家の山田耕筰（一八八六～一九六五）の仲介で、レオ・シロタ（一八八五～一九六五）に弟子入りさせていた。

ユダヤ系ウクライナ人のレオ・シロタは、ウィーンに出てフェルッチョ・ブゾーニ（一八六六～一九二四）に師事し、超絶技巧を誇るピアニストとして各地で活躍したが、山田耕筰に請われて来日していた。演奏旅行で中国のハルビンに滞在していたシロタのもとに、山田が訪ねてきて、日本での演奏と指導を要請したというのがその経緯だが、この年が偶然にも一九二八年、園田高弘が誕生した年であった。同年秋に来日したシロタは日本を気に入り、ウィーン在住の家族も呼び寄せて日本に移り住み、演奏活動を行いつつ、東京音楽学校の教師となる。第二次世界大戦後はアメリカに渡ったが、一九六三年に再度来日し、十二月三日に日比谷公会堂でリサイタルを開いた。そのライヴ録音および、一九二九年～四〇年ごろまでのＳＰ録音を復刻したＣＤが、二〇〇五年、シロタ没後四十周年記念アルバムとしてリリースされている（グリーンドアＧＤ２００９～11、三枚組）。また、二〇〇九年にリリースされたＣＤ「ＳＰ音源による伝説の名演奏家たち／来日アーティスト編」（コロムビアＣ

ＯＣＱ８４６９８〜９）には、シロタが一九二九年に録音したショパン、ストラヴィンスキー、スカルラッティの演奏が収められている。その録音を聴いてみると、園田のクセのない清冽なタッチは、シロタゆずりだと感じられる。最初の師匠が欧米で活躍したウクライナ人だったことは、園田のピアニズムに大きな影響を与えたと同時に、その後のグローバルな活動にもつながってゆく。

レオ・シロタから受けたピアノ・レッスン。その風景を、園田は回想している。

「レオ・シロタ先生の英語は、子供の私には『ワンス・モアー』と『ノー』と『ベリー・グッド』しか解らない。私は弾く。『ノー、リスン！』と云われて、今度は先生が同じところを弾く。（中略）曲の暗譜が一通り出来ると次の曲をいただくわけだが、先生は、次はショパン、次はリストと、曲名を楽譜の上に書き、すぐさまどんな曲であるかを目の前で弾いてくださった。（中略）先生は多くを語らなかった。だがそれ以上に、私は、音楽とは何かを体験した。」

そして十歳のとき（一九三九年）、シロタ門下生の発表会でモーツァルトの協奏曲イ長調Ｋ.４８８を弾いたのが、最初の公開演奏会、つまり園田の楽壇デビューであった。

園田は、音楽学校に早く入学させようという周囲の配慮で、小学校五年から中学に飛び級し、豊山《ぶざん》中学（現・日本大学附属）に進んだ。一九二八年（昭和三年）生まれの園田にとっ

6歳のころ、レオ・シロタ先生と

て、十七歳を迎える直前までが戦中だったのであり、戦時色が強まるなか、中学校でも軍事教練が必修となっていた。その終戦間際、一九四五年（昭和二十年）の東京大空襲で、園田と同じレオ・シロタ門下の長岡延子が世を去った。友人の藤田晴子から借りた楽譜を抱いて、防空壕で息を引き取っていたという。園田の父・清秀から早期音楽教育を受けた一人であり、天才少女として高弘自身も一目置いていた彼女は、空襲のあった当日の朝までピアノを弾いていたと伝えられている。園田家のピアノは空襲で焼けてしまったが、園田は長岡延子の遺品であるドイツ製のアップライト・ピアノを譲り受け、研鑽に励んだ。なお、近年までオランダを中心に活躍したピアニスト、長岡純子《すみこ》（一九二八〜二〇一一）は、延子の義姉にあたる。

ちなみに、レオ・シロタの娘ベアテ・シロタ＝ゴードン（一九二三〜二〇一二）は、アメリカ留学を経て一九四五年に再度来日し、GHQ（連合国軍総司令部）の民生局員として、日本国憲法草案作成などに関わった人物である。彼女にインタビューしたスーザン・ファー（ハーバード大学教授、『日本の女性活動家』著者）によれば、「女性の権利」を担当することとなったベアテは、各国の憲法や法律を調べて、女性のための権利と福祉を草案に盛り込んだという。その案は、GHQ内の議論で削られた部分もあったが、当時としては先進的な、男女平等の原則を掲げた憲法第一四条および第二四条として実を結んだ。

東京音楽学校（東京藝術大学）時代

一九四四年（昭和十九年）、東京・上野にある東京音楽学校（現・東京藝術大学音楽学部）の本科ピアノ科に十五歳で進学した園田は、引き続きレオ・シロタに師事するはずだったが、戦局の悪化により、シロタが教職を解かれてしまったため、同じシロタ門下のピアニストである豊増昇に師事する。

佐賀県出身の豊増昇（一九一二〜七五）は、東京音楽学校および研究科でシロタらに師事したのち、第二次世界大戦前のドイツに留学し、帰国後、ベートーヴェンのピアノ・ソナタ全曲演奏会や、バッハのピアノ曲全曲演奏会などを開いた。その精力的な演奏活動が、来日中の海外音楽家に注目されたことから、再びドイツに渡る機会が訪れて、一九五六年には、日本人ピアニストとして初めてベルリン・フィルの定期演奏会に登場した。こうした功績によって豊増は、昭和三十五年度（一九六〇年、第十七回）日本芸術院賞を受賞し、一九六二年には日本芸術院会員に推挙された。また、ライプツィヒで開催されたバッハ国際コンクールの審査員として、一九六四年の第二回から、第三回・第四回まで招かれた。

園田は、「テクニックはすでにシロタ先生に仕込まれていたが、ピアノという楽器の面白さを教えてくれたのは、豊増先生だった。（中略）バッハとベートーヴェンがお得意でしたから、僕にとってもこの二人の作曲家は特に重要な存在になったのです」と回想している。また豊増からは、ドイツ留学時代に接した名手たちの演奏について、多くの話を聞くことができたという。

なお、音楽学校での園田は、宅孝二と野辺地瓜丸（野辺地勝久、一九一〇〜六六）のレッスン室にも通った。二人とも、パリに留学して、名手アルフレッド・コルトーに師事したピアニストである。野辺地瓜丸は、コルトーの直伝ともいうべき特徴あるタッチの持ち主であり、彼から受けた教えを園田は次のように回想している。

「折があるごとに私は、幾時間にもわたって、野辺地氏の慇懃無礼、歯に衣を着せぬ痛烈的確な批評、それでいて、婉曲流麗な女性的表現による熱弁に、常に耳を傾けていました。その時に教わったものは、たとえば指の腹による奏法によってタッチを変化させる方法、手首の回転とか、上膊部《じょうはくぶ》（肘から肩まで）を使って波立たせるようにして打つ打鍵、運指法ではショパンが好んで用いた、半音階旋律下行の指使い5454（小指〜薬指〜小指〜薬指）といった方法などでした。」

また、宅孝二のレッスンについては、園田の後輩にあたる作曲家の諸井誠が、次のようなエピソードを紹介している。

「僕の尊敬する先輩に、園田高弘という大ピアニストがいて、もう学校を卒業してもいいぐらいのレヴェルに達した人が（東京音楽学校に）入ってきちゃった。困ったと思うんですよ、学校の先生は。教える先生がいないんですよね。でも宅孝二という先生がいて、これがおもしろい人で、（中略）『僕はこれから日本一のピアニスト、日本で今一番うまい天才的なピアニストの音楽を、たった一人で聴くという特権を僕は持っているんだよ。』こういうことをおっしゃって。教室の外で音が漏れる、しかもドアを開けておいてくれるから、どんどんがんがん廊下に園田のピアノが鳴り響くわけですよ。そういう状況で、当時の作曲科の優秀な連中がみんなそこへ集まって、園田さんの（レッスンの）盗聴をしておりました。」

園田がピアノを弾いていたレッスン室の前は、彼の演奏を聴こうという学生たちが集まって、いつも人だかりがしていた、という話は有名であり、筆者も同窓の先輩方から噂を聞いたことがある。

音楽学校に入学当時は、第二次世界大戦の真っただ中。上級生は勤労動員で兵隊にとられ、下級生は入学してこなかった。園田たち新入生の男子は、学校を守るべく、校舎のある上野の森に残った。園田自身によれば、「空襲による火災を食い止める役目を仰せつかって、毎日、弁当を持参し、鉄兜を背負って、昼も夜も学校に詰めていた。戦争が激化するとともに、三日に一回は当直として学校に泊まりこむようにもなった。授業はどんどん減っていき、音楽史以外はほとんどなかった。だから、空いた時間にピアノを存分に弾いた。毎日八、九時間は練習できた。（中略）二年間は上野の森に巣ごもりというわけで、音楽の勉強にとってはまさに天佑だった。」

さらに、戦争にまつわる次のようなエピソードもある。

「終戦直後の一九四五年（昭和二十年）六月、僕は木更津（千葉県）の航空隊に呼び出された。音楽家の絶対音感を活用し、潜水艦の居場所を突き止めたり、爆撃機の高度や飛来方向を測定するための研究だった。（中略）任意に戦艦、駆逐艦、潜水艦、商船の音を聞かされ、ついでにそれらをめちゃくちゃに混ぜたうえ、この音はどの船の音だ、と質問される。僕はなんでもピタリと当てられた。また、B29の音を聞き、高度と方向を推定する実験でも当てた。（中略）軍部は驚いたらしい。三浦半島（神奈川県）にソナー基地を設ける計画があり、絶対音感を艦隊の識別に使おうとしていた。僕はこのソナー基地に九月一日から行くことになっていたが、八月十五日に終戦になったので助かった。」

そして、学生時代の猛勉強ぶりを、園田自身は次のように回想している。

「弾けない曲があるのは悔しかったから、かたっぱしから猛勉強した。」

「一日中、学校にいて、図書室から楽譜を借りてきては次々に弾いていく。深夜だろうが早朝だろうが、学校の中ですから気にすることはない。あらゆる時代、あらゆる作風の作品を、手あたり次第に弾きまくった。同学年にヴァイオリンの江藤俊哉君などもいて有名どころのヴァイオリン・ソナタはほとんど弾きましたよ。楽譜を読みあさり弾きまくったこの経験が、おおいなる蓄積になったことは事実です。」

ここに登場するヴァイオリニストの江藤俊哉（一九二七～二〇〇八）は、東京音楽学校を卒業した一九四八年の四月にN響の定期にデビューし、その年に渡米、カーティス音楽院に留学した。日本では、桐朋学園大学音楽学部教授として多くのヴァイオリニストを育てた。園田と江藤は、日本のほかニューヨークなどでも共演している。また、園田が当時から現代音楽にも興味を示していたことが、一九七一年の寄稿に綴られている。

「私は学生の頃、ミュージカル・アメリカの演奏会欄に毎号必ず目を通していた。それは批評が常に文章として読んで面白いと思ったのと、特に音楽会のプログラム・ビルディングの斬新さが非常な魅力であったことにもよる。また、リサイタルのプログラムにも名曲名演ではない、新しい作品や新しい組合せが発見できたし、新作についてもくわしく報告されていた。とくにオーケストラのプログラムは、日本では一々特別の例でもあげないことには演奏されることがない作品が、古典的プログラムと合わせて演奏されていることが、常に驚きであった。当時羨望を禁じ得なかったシェーンベルク、ウェーベルンあるいはプロコフィエフ、ショスタコヴィッチ、バルトーク等がそれであり、以来四分の一世紀が経っている。」

卒業演奏〜デビュー、多忙な新人

園田は一九四八年三月、東京音楽学校本科の卒業演奏で、リストの『『ドン・ジョヴァンニ』の回想』を演奏し、注目を集める。師レオ・シロタの十八番でもあり、華やかな技巧を散りばめた難曲である。園田はこの曲を同年六月、日比谷公会堂でのデビュー・リサイタルでも演奏しており、後年にもリサイタルの曲目に入れたことがある（たとえば、一九七九年六月八日・京都、一九九四年六月二十一日・東京）。また、同校研究科の演奏会で弾いたのは、プロコフィエフの「ソナタ第7番」であった。これも、インパクトが強烈だったと、当時本科作曲科に在籍していた諸井誠は回想している。二曲とも、当時の日本人で演奏できるピアニストはいなかったと思われる難曲である。このプロコフィエフ作品を園田は、その後たびたび国内外で演奏し、二〇〇三年の「75歳記念リサイタル」の曲目にも選んだ。

「プロコフィエフの第7ソナタは、上野の音楽学校（現・東京藝術大学）の研究科卒業時に演奏し、またベルリンその他ヨーロッパでのリサイタルでも演奏した思い出の曲である。（中略）当時若きリヒテル（スヴャトスラフ・リヒテル、ロシアのピアニスト、一九一五〜九七）がプロコフィエフの古典的演奏によってヨーロッパを席巻していたが、それに対して大いに意欲をかきたてられた思い出がある。」

園田は東京音楽学校を卒業した一九四八年（昭和二十三年）の五月、NHK交響楽団（当時は日本交響楽団）の定期演奏会にデビューし、尾高尚忠の指揮で、ショパンの協奏曲第1番を演奏した（五月十一日・十二日、日比谷公会堂）。続いて六月二十一日に、日比谷公会堂でデビュー・リサイタルを開く。曲目は、バッハ〜ブゾーニ／コラール前奏曲「来たれ、造り主にして精霊なる神よ」「目覚めよとわれらに呼ばわる物見らの声」「喜べ、愛する信者よ」、シューマン「幻想曲」、ショパン「スケルツォ」「夜想曲」「ワルツ」、リスト「『ドン・ジョヴァンニ』の回想」であった。当時十九歳である。

そして、このデビューののち、日本におけるクラシック音楽の隆盛に向かって、その推進役の一人として活躍を続けることとなる。敗戦直後の、日本にとって一番つらい時代に、社会に放り出されたわけだが、このころのことを園田は、「戦後日本は混乱期で、勉強する以外何もなかったからね、本当に勉強したよ」「未来に向かって努力する時代に遭遇したのは幸せだった」と語り、インタビューのなかで苦労談は好まない。

園田のデビューした当時の日本は、男性が戦争に取られ、あるいは戦禍で亡くなって、男性演奏家が特に少ない時代であった。また、若手ということで、いろいろな作品の演奏を依頼されたが、どんな曲でも引き受けたという。現代芸術の集団「実験工房」の演奏会で、新作を初演するなどの活動も、ここには含まれる。

「芸大を卒業した頃、プロコフィエフとかバルトーク、メシアンの楽譜が初めて手に入るようになって、片っ端から弾きました。ハチャトゥリアンの協奏曲、ガーシュウィンの協奏曲へ調、（中略）それから『実験工房』のメンバーだった関係でメシアンの『アーメンの幻影』や『世の終わりのための四重奏曲』など、僕が初演したんですよ。武満さん、湯浅さん、諸井さんなどの作品もよく弾きました。」

園田の「実験工房」での活動については、別項で触れることとする。

「とにかく芸大を出たての頃は怖いものなしで、手広く演奏活動をやりました。メシアンをはじめ初演のものもどんどんこなしましたし、ショパンの連続演奏などもあっさりとやったりね。テクニック至上主義といいますか、純粋な気持でそれを追究していたのですが、実はバッハにせよベートーヴェンにせよ、別にオレが弾くまでもないだろう……といった甘さにおかされていたようです。初演のものへの気負いほどには、関心が持てなかったから。」

ここでの「ショパンの連続演奏」とは、ショパン没後百年にあたる一九四九年（昭和二十四年）の十一月〜十二月、当時二十一歳の園田が東京の日比谷公会堂で開いた、三回にわたるショパン連続演奏会であり、当時のプログラムには「ショパン百年祭記念連續演奏」と記されている。

第一夜（十一月二十四日）◇ソナタ第2番、「夜想曲」より三曲、「アンダンテ・スピアナートと華麗なる大ポロネーズ」、バラード第1番、即興曲第2番、スケルツォ第2番、「12の練習曲」op.10。

第二夜（十二月七日）◇バラード第4番、バラード第3番、「24の前奏曲」、スケルツォ第2番、「マズルカ」より二曲、ワルツop.34－1、ワルツop.42、幻想ポロネーズ、英雄ポロネーズ。

第三夜（十二月二十一日）◇ソナタ第3番、「夜想曲」op.48－1、「夜想曲」op.55－1、幻想曲、子守歌、舟歌、「ワルツ」より三曲、「12の練習曲」op.25。

短い期間に集中的に、これだけの難曲を並べた連続リサイタルを開催できるピアニストは、現在でもそう多くはいない。これを、さほど苦労せず「あっさりとやった」とは、まさに驚異的な二十一歳だ。

室内楽では、たとえば、ヴァイオリニストの巌本真理（一九二六〜七九）と、一九五二年（昭和二十七年）四月三日に日比谷公会堂で、ブラームスの「ヴァイオリン・ソナタ」全三曲によるデュオ・リサイタルを開いたとの記録が、「音楽の友」一九五二年（昭和二十七年）六月号に紹介されている。その記事によると、巌本と園田は、この演奏会に先立ち、九州各地でも共演したという。
「メシアンをはじめ初演のものものもどんどんこなした」というのは、別項で紹介する「実験工房」での活動のほか、ガーシュウィン「ピアノ協奏曲ヘ調」（一九四九年二月六日、日比谷公会堂、高田信一／日本交響楽団）、ハチャトゥリアン「ピアノ協奏曲」（一九五〇年五月二十六日、日比谷公会堂、山田和男＝一雄／日本交響楽団）、バーバー「ピアノ協奏曲」（一九六六年四月十八日、東京文化会館、若杉弘／読響）の日本初演を指す。

ここで、園田のデビューから、最初に渡欧する一九五二年までの、主な演奏歴を紹介しておこう。なお、「日響（日本交響楽団）」は一九五一年八月から「NHK交響楽団（N響）」と改称した。

［一九四八年（昭和二十三年）、十九〜二十歳］
五月十一日・十二日、東京・日比谷公会堂◇ショパン／ピアノ協奏曲第1番（尾高尚忠／日本交響楽団〈のちのN響〉）◇園田のオーケストラ・デビュー
六月二十一日、日比谷公会堂◇園田のデビュー・リサイタル（前掲のとおり）
六月二十八日、日比谷公会堂◇リスト「死の舞踏」（尾高尚忠／日響）

九月二十七日、日比谷公会堂◇ラフマニノフ／協奏曲第2番、チャイコフスキー／協奏曲第1番（山田和男＝一雄／日響）
十月二十六日・二十七日、大阪・京都◇リサイタル（モーツァルト、シューベルト、ベートーヴェン、ショパン、リスト）
十一月二十一日、横浜◇リサイタル（モーツァルト、シューベルト、ベートーヴェン、ドビュッシー、アルベニス、リスト）
十一月二十四日、日比谷公会堂◇チャイコフスキー／協奏曲第1番（尾高尚忠／日響）
［一九四九年（昭和二十四年）、二十～二十一歳］
一月八日「毎日名曲名演鑑賞会」◇グラズノフ、ラヴェル、アルベニス
二月六日、日比谷公会堂◇ガーシュウィン／協奏曲へ調（高田信一／日響）◇日本初演
三月十一日、日比谷公会堂◇リサイタル（スカルラッティ、リスト、ショパン）
三月二十一日・二十二日、日比谷公会堂◇ラフマニノフ／協奏曲第2番（尾高尚忠／日響）
四月十三日、日比谷公会堂◇シューマン／協奏曲イ短調（渡邉暁雄／東京フィル）
四月二十六日、日比谷公会堂◇ラフマニノフ／パガニーニの主題による狂詩曲（上田仁／

東響）
四月二十九日・三十日、日比谷公会堂◇ベートーヴェン／協奏曲第5番「皇帝」（尾高尚忠／日響）
七月四日・五日　札幌、七月八日　函館（昼夜二公演）◇ベートーヴェン／協奏曲第5番「皇帝」（山田和男／日響）
十一月六日　日比谷公会堂、十一月二十七日　静岡（昼夜二公演）◇チャイコフスキー／協奏曲第1番（尾高尚忠／日響）
十一月〜十二月、日比谷公会堂◇三回にわたるショパン連続演奏会（前掲のとおり）

［一九五〇年（昭和二十五年）、二十一〜二十二歳］
二月六日、日比谷公会堂◇ガーシュウィン／協奏曲へ調（再演）（高田信一／日響）
三月二十九日、宝塚（昼夜二公演）◇ベートーヴェン／協奏曲第4番（尾高尚忠／日響）
四月二十八日、名古屋◇ベートーヴェン／協奏曲第4番（山田和男／日響）
五月十三日、大阪◇ベートーヴェン／協奏曲第5番「皇帝」（朝比奈隆／関西交響楽団〈のちの大阪フィルハーモニー交響楽団＝大阪フィル〉）
五月二十六日、日比谷公会堂◇ハチャトゥリアン／協奏曲（山田和男／日響）◇日本初演

六月十六日・十七日、日比谷公会堂◇ラフマニノフ／協奏曲第3番（山田和男／日響）
十月二日、日比谷公会堂◇リサイタル（バッハ、ベートーヴェン、シューマン、プロコフィエフ、ショパン、ドビュッシー、プーランク、リスト）
十二月五日、日比谷公会堂◇ブラームス／協奏曲第2番（近衛秀麿／東宝交響楽団〈のちの東京交響楽団＝東響〉）

［一九五一年（昭和二十六年）、二十二〜二十三歳］
三月二十四日、日比谷公会堂◇リサイタル（全ベートーヴェン・プログラム）
五月二十七日・二十八日・二十九日、日比谷公会堂◇チャイコフスキー／協奏曲第1番（ジョセフ・ローゼンストック／日響）
八月二十五日、西宮◇ベートーヴェン／交響曲第5番「皇帝」（山田和男／N響）
九月二十八日・二十九日、日比谷公会堂◇ベートーヴェン／交響曲第5番「皇帝」（クルト・ヴェス／N響）
十一月八日、日比谷公会堂◇プロコフィエフ／協奏曲第3番（クルト・ヴェス／N響）
十一月二十一日、日比谷公会堂◇リサイタル（ベートーヴェン、フランク、プロコフィエフ、バルトーク、ミヨー、ラヴェル）

［一九五二年（昭和二十七年）、二十三〜二十四歳］

一月二十日、東京・女子学院講堂「実験工房第二回発表会／現代作品演奏会」◇メシアン「前奏曲集」（日本初演）、「世の終わりのための四重奏曲」（日本初演）、コープランド「ヴァイオリンとピアノのためのソナタ」、ノーマン・デロ＝ジョイオ「二つの前奏曲」

一月二十三日、東京◇ラフマニノフ／協奏曲第2番（上田仁／東響）

一月三十一日、日比谷公会堂◇ポピュラー・リサイタル（モーツァルト、ベートーヴェン、ドビュッシー、ショパン、リスト）

四月三日、日比谷公会堂◇ブラームス「ヴァイオリン・ソナタ」全三曲（ヴァイオリン／巌本真理）

八月九日、東京・女子学院講堂「実験工房第四回発表会〜園田高弘渡欧記念／現代作品演奏会」◇サティ「グノシェンヌ」「夜想曲」、ミヨー「マルティニークの舞踏会」「ニュー・オリンズの謝肉祭」、湯浅譲二「二つのパストラール」（処女作・初演）、武満徹「遮られない休息I」（初演）、バーバー「ピアノ・ソナタ」、メシアン「アーメンの幻影」（ピアノ・デュオ／園田高弘＆松浦豊明、日本初演）

園田は、戦後間もなくのデビュー当初から、ソロ・リサイタル、オーケストラとの協奏曲共演、室内楽、現代作品の初演と、幅広いジャンルで活躍していたのである。

最初の渡欧〜スイス滞在

演奏活動に入って数年後、園田は、一九五二年八月に初めてヨーロッパに渡る。敗戦間もない当時、日本人の海外旅行は強い規制を受けていた。外貨の持ち出しも自由にできず、制限があった。業務や視察などではなく自由に海外旅行ができるようになるのは、一九六四年四月一日以降である。当然ながら海外留学も難しい時代であり、留学には特定の目的が必要だったため、園田は、ジュネーヴ国際コンクールを受けることを決意して、最初の渡航を敢行する。そして、スイスのジュネーヴを経てパリに移り、マルグリット・ロンに師事した。なお、その後の二度目の渡欧では、ドイツのベルリンでヘルムート・ロロフに師事すると共に、ヨーロッパ各地で演奏活動を展開することとなる。

園田は、最初に渡欧した一九五二年から、弟の園田敏夫（一九三一〜九三）に宛てて何通も手紙を書いている。手紙を保管しておられた春子夫人の御厚意で読ませてもらったところ、当時二十三～二十四歳の若き園田の鋭い洞察力や、豊かな感受性が表れており、筆者は驚嘆した。以下にいくつか引用するが、旧カナ使いは現代表記に、作品名や音楽家の原語表記は日本語表記に改めた。

園田が初めてヨーロッパに旅立ったのは、一九五二年の八月十四日ごろと思われる。この日付で、スカンジナビア航空のロゴの入った便箋で、弟の敏夫に宛てた最初の手紙が始まっている。当時、ヨーロッパへの飛行機の旅は、給油等のための経由地も多く、時間がかかり、大変な行程であった。二十一世紀の現代こそ、誰でも気軽に海外旅行も留学もできる時代であり、日本の家族と連絡をとることも途中で帰国することも簡単だが、当時の留学生はそのようなわけにいかず、相当な決意と覚悟をもって渡航したものである。手紙によると園田は、羽田空港を出発したあと、沖縄、続いてラングーンに停まり、次にカイロに向けた飛行中の機内で、この手紙を書いている。

「段々と小さくなって行く日本を白雲の上より見下ろして、二十三歳、晴の門出を思い、父母を想い起して感慨無量でした。僕にとっては外国行は少し遅かったかも知れないと云う感を強く感じます。」（一九五二年八月十四日）

それは、二月に母・静子を亡くした悲しみのなかでの、初めての渡欧であった。園田はのちに、著書『音楽の旅～ヨーロッパ演奏記』（一九六〇年刊行）のなかで、出発のときの心情を、「母の突然の死を後に、日本を出た時のあの幾分悲劇的なはりつめた気持」と綴っている。

渡欧して最初に滞在したスイスでのことを、園田は「スイス便り」と題して「音楽芸術」一九五二年十二月号に寄稿している。

「スイスへ来てから、早くも二週間以上経ってしまいました。この頃の毎日の生活は、一応落ち着いたと言えば、落ち着いた様な、相変わらず言葉に悩まされ通しの生活です。（中略）先週は一週間程ルツェルンの音楽祭を聴きに出かけて、音楽会が一日おきでしたので、その間をアルプスの中を転々として巡り、スイスの最もスイス的な地方や、山の気分を満喫して居りました。実際アルプスを目前に眺め乍ら山を登り氷河を下って見て、初めて雄大とか、壮麗と言うことが、どんなことかが解る位、全く言葉などでは、とても表現出来ぬ程に美しく素晴しいものです。」

「音楽会のことをすこし書きましょう。ルツェルンの音楽祭では、私が初めてきいた日は、近代、現代の作品ばかりの音楽会で、ヴァイオリンをアイザック・スターンが弾きました（プロコフィエフのヴァイオリン協奏曲第一番）。オーケストラの美しさ、素晴らしさは、日本では想像することも出来ない程見事なもので、いつも音楽を楽しむ側にない私は嬉しくて嬉しくてたまりませんでした。音楽会の中でも、最も感銘の深かったのは、二日目のエトヴィン・フィッシャー、シュナイダーハン他のトリオ（ピアノ三重奏）の演奏でした。中略）すっかり感激して、なかなか眠ることが出来ませんでした。フィッシャーの使ったピアノは、たしかスタインウェーでしょう。音量といい、音の豊麗な美しさ、pp（ピアニッシモ）の音のデリカシィーは、人の心を奪うものがありました。」

「日本人は、（中略）誰もかれもフランス、フランスとあこがれていますが、欧州へ来て、第一に感じることは、ドイツ音楽の偉大さ、並びにドイツ音楽家の音楽に対する真摯な態度です。（中略）それからもう一つ、日本人はかなり優秀な国民であり、若い音楽家達は、音楽に対しても相当適切な見当をつけていたという自信と、未来に対する勇気を得ることが出来ました。（中略）百聞は一見にしかずと言いますが、日本の若い音楽家も是非どしどし来て自分の目で見ることが必要だと痛切に感じられました。」

弟・敏夫への手紙からも、スイスでのくだりを引用しよう。

「スイスへ来てからかれこれ二週間（中略）、エトヴィン・フィッシャーのトリオ（ピアノ三重奏）はルツェルンの音楽祭の中で最も感激し且つ楽しかった音楽会でした。（中略）特にヴァイオリンのヴォルフガング・シュナイダーハンは大変な傑物だと思いました。順調にゆけば将来欧州を背負って立つ第一級のヴァイオリニストになる資質を充分に備えています。

（中略）このトリオの演奏会を聴き、ステージの上でのフィッシャー、シュナイダーハンの動作を目をこらし耳をそばだてて一心に聴きながら、私はドイツ音楽並びに音楽家の精神的な偉大さの一端をうかがい知ることが出来た様に思って大変に嬉しくなりました。（中略）音楽の根本がやはりドイツにあることは間違いないことでしょう。（中略）（ツェルマットで聴いた）トルトゥリエ（ポール・トルトゥリエ、チェリスト）の演奏は全く何にたとえることも出来ぬ程に素晴らしく、若い神様と云った感じで、聴き終わった時の感激は私がいままで感じたこともない程大きなものでした。（中略）ベートーヴェンのソナタが終わった時はカザルス（パブロ・カザルス）自らがブラボーを叫びだした位ですし、シューマンのロマンティックな音楽は聴く人の胸をしめつける様な見事なエクスプレッションでした。この演奏会によってドイツ音楽の偉大さそしてドイツ音楽家の音楽への真摯さを深く考えさせられ、宿へ帰ってからも長い間議論をし興奮して眠れませんでした。」（一九五二年八月三十一日）

「一昨日はジュネーヴで、はるばるザルツブルグから来たオーケストラが（ベルンハルト・パウムガルトナー指揮、ザルツブルグ・モーツァルテウム管弦楽団）モーツァルトばかりを演奏し、クララ・ハスキル（一八九五〜一九六〇）――白髪の老婦人――がソリストで協奏曲をやったのをヴィクトリア・ホールへ聴きにゆき、すっかり感激して帰ってきました。（中略）ザルツブルグの伝統的な演奏様式、それでいて明快な斬新なモーツァルトの透明な美しさ、エスプリ等には感心しました。アンサンブルの見事さ、ニュアンスの絶妙さには息のつまる思いがして、乗りだして聴いていました。ピアニストのハスキルも非常に見事な演奏で、音は宝石の様に美しくニュアンスに富み、決して充分の音量はありませんが、第一に演奏家である前に敬服すべき音楽家でした。」（一九五二年九月十五日）

しかし、最初の渡航の目的でもあったジュネーヴ国際コンクールは、園田にとって苦い思い出となった。一九五二年に開催された同コンクールは、男女別に開催されていたが、その男性の部において、園田は予選を通過することができなかった。これには不利な事情も起因している。公平を期すために、誰が弾いているか分からないように幕の中で演奏することになっていたが、幕の向こうの遠い客席にいる審査員が課題曲について早口のフランス語で指示する内容を、聞き取ることができず、演奏に集中できなかったのである。なお女性の部では、パリに留学してラザール・レヴィに師事していた日本のピアニスト、田中希代子（一九三二〜九六）が、イングリット・ヘブラーと共に一位なしの第二位、つまり女性の部の最高位に入賞した。

「今日は手紙を書くのが少々残念なのだが、コンクールの初めの予選で七人のピアニストの中には入れませんでした。考えようによってはかえって良い経験を得たと云えますが、やはり自分の全能力を尽してからではなかったので残念です。調子は四、五日前に原因不明の熱など出して風邪をひいたのかなと心配し用心していましたので、当日は悪くなく心も比較的落ち着いて弾きました。（中略）（審査員が）ブラームスの変奏のことを何か早口に云ったりしていましたが、遠くの幕の向こうから云うフランス語は、ただでさえ解らないのに全くどうしようもなく、（中略）弾くことよりも試験官（審査員）の云うことがなかなか理解出来なくて、そちらへ余計に気をとられたといったかたちでした。（中略）試験（コンクール）とは妙なもので、たまたまやはり入れなかった（選にもれた）スペインのピアニストなどは、アルベニスなど弾かせると唖然とする位上手です。」（一九五二年十月一日）

園田は後年、コンクールでのことを、次のように回想している。

「コンクールが始まり、他の参加者の演奏を耳にするにつけ、生きた音楽をまるっきり知らなかった、との思いが募る。そのころのコンクールは、幕の中で演奏するのだが、言葉が全く分からず、劣等感で精神的に追いつめられ、結果は落選だった。」（著書『ピアニスト　その人生』より）

一方、ジュネーヴでコンサートに通い続けるなか、父・清秀がかつて師事したピアニスト、ロベール・カサドシュ（一八九九～一九七二）の演奏を聴き、彼に会うこともできた。

「一昨日はジュネーヴのシーズン始めの演奏会がヴィクトリア・ホールで行われ、スイス・ロマンド管弦楽団、指揮は（エルネスト・）アンセルメ、ピアノは（ロベール・）カサドシュで、曲目はモーツァルト『フィガロの結婚』序曲、ブラームス『ピアノ協奏曲第2番』、ストラヴィンスキー『交響曲』、ラヴェル『ダフニスとクロエ』第1・第2組曲でしたが、モーツァルトとラヴェルにはすっかり胆をつぶすほど驚きました。アンセルメのラヴェルは特に世界的に定評もある位有名で、ハーモニーのニュアンスを実にたくみに変えてゆくことや、第2組曲の初めから次第次第にクレッシェンドして行くところの演出の見事さと息の長さは、実際に音楽を聴いて初めて解るものですし、感銘をうけました。私は、カサドシュに会いました。午前中練習がきっとあるだろうと思って（中略）客席へしのび込み、（中略）その後で急いで楽屋へ行きましたが、彼も（私の）髪の黒いのに注意をひき私が途中迄云わぬうちにソノダとすぐ解り、とても懐かしそうに見えました。早速、お会い出来て大変嬉しいとか、コンクールのこと、当分ここに留まって音楽を聴いたり勉強するつもりだ等と少しばかり話をしました。（中略）演奏会が終わってから楽屋へ行き、挨拶をしてついでにサインをもらいました。」（一九五二年十月十一日の手紙）

パリ留学

周囲の勧めもあって園田は、パリに移って見聞を広め、留学することを決める。
「パリ十日間はまたたく間に過ぎてしまいましたが、（中略）友人達は放ったらかしていてもっぱらルーヴルを見、ロダン博物館をみたり、また、印象派展、現代美術展などを見ました。（中略）ダ・ヴィンチのモナリザから、マネ、モネ、シスレー、ルノアール、ゴッホ、ゴーガン、セザンヌ、その前にルーベンスやレンブラント、ドラクロア、近代ではシャガール、ユトリロ、ルオー、ボナール、ピカソ、マチス、ブラックと云った沢山の画家の実物を目のあたりにすることは大変な勉強になりました。（中略）今週の終わりからまたパリへ、音楽会と今度はオペラをよく見ておこうと思って行きます。スイス滞在許可を得ると色々と外国へ行くのは便利で、今度は一月十一日迄期限なしのフランスへ二回入れるヴィザをもらえました。この次はフランスから便りをしましょう。」（一九五二年十一月十三日）
「父がフランスの名ピアニストであるロベール・カサドシュに師事して若くして他界したこともあって、子供心にも父の学んだパリに是非行きたいと思うあこがれは、青春時代の熱い思いであった。そしてフランスに渡り、初めて体験したカルチャー・ショックは絶大なものがあった。パリの印象派美術館でのピサロやシスレーの絵の前で、或いはオランジュリーの

モネの壮大な睡蓮の絵の前ではただただ茫然自失であった。」(「七十五歳記念リサイタル」プログラム・ノートより)

そして、同じくパリに留学していたピアニスト、田中希代子(一九三二〜九六)の紹介で、フランスの名ピアニストで教育にも熱心だったマルグリット・ロン(一八七四〜一九六六)の公開レッスンを受けることとなった。すでに日本で演奏活動を始め、完成度の高いテクニックを評価されていた園田は、ヨーロッパ留学中、テクニックを直されたことはなかったが、ロンのクラスでは、何を表現するかが重要である、ということを悟ったという。園田は後年のインタビューや著書で、次のように回想している。

「目からウロコが落ちるというのは、ああいうのを言うんでしょう。昼の一時ごろから七時ごろまで学生が自由に出入りして、いろいろな演奏を聴き比べられるのですね。アントルモンやグルダといった連中もいた。比較することによって自分の演奏のどこが悪かったのか、納得がいくのです。」

「ロン夫人は(中略)、毎週レッスンを兼ねた公開講座をしていて、その席にはチッコリーニ、アントルモン、ワイセンベルク、グルダなどが常にはべっていて、時々髪の真っ赤なタリアフェロ、奇人のフランソワなど現れたのである。そこでは入れかわり立ちかわりショパンのあらゆる曲が演奏され、新入者の演奏がつまらないと、ロン夫人の指示によって飛び入りで代奏したりすることが常であった。そしてショパンのスケルツォ、バラード、ノクターン、マズルカ、プレリュード、ソナタ、協奏曲などが、実に様々なスタイルで、しかも同じ世代のピアニスト達によって演奏され、ロン夫人からの直接のコメントを聞きながら勉強するということは非常な刺激であった。そのなかで私もショパンの作品35と作品58のソナタや、バラード、スケルツォなどを弾き、ロン夫人のコメントを受けたことは、なによりも生きた伝承であった。」

「フォーレはこういう意図で書いた、ラヴェルはこう演奏していたと、レッスンでの（ロン夫人の）言葉ひとつひとつが貴重なものだった。フランス音楽の息吹を直伝で受け取っていくような感覚でしたね。当時、すでに七十歳代の後半だったはずですが、レッスンに熱中してくると、もうとことん追求する人でした。」

「僕はパリでマルグリット・ロンに、フランスものはさんざんしごかれたから。サン＝サーンスの協奏曲をやる時など、サンソン・フランソワが必死で伴奏して（第二ピアノでオーケストラ・パートを弾いて）くれたものですよ。」

「パリのブーローニュの森の中の館で、無数の若い才能あるピアニストに囲まれて、毎週のように行われたロン女史のレッスンに通って、そこで演奏したり、聞き耳を立てたりして、どれほど無数の生き生きとした輝かしいエスプリに溢れたショパンの音楽を耳にしたことであったろうか。その折のロン女史の妙なるピアノの歌も、彼女のお気に入りの天才ピアニストのサンソン・フランソワの唖然とする妙技も、いまだに心の中に鳴り響いている。言うなればそれらは、私の青春の響きであった。」

やがて、個人レッスンも受けたいと希望すると、ロン夫人は快く引き受けてくれた。さらに、園田の才能を認めた彼女は、自身の名を冠した「ロン＝ティボー国際コンクール」を受けることを強く勧めた。弟・敏夫への手紙にも、そのことが報告されている。

「昨日マルグリット・ロンのクール（クラス）で正式にベートーヴェンのコンチェルト皇帝（協奏曲第5番）をピアノ二台で演奏し大成功を得ました。丁度フランスの若い優秀なピアニスト達――皆彼女の弟子達――が、ずらり取り巻く様に座っていて、弾く方は精神的に大変でしたが、楽章の終り毎に皆が騒いで大変でした。トリルの時は全部の目と顔がよってきて驚歎していました。外国人は特にトリルが不器用で下手もはなはだしいものです。マルグリット・ロンはすっかり感激してくれて、即座に『貴君はピアノを勉強している生徒ではなく既に一人の立派なピアニストですし、ピアニストとしてのデリカシーと勇気、あらゆる能力をそなえている人だと自分は信ずる。貴君が弾きだせばそこいらのピアニストは皆黙ってしまうだろう。一生懸命勉強なさい。それと私は是非私のコンクール（一九五三年のロン＝ティボー・コンクール）を受けることをおすすめします。若し万一それにパスしなくても私は貴君を独奏者としてオーケストラと演奏出来る様あらゆる力を尽くしましょう』とまで云ってくれました。（中略）私としては破格の名誉でした。」（一九五二年十二月十七日の手紙）

「一昨日ロンのクール（クラス）に出席して再びラヴェル『夜のガスパール』を弾き、その後で、絶対に保証するから是非（ロン＝ティボー・コンクールを）受けなさい、今度フランスへ出てくる時には自分に手紙を書いてくれれば住居とピアノまで一切世話をしてくれると、大変な関心ぶりで全く感謝しています。」（一九五三年一月八日の手紙、パリにて）

一九五三年の四月からパリで本格的に勉強を続けるにあたり、三月には下宿が決まった。セーヌ河近くの静かなアパートで、以前ここには、歌手の砂原美智子（一九二三〜八七）が住んでいたという。大家の白系ロシア人のマダムは、モスクワの音楽学校で声楽を学んだ料理好きの親切な人で、夜十時ごろまでピアノを弾くことができるという、理想的な留学環境が整った。

ところがその後、恩師のマルグリット・ロンの勧めで受けたロン＝ティボー国際コンクールで、アクシデントが起こる。園田はコンクールの始まる二日前に発熱したが、それをおして、予選の演奏順の抽選のために会場のサル・ガヴォーへ行った。第一次予選の演奏はうまくいった。しかし、土日をはさんでいたこともあり、フランス人の医師の往診を受けられたのが火曜日のこと。そのときに、軽度ではあるが肋膜炎だと告げられる。その日の夜、コンクールの発表を友人に見に行ってもらい、第一次予選は通っていたが、翌日の第二次予選、痛みがとれず熱も下がらないなかでの演奏は、思わしい出来ではなかった。

「近々に医者のところへ出かけて、よく相談しようと思う。そしてその結果によっては日本へ帰るかも知れぬ。(中略) 前から一寸勉強を詰めてしたり、演奏会の後や何かには必ず右胸部に痛みがあったことを思いだす。どうも単なる筋の痛みではなかった様だ。(中略) それに加えて最近になって急激に猛勉強を始めたし、ダイナミックに(演奏での強音に) 力をそそぐ為ひどく腕を使ったことは、やはり大きな原因だろう。コンクールには凡そ縁が無いらしい。昨年のスイス (ジュネーヴ・コンクール) と云い、あの時発熱したのも同様な原因であったろうと今推察している。」(一九五三年六月十八日)

「病状は決して悪くない。このところ平熱。肋膜炎としては軽いが、依然として深く呼吸をすると痛みを感じるのは、炎症が残っているかららしい。(中略) いずれにしても、夏の間静養すれば充分恢復できる。(中略) 夏休みは出来れば静養して、ワーグナーでも聴いてド

イツを旅行した後、秋になったら帰国したいと考えている。」（一九五三年六月二十四日）
「帰国は未だやはり考慮しているが、七月二十三日から約一週間、バイロイトのワーグナー祭の切符を既に予約したので、それは聴いてからにしたい。しかし今帰るのはやはり残念だと思う。」（一九五三年七月二日）
　この苦しい決断をした時期のことを、園田はのちに回想している。
「パリでは自炊といっても経済的に苦しく、食うや食わずの不健康な生活だった。最初の冬を越し、一気に具合が悪くなった。マルグリット・ロン先生に、ロン＝ティボー・コンクールを受けろと言われ、また猛勉強したのも災いし、微熱が続いた。フランスの医者に診てもらうと、よく静養しなさいと言われた。パリ留学二年目の一九五三年の秋口、失意のどん底にあった私は日本に戻ることにした。」

大家たちの名演奏に衝撃を受ける

　病に倒れ、ロン＝ティボー・コンクールでつらい思いをしたとはいえ、園田は、このパリ留学の一年余りの間（一九五二年〜五三年）、膨大な数の演奏会を聴いた。最晩年のフルトヴェングラーをはじめ、往年の大家たちの全盛期の名演を、ライヴで聴くことができた最後の世代であろう。

「確かに欧州へ来てみると音楽と云うものが色々の形を持ち、また色々の国の特色と伝統を持って存在していることを考えさせられますし、（中略）それに偉大な音楽家には先ずその演奏様式や技術とか伝統を云々する以前に、感動させられる種類のものが多々あると云うことも知るべきです。ともかくパリは私に芸術上の裏づけをしてくれたし、客観的にパリを手中におさめることもできました。」（一九五三年一月八日の手紙、パリにて）

「沢山の演奏を聴きました。今の人達がほとんど聴いてないような人達を生《なま》で聴いている。例えばフルトヴェングラー、クレンペラー、クナッパーツブッシュ、ハイフェッツ、オイストラフ、ギーゼキング、バックハウス、ケンプ、そういう人達の演奏が、自分の糧、自分の養分になっているのではないかと思う。」

以下は、その数々の名演に接した体験のなかの一部ではあるが、弟の園田敏夫に宛てた手紙と、後年インタビュー等で園田が話しているなかから、たどってみよう。

★ヴィルヘルム・フルトヴェングラー（指揮者、作曲家、一八八六〜一九五四）

「この二十八・三十と（五月二十八日と三十日）オペラ座で待望のフルトヴェングラーがべ

ルリン・フィルハーモニーを引き連れてきて大演奏会をするので、昨日は朝七時半から行列して昼頃やっと切符を買うことが出来ました。」（一九五三年五月二十一日）

「ぼくは幸いにも大演奏家（指揮者）たち、フルトヴェングラーやクナッパーツブッシュ、クレンペラーなどを目の前で見ていますが、彼らは棒なんか振っていない。身体から発する阿吽《あうん》の呼吸で成り立っている。フルトヴェングラーなど、何してるのだか分からないけれども、すーっと高みに飛翔し、精神の高揚に到る。」

「（フルトヴェングラーが）ベルリン・フィルとともにパリへきたときのベートーヴェン、ブラームス、R・シュトラウス（中略）、それは素晴らしかった。もう感動なんてものではなく、体の中に何かを叩きこまれた感じでしたね。（中略）私はフルトヴェングラーを二回実演で聴きましたが、その体験が生涯のバックボーンになったと言えますね。」

ちなみに園田は、この衝撃的な体験から三十五年後、一九八七年に東京で、フルトヴェングラーの作曲したピアノ協奏曲（「ピアノとオーケストラのための交響的協奏曲」）を、日本で演奏・紹介している（「都市と音楽／NHK交響楽団」一九八七年十一月二十四日、サントリーホール）。

★ヴァルター・ギーゼキング（ピアニスト、一八九五〜一九五六）

「一昨日（一九五三年一月六日）かねてから切望していたギーゼキングの演奏を聴くことが出来ましたし、その午前中には氏に会うことも出来、色々と彼の音楽観をうかがい知る、為になることを聞きました。ともかくギーゼキングは今迄私が聴いたピアニストの中ではカサドシュと共に最もユニークな存在であることは演奏から強く感じられました。一口に云えば彼はあまりにピアニストであり、その演奏から感じられる凡そ人間の出来る最高度の精神集中、きわめて知性的な演奏は、聴く人を緊張させ心を疲れさせてしまう程、強いものがあります。しかし音楽は立派だし、音色、ニュアンス、ペダル等は流石だと思いました。（中略）全体的には想像していたよりははるかにロマンティックで、ドビュッシー（『版画』より『塔』『雨の庭』、『仮面』、『ハイドンをたたえて』）が特に素敵であって一点の非のうちどころもないと云えるのは当然としても、シューマン（『ダヴィッド同盟舞曲集』）がまた素晴らしかったので、予期しなかっただけに深く感動しました。」（パリにて、一九五三年一月八日）

「ギーゼキングのまばゆいばかりの魅惑的に彩なす音感に衝撃を受けた。」

「ピアニストでいちばん感銘を受けたのは、ギーゼキング。ピアノの音が変幻自在。ぼかしのうまさ。アルティザン（工芸家）として、楽器の扱いが精緻をきわめていて、感動した。

ドビュッシーの色彩の豊かさは驚異だった。」

★アルフレッド・コルトー（ピアニスト、一八七七～一九六二）

「先日遂にコルトーを聴きました。今迄あれ程感銘深く聴けたのは彼の他にはケンプ一人でした。翌日の新聞はコルトーがよみがえったと書いてありましたが、シューマンの『交響的練習曲』、特に『謝肉祭』は、技術的にも一寸ビックリする位見事で、これはたしかに日本へ行って厚遇されて、すっかり元気をとりもどした為だろうと思います。」（一九五三年二月七日）

ちなみに、園田がパリで聴いた前後、コルトーは一九五二年の秋に、ギーゼキングは一九五三年三月に、それぞれ来日している。

★ヴィルヘルム・バックハウス（ピアニスト、一八八四～一九六九）

「（五月）二十七・二十九日にバックハウスがリサイタルをします。」（一九五三年五月二十一日）

「（ギーゼキングと共に、ピアニストで感銘を受けた）もう一人はバックハウス。強固な演奏であり、音楽家としての強烈な意志を感じた。」

★ヤッシャ・ハイフェッツ（ヴァイオリニスト、一九〇一〜八七）

「それと、これも（フルトヴェングラーと同様に）期待していたハイフェッツが六月一日と四日に演奏会をやります。」（一九五三年五月二十一日）

「ハイフェッツを遂に二度聴いた。（中略）全くレコードから想像出来る如く、想像した通りに、厳粛な演奏だし実に音楽が立派だった。実際の演奏に接してみると、あれ以上に完璧な音楽は期待出来ないだろうと思う程に完璧だし一曲一曲の緊張力だけだって大したことだ。ハイフェッツが到達した技巧は勿論のこと、人間的な修練には頭を下げるべきだと思った。演奏態度は実に立派だ。第一、立派なんて云う誇張した言葉が不適当な位、一点非の打ちどころもない位、厳粛だ。そのうち必ずレコードになると思うがバッハのシャコンヌの演奏は全演奏会を通じて最も感激して聴いた。最初のダブル（重音）に始まって最後のDのユニゾンで弓を下すまで、あんな完璧な音楽は聴いたことがなかったし緊張力は経験したことがなかった。（中略）実際に演奏を見てみると彼の弓は神技だね。音は僕は断然好きだし、一寸他のヴァイオリニストとの比較にはならない程、輝きがある。日本にも行くそうだが（一九五四年に来日）、他の人は全部やめても良いから彼のは皆聴いておくとよい。」（一九五三年六月四日）

★ダヴィッド・オイストラフ（ヴァイオリニスト、一九〇八～七四）
「ロシアの連中がコンクール（ロン＝ティボー・コンクール）に出場した為に、それに付随してオイストラッフがパリに来て、（六月）二十六日・二十九日とシャイヨー（ハイフェッツのときと同じ会場）で大演奏会をやる。これは誰しも聴けるものでないだけに喜んでいる。」（一九五三年六月二十四日）
「先日、コンクールの副産物みたいにオイストラッフとルービンシュタインの演奏会を聴いた。オイストラッフは二日（二晩）、モーツァルト『協奏曲イ長調』（ティボーが指揮）、ブラームス『協奏曲』、ハチャトゥリアン『協奏曲』――これは良かったね、レコードよりも。ソナタの日、ベートーヴェン『クロイツェル』、プロコフィエフ『ソナタ第1番』、フランク『ソナタ』。プロコフィエフは実に素敵だった。テクニックはハイフェッツ同様スゴイもの。音はもっと純粋とも云えよう。しかしハイフェッツと比較の問題ではない。それ程異質的な感を強くした。音楽の様式はやはり彼は欧州の流れをくむものだ。しかし、こうして世界の巨匠を二人聴いてみると、好みの問題もあるが、ハイフェッツの人間的修練は大したものだ。」（一九五三年七月二日）

★アルトゥール・ルービンシュタイン（ピアニスト、一八八七〜一九八二）
「ルービンシュタインもオペラ座で演奏会をする。」（一九五三年六月二十四日）
「ルービンシュタインはすっかり見直した（ベートーヴェン『協奏曲第4番』、ショパン『協奏曲第1番』、ラフマニノフ『パガニーニの主題による狂詩曲』）。」（一九五三年七月二日）

以上にも引用したように、当時の手紙によれば、一九五三年の前半、特に五月・六月に園田は、集中して巨匠たちの名演に接している。

一月六日　ギーゼキング
二月　コルトー
五月二十七日　バックハウス
五月二十八日　フルトヴェングラー／ベルリン・フィル（パリ・オペラ座）
五月二十九日　バックハウス
五月三十日　フルトヴェングラー／ベルリン・フィル（パリ・オペラ座）
六月一日　ハイフェッツ
六月四日　ハイフェッツ
六月二十六日　オイストラフ（協奏曲）

六月二十九日　オイストラフ（ソナタ）
六月三十日または七月一日　ルービンシュタイン（パリ・オペラ座）

さらに、パリ留学中、園田はイタリアにも足を延ばし、伝統芸術の洗礼を受ける。

「イタリー旅行の感想を君に詳しく書くべきだと思うのですが、あまりに感銘が強く、特に、ローマ、フィレンツェの文化から受けた印象は未だ整理しきれない感があって、筆につくせるものではないと思います。（中略）ローマ帝国時代の雄大壮麗な建築、或いは彫刻の典型の如くに思われたギリシャ時代の石像、（中略）数限りなく見て感歎することさえ忘れたボッティチェリ、ラファエロの画、ミケランジェロの壁画（中略）。ヴァチカンで、この巨大な礼拝堂に入った時には、ミケランジェロは画のベートーヴェンだなあ、と皆顔を合わせました。（中略）今考えれば、イタリー旅行は全く神の加護の如く恵まれて、ローマにいる間も偶然、ワーグナーのニーベルンゲンの四つのオペラ（『ニーベルングの指環』）を上演しているのにぶつかり、その中の『ジークフリート』と『神々のたそがれ』二日を聴くことが出来ました。指揮はエーリッヒ・クライバー、歌手はバイロイトの歌手！！！！　四つのオペラにして四日、毎晩八時半から終ったのは二時近くまで、ワーグナーと云う人間は一体全体とてつもない巨大な怪物だと、圧倒されたり感動させられたり疲れたり退屈もしながら思いました。それからフィレンツェでも偶然、プッチーニの『トスカ』とヴェルディ『イル・トロヴァトーレ』を聴けました。特にトスカはスカラ座のトスカに出るテノールが来てやったので、イタリーのオペラとはこんなに楽しいものかと心もわくわくして聴けました。」（一九五三年五月二十一日の手紙より）

カルチャー・ショック

ジュネーヴとパリでの苦いコンクール体験、ロン夫人のレッスン、コンサートに通いつめたこと、これらを含め、園田が最初の渡欧とパリ留学から受けたカルチャー・ショックは大きかった。「それまでの自分の考え方の間違いを、いやというほど味わわされました」と、園田は述懐している。

東京音楽学校時代は優秀な生徒であり、レッスン室の前に人だかりができるほど有名だった園田は、演奏活動に入ってからも、当時の数少ない男性ピアニストとして、最初から引く手あまただった。数々の難曲をこなすなかで、誰よりも多くのレパートリーを蓄え、「目標は絵に描いた餅のように、手を伸ばせばつかめる」と、自信にあふれた気持ちでヨーロッパに行った。しかし、実は知らないことだらけであり、西洋音楽は西洋の思想に裏付けられた音楽であるということを、「横っ面を張られるぐらい」衝撃的に体験する。音楽は楽譜に書いてあるとおりに弾くものだ、と思っていたが、ヨーロッパに行って、伝統的にはそうは弾かないと知り、目が醒めた。音楽が生きた響きとして、良くも悪くも種々雑多な形で存在することを、ヨーロッパで痛感した園田は、「自分がこれまで持っていた知識は、いわばカタログの記号のようなものだった」と気づいた。そして、ピアニストとしての原点、演奏芸術の本来のスタート地点に戻り、どのように演奏するべきかという課題に、改めて立ち向かうのである。

このフランスでの二年間は、いちばんつらかった時期であり、そのときの自己失墜は実に深刻で、悩みに悩んで半年以上もピアノを弾かなかったという。しかし、この時期に悩まなければ、「自分を通しての音楽」に自信をもつことはできなかったと、園田は語っている。このどん底の体験を噛み締めているうちに、ある日突然、「自分はピアノを弾く以外に救いはない」、そして、「ヨーロッパで芸術をやろうというのは、自ら十字架を背負って生きるに等しいほど厳しいものだ」と、覚悟を決めたのである。

一時帰国中の活動、カラヤンとの共演

一九五三年の秋、園田は病気療養のため帰国する。失意のなかでの一時帰国ではあったが、実はジュネーヴで、人生の伴侶に出会っていた。

帰国直後の一九五三年十二月十五日、園田は、四歳年下の西澤春子と結婚した。知り合ったのは、最初の渡欧でジュネーヴに滞在して間もなくのことであり、そのとき彼女は、評論家の遠山一行や、作曲家の甲斐直彦らの留学生仲間と共に、夏休みを利用してスイスを旅行中だったのである。さらに、彼女はパリ音楽院作曲科に在学中だったので、園田がパリに移ってからも、留学生たちの輪の中にいた。

春子夫人は、池内友次郎に作曲を師事し、十代でパリに留学した才媛であったが、園田の才能に驚嘆して、自らは音楽の道を断念、結婚後は夫のサポートに徹した。園田がドイツと日本を往復して活動している期間は、ドイツで家を守り、二男を育てあげた。二人とも両親の芸術的センスを受け継ぎ、長男は画家、次男は建築家になった。園田にとって春子夫人は、自身の演奏に対する最も厳しい批評家でもあり、最も信頼できるプロデューサーでもあった。

この一時帰国中の活動のハイライトは、世界的な指揮者カラヤン（ヘルベルト・フォン・

カラヤン、一九〇八～八九）との共演であった。カラヤンは一九五四年四月、NHK交響楽団の招聘により単独で初来日し、五月までの約一か月の間に、地方公演および放送録音も含めて、十七回もの公演を指揮している。彼がベルリン・フィルの終身常任指揮者に就任する一年前のことである。カラヤンはその後も来日を重ねているが、日本のオーケストラを指揮したのは、これが最初で最後の機会であった。そのなかで園田は、四月七日と八日に日比谷公会堂で開催されたNHK交響楽団の特別演奏会で、ベートーヴェンの協奏曲第4番を共演し、好評を博した。当時はまだ、後年のような「帝王カラヤン」ではなく、園田によれば「気さくなお兄さんのような風情」で、リハーサルのときには第二ピアノ（オーケストラのパート）を見事に弾いて、合わせてくれたという。なお、園田は同年、毎日新聞社の毎日芸術賞（当時は、毎日音楽賞）を受賞している。

園田がピアニストとして海外に羽ばたく契機となった、この記念すべきカラヤンとの共演を収めた音源が、演奏会本番とは別の、放送用の録音として残っていた。二〇一八年に、その演奏がようやく世に出た。カラヤン指揮、NHK交響楽団の定期演奏会ライヴ（チャイコフスキー／交響曲第6番「悲愴」）の、ボーナスCDとしてである（キングKKC－2152）。六十四年も経過したあととはいえ、喜ばしいことである。園田が生前、所蔵していたオープンリールテープでの音源を、個人的にCD化して保管していたものであり、録音の古さをあまり感じさせないクリアな音質に驚かされる。ここに聴くカラヤンと園田のベートーヴェン「ピアノ協奏曲第4番」は、放送用ながらほとんど一発録りの、生々しい記録である。現代のような、人工的に継ぎ接ぎされた録音ではない。当時二十五歳の園田のピアノのタッチは美しく、そして、カラヤンの指揮との対話は流れるようになめらかであり、新鮮な印象を覚える。園田自身、「カラヤンの指揮でピアノを弾くと、流線型のモダンな機械がそばで動くような感じがした」と、著書『ピアニスト その人生』で回想している。

一方、最初のソロでの録音は、園田が二十七歳のときで、一九五六年四月に発売されたSP盤だった（日本コロムビアＡＸ16）。二〇〇九年にローム・ミュージック・ファンデーションからリリースされた「ＳＰレコード復刻ＣＤ集」のなかの「日本ＳＰ名盤復刻選集Ⅳ」（ＲＭＦＳＰ－Ｊ０２５）に、園田の演奏したモーツァルトの「トルコ行進曲」（「ソナタ」Ｋ.３３１の第３楽章）が入っており、意外とクリアな音質で聴くことができる。なお、園田はこのとき同時に、ベートーヴェンの「トルコ行進曲」と、ヘンデルの「調子のよい鍛冶屋」も録音したという。

一九五七年七月に二度目の渡欧としてドイツに向かうまでの、一時帰国中の主な演奏活動は、次のとおりである。

［一九五四年（昭和二十九年）、二十五〜二十六歳］
四月七日・八日、東京・日比谷公会堂◇ベートーヴェン／協奏曲第4番（ヘルベルト・フォン・カラヤン／N響）
五月二十五日・二十六日「産経コンサート」（帰朝コンサート）◇第一夜（ラモー、ダカン、シューマン、ショパン、ドビュッシー、プロコフィエフ）、第二夜（バッハ、ショパン、ドビュッシー、ラヴェル、リスト）
九月二十五日、福岡◇ラフマニノフ／協奏曲第2番（石丸寛／九州交響楽団）

［一九五五年（昭和三十年）、二十六〜二十七歳］
二月十五日・十六日・十七日、日比谷公会堂◇ブラームス／協奏曲第2番（ニクラウス・エッシュバッハー／N響）
三月十日、日比谷公会堂◇清瀬保二／ピアノ協奏曲（上田仁／東響）◇初演
十一月十日、日比谷公会堂◇バルトーク／協奏曲第3番（齋藤秀雄／東響）

［一九五六年（昭和三十一年）、二十七〜二十八歳］
四月十九日・二十日・二十一日　日比谷公会堂、二十八日　名古屋、五月一日　大阪◇ラ

フマニノフ／協奏曲第2番（ジョセフ・ローゼンストック／N響）
六月二十一日、日比谷公会堂◇ショパン／協奏曲第2番（近衛秀麿／ABC交響楽団）

［一九五七年（昭和三十二年）、二十八～二十九歳］
三月十一日・十二日、東京・日本青年館◇リサイタル～芸文鑑賞会例会（モーツァルト、ベートーヴェン、ドビュッシー、ショパン、プロコフィエフ）
四月十九日、日比谷公会堂◇リサイタル（ヘンデル、バッハ、ベートーヴェン、プーランク、ショパン）
六月二十二日、東京・ブリヂストン美術館「作曲家の個展～第三回実験工房ピアノ作品演奏会」◇武満徹「二つのレント」「遮られない休息Ｉ」、佐藤慶次郎「五つの短詩」「悼詩」（後者は初演）、湯浅譲二「内触覚的宇宙」（初演）、鈴木博義「二つのピアノ曲」

一九五四年に共演したカラヤンは、園田に渡欧を強く勧め、推薦状を書くと約束していた。自らもドイツ留学を願っていた園田が、のちに彼に推薦状を書いてもらいたいと依頼したところ、エアメールですぐに、カラヤンから推薦状が届いたという。そして、これを携えて一九五七年七月に再度渡欧し、ベルリンに留学するのである。

二度目の渡欧～ドイツへ

　園田は、ドイツへ行きたいという希望を、パリ留学中から抱いていた。

「音楽の本質的なもの、即ち古典と云うものは、ドイツ以外には私は感じとることが出来ないと思うのです。このことは実際にヨーロッパで彼等の音楽を聴かなければ理解出来ないことです。」（一九五三年一月十九日の手紙）

「どうしてもドイツへ行きたくなったという原因が、（パリ留学中に）フルトヴェングラーを聴いたことだったんです。」

「フランスに留学した頃にはショパンやドビュッシーを一所懸命勉強している学生であったが、ある時期ドイツの精神性というものを、どうしても究めてみたいという気持ちに打ち勝てず、ドイツへ行った。」

　病気療養のため帰国してから四年後の一九五七年、カラヤンの推薦を得て園田が再度ヨーロッパに渡ったときは、心強くも春子夫人が傍らにいた。「欧州から病気のため帰らざるを得なかった四年前。それから今日（一九五七年七月十九日）までの、あの時々激しくおそった焦燥。それからこの渡欧の決ってからの幾らかの希望。」と、再出発の心情を著書『音楽の旅～ヨーロッパ演奏記』に綴っている。

二度目の渡欧、一九五七年のパリ・デビューも含めて、当時の演奏活動の様子は、この著書『音楽の旅～ヨーロッパ演奏記』（一九六〇年、みすず書房）に詳しい。一九五七年七月から翌年一月までの各地での演奏活動や旅の様子――バイロイトでのワーグナー体験、ベルリンでの生活、ライン紀行、パリでのデビュー・リサイタル、イタリア演奏記など――が、生き生きと描かれている。本書は残念ながら絶版となったが、その前半部分は、『ピアニスト その人生』（二〇〇五年、春秋社）に抜粋・再構成されているので、読むことができる。

一九五七年七月、旧西ベルリンに落ち着き、園田にとって二度目のヨーロッパ修業時代が始まる。かつて大指揮者フルトヴェングラーのマネージャーだったフリードリッヒ・パッシェが、園田のマネージメントを引き受けてくれることとなり、彼のアドヴァイスによって、当時ベルリン芸術大学の教授だったヘルムート・ロロフ（一九一二～二〇〇一）に師事する。

園田によると、ロロフは、ドイツの精神性を具現したような人物で、そのレッスンは、かんで含めるような指導だった。「ロロフ先生との出会いは、まさに天啓だったといいますか、先生からはたんなるご指導以上の、底知れぬある奥深い響きといいますか、超越者の魂の怒りとさえいえそうな芸術性を、啓示されました」とも語っている。

パリで師事したロン、ベルリンで師事したロロフ、この二人の教えについて、園田は後年、次のようにも述べている。

「ロン夫人もロロフ教授も、自分のやりかたを押しつけようという姿勢はまったくなかった。」

「私達が留学したころは日本人が少なく、珍しいお客さまで、向こうの人々も本当に誠心誠意教えてくれた。人間対人間で、『自分たちはこう思う、あるいは自分も音楽家の一人として、こういう姿勢で芸術を勉強している』と、芸術に畏敬の念を払いながら、自らの反省をこめて語ってくれた。マルグリット・ロン先生でもロロフ先生でもそれは同じで、それだけの謙虚さと純粋さが、やはりさすがだなあと感じさせられた。音楽家でも非常に出来る人ほど謙虚である。私はつくづくそう思う。子供のように純真で、常に希望を持っている。自分が努力しようという精神を失わない。いくつになっても瑞々しい若さを保っているのはそのせいだと思う。」

ヨーロッパ・デビュー〜日本初の国際的ピアニスト

園田のヨーロッパ・デビュー・リサイタルは二十九歳のとき。一九五七年十月三十一日、パリのサル・ガヴォーにて。曲目は、バッハ〜ブゾーニ「シャコンヌ」、ベートーヴェン

「ソナタ第32番」、ショパン「舟歌」、「夜想曲」作品48－1、「バラード第1番」、プーランク「主題と変奏」、プロコフィエフ「ソナタ第3番」。恩師のマルグリット・ロンも聴きに来てくれた。このパリでのデビュー・リサイタルは高く評価され、「バッハ『シャコンヌ』のはじめの小節からすでに彼の年代のピアニストの中に確固とした位置を示している」「次の彼の演奏会は絶対欠かすことの出来ないものだ」という批評が載った。しかし、浮かれてばかりはいられない。代役で急な出演依頼が来る場合もあるから、レパートリーを持っていないといけない。著書『音楽の旅』のなかには、このことを園田が実証した次のようなエピソードが記されている。

パリでのデビュー・リサイタルから四日後のこと、ベルギーから長距離電話があり、明日ベルギーのガン（ゲント）というところで行われる演奏会で、ソリストのワイセンベルク（アレクシス・ワイセンベルク、一九二九～二〇一二）が急病のため、代わりにラフマニノフの協奏曲第3番を弾いてほしいとの依頼が来た。「私は血が逆流する思いだった。（中略）たしかに自分のレパートリーに入っているとはいえ、明日ではいくらなんでも不可能。」しかし、「『2番』ならば弾ける」と園田は返事し、翌朝、春子夫人の運転する車を走らせて現地へ向かった。果たして、リハーサルでは、「3楽章まで一気に弾きまくる。終わったとたん、全オケ（オーケストラ）の人が一斉に立ってブラボー、ブラボーと拍手しているのにやっと我にかえった時の嬉しさ。生涯忘れないだろう」という大成功。そして本番でも「大変な拍手だし、びっくりした。客は騒ぐ。会が終わってからシャンペンで、指揮者をはじめ関係者、御婦人方が一室に集まって祝杯」となったという。

一九八五年放送のＮＨＫ－ＦＭ番組「ＦＭ音楽手帳～音楽家訪問」でのインタビューによると、園田はヨーロッパでは、スペインとルーマニアを除く各国で演奏した。また、共演したヨーロッパの主なオーケストラは、ベルリン・フィル、ウィーン交響楽団、ワルシャワ・フィル、ベオグラード・フィル、ミュンヘン・フィル、ブダペスト・フィル、イタリア放送交響楽団、ベルリン交響楽団、バーゼル交響楽団、ドレスデン・シュターツカペレ、シュトゥットガルト放送交響楽団、南西ドイツ放送交響楽団（バーデンバーデン）などである。

園田は、一九五七年七月から旧西ベルリンに四年間住み、その後、一九六一年十一月からは旧西ドイツのバーデンバーデンに移り、一九八二年ごろまでの通算二十五年間、旧西ドイツを拠点に国際的な演奏活動を展開する。園田はドイツの永久ビザを取得した。なお一九六八年からは、京都市にも居を構えて教授活動を並行させることとなるが、それまでの期間の主な海外演奏旅行先は、次のとおりである。

一九五七年　フランス（パリでヨーロッパ・デビュー・リサイタル）、ベルギー、旧西ド

イツ（小都市にて、チェロとの二重奏を含む）、イタリア
一九五八年　フランス、旧西ドイツ、アルジェリア
一九五九年　旧西ドイツ（ベルリン・フィル定期デビューおよび、ベルリンでの本格的なリサイタル・デビューを含む）、フランス、アメリカ（ニューヨークでアメリカ・デビュー）、ポーランド、チェコスロバキア、旧ユーゴスラビア
一九六〇年　旧西ドイツ（N響海外公演を含む）、オーストリア（クリュイタンス指揮／ウィーン交響楽団との共演を含む）、ハンガリー、イタリア（N響海外公演を含む）
一九六一年　東西ドイツ（旧東ドイツ・デビュー。ドレスデンでの二夜にわたる協奏曲三曲演奏会を含む）、イタリア、旧ユーゴスラビア、ハンガリー
一九六二年　旧西ドイツ、イタリア、ハンガリー
一九六三年　旧西ドイツ、イタリア
一九六四年　旧西ドイツ、スウェーデン
一九六五年　東西ドイツ、イタリア（ヴェネツィアにて、チェリビダッケの指揮でヴェルナー・テーリヒェン「ピアノ協奏曲第2番」の初演を含む）
一九六六年　東西ドイツ、イタリア、ほか
一九六七年　旧西ドイツ、イタリア、ほか

ヨーロッパの新聞評から

　園田は、ベルリン・フィル定期演奏会へのデビュー（一九五九年一月）をはじめ、ヨーロッパ各地で成功を収めた。当時の活躍ぶりを知る手がかりとして、彼が一九六八年に日本で開いた一回目の「ベートーヴェン／ピアノ・ソナタ全32曲連続演奏会」のプログラム冊子に掲載された「ヨーロッパの新聞評から」より、園田が得た好評の数々を紹介しよう。

「我々は、日本のピアニスト園田が、ベートーヴェンを如何に弾くべきかを我々に示すためにやってきたのではなかろうかという驚きにとらわれた。」（一九五九年一月十四日、ベルリン・クーリエ紙、ベルリン・フィル定期にデビューしたときのベートーヴェン／協奏曲第5番「皇帝」について）

「園田のベートーヴェンの変ホ長調協奏曲（第5番「皇帝」）の演奏は、コントロールのきいた打鍵と轟き響く力に加え、この音楽の様式と性格に対する最もすぐれた理解を示した。」（ウィーン・エクスプレス、一九六〇年二月、アンドレ・クリュイタンス／ウィーン交響楽団との共演）

「園田の節度ある技巧と豊かな表現力は第一級のものである。ひらめくようなスタッカート、ゆるやかな部分での優雅なタッチ、すばらしい弾力性と繊細な音楽性を備えた個性とが一緒になって、ベートーヴェンのト長調協奏曲（協奏曲第４番）の演奏は聴衆を魅了した。」（一九六四年十一月二十九日、ストックホルム、チェリビダッケ／ストックホルム・ラジオ交響楽団とのベートーヴェン「協奏曲第４番」）

「園田高弘はベートーヴェンの変ホ長調ピアノ協奏曲（協奏曲第５番「皇帝」）の演奏で、若い演奏家の先頭に立った。彼のテクニックと表現の集中力と重厚さは、エトヴィン・フィッシャーを思わせた。」（ベルリン・ナハトペシエ）

「園田とチェリビダッケの息の合った演奏で、ベートーヴェンのト長調協奏曲（協奏曲第４番）は、聴いたこともないような美しいものとなった。園田の明快な技巧と、あふれでる抒情性は、音楽家として第一級のものである。」（ヴェネツィア・ガゼッティーノ）（一九六四年四月、チェリビダッケ／イタリア放送交響楽団との共演）

「僕は一九六五年に（一月二十三日）、ベルリンの新しいフィルハーモニー・ホールで、一晩の曲目の後半のすべてがラヴェルというリサイタルをおこなったことがあったが、そのときに、ドイツの音楽評論家、ハンス・シュトゥッケンシュミットに『彼は日本のギーゼキングである』と絶賛されて、感無量だった。当時のマネージャーが、『これは（宣伝に）使える』と大喜びしたのを覚えている。」（著書『ピアニスト　その人生』より）

「園田は驚くほどドイツ・ピアノ音楽の精神に通暁している。ベートーヴェンの作品１１０

のソナタ（第31番）は園田の手によって、造形の明確さ、表情の豊かさ、そしてアダージョは作曲者の望んだままの美しい詠唱を獲得した。」（ベルリン・モルゲンポスト）

「園田は明らかに、並大抵のピアニストではない。ベートーヴェンの作品111のソナタ（第32番）は、非の打ちどころのない技巧と壮麗な表現力にあふれたものだった。」（ミラノ・コリエ・デラ・セーラ）

「ベートーヴェンの作品111のソナタ（第32番）は卓越した演奏であった。園田はヨーロッパ一流の演奏家にしか見出せない一つのはっきりした様式を身につけている。」（トリノ・ガゼッタ）

「フィルハーモニーの演奏会で演奏されたサミュエル・バーバーのピアノ協奏曲は、驚くべき才能と素晴らしく訓練された園田高弘のような絢爛たる演奏を、必要条件とする作品である。ピアノとオーケストラの協調した共演は、この目立って効果的で徹頭徹尾技巧的な作品を、雄大に演奏し、聴衆は巨大な拍手で、演奏が終わる瞬間まで作品自体への疑問を消されてしまった。」（一九六七年三月十五日、ハンブルク・ディ・ヴェルト）（三月十二日・十三日、ヴォルフガング・サヴァリッシュ指揮ハンブルク・フィルとの共演）

「ピアニスト園田高弘は、今日のベルリン・フィルハーモニーの演奏会の指揮者、W・サヴァリッシュと芸術上の近似の性格をもっている。彼はウェーバーの『小協奏曲へ短調』を明快な技巧で演奏し、次のR・シュトラウスの『ブルレスケ』では、より詩的な抒情豊かな個性的な演奏家としての面を強調した。」（一九六七年七月一日、ベルリン・ディ・ヴェルト）（六月三十日、ベルリン・フィル定期）

「園田高弘が三つのピアノ協奏曲、リストの第1番、バルトークの第3番、ブラームスの第1番を演奏したが、満員の聴衆の高い期待を凌駕する素晴らしい演奏会となった。園田の優れた技巧は、強度のしかも様式に忠実な音楽性の輝きと一体のものである。三人の異なった作曲家による協奏曲は、それぞれの作曲者の精神が、演奏中ソリストの中に居合わせているような、魔法の力を思わせた。」（一九六七年九月二日、バーデンバーデン）（八月三十一日、アウグスト・フォークト指揮バーデンバーデン市立管弦楽団との共演）

「園田高弘は、このベートーヴェン・ホールでのリサイタルにより、すでにハノーヴァーで受けている名声を、さらに確固としたものにした。プログラムに彼はまずクレメンティの変ロ長調ソナタをおき、この決してやさしくはない作品を軽く弾きこなすことによって、次に来るベートーヴェンの作品110（ソナタ第31番）の強烈な印象、特にその終楽章での高度な音楽性を著しいものとした。この曲は彼に広い音楽の内面世界をピアニスティックに解釈するべき機会を与えた。フーガのテーマの導入や終わりに導く高揚の表現は、注目すべき演奏であった。ドビュッシーの『水の反映』では多くの色彩や火花をちらす興奮の陶酔が、彼のペダリングの繊細さや、指の技巧で生かされ、その表現は多感なもので貫かれた。ムソルグスキーの『展覧会の絵』では以上の両方がまざり合って、園田は驚くべき多面的な線で描かれた芸術家の肖像をあらわにした。種々変化された『プロムナード（『展覧会の絵』にたびたび現れる曲）』の表現自体、聴き手には一つの楽しみとなり、一つ一つの絵画への期待に胸が高まる思いだった。」（ハノーヴァー・アルゲマイネ、一九六七年十一月十五日）（十一月十三日のリサイタル）

共演者とのエピソード〜チェリビダッケ

巨匠たちとの共演にまつわるエピソードとしては、「相手の心を射抜くような鋭い眼光があった」という名指揮者セルジュ・チェリビダッケ（一九一二〜九六）との思い出を、園田がインタビューで詳しく話している。

「一九六〇年にN響初の海外公演でヨーロッパに行った時、岩城君（指揮者の岩城宏之）と（ベートーヴェンの協奏曲第4番を）演奏したのを、セルジュ・チェリビダッケが聴いて気に入ってくれたらしく、その翌年、一緒にやろうと声をかけてくれたんです。（ミラノ・スカラ座での）イタリア放送交響楽団の演奏会で、曲はブラームスの（協奏曲）第2番でした。チェリビダッケには激烈な影響を受けました。このときは六日間、十二回の練習スケジュールの中で、僕のピアノが加わっての練習が四回、その前に二日間、指揮者とピアノとの打ち合わせでという内容で、コンサート前になれば一週間はミラノに滞在しなければならなかった。」

「最初の打ち合わせの時は恐る恐る譜面を渡して、弾きだすと、一小節も進まないうちに、ちょっと待て、お前はいったいどういう風にこれを考えているのか、と始まるんだな（笑）。こちらは（中略）おろおろしているんだけれど、こうじゃないですかと答えると、そうか、じゃ次に進めとくるんだけれど、それが、ほとんど一小節ごとにやられるんだ。そのようにして、音楽の進行すべてを確認していくわけで、それは立派だと思ったなあ、あれほどの人がそれをやるんだから。そして、もし意見が異なると、俺はこう思うんだけれど、と説明を始める。だから第1楽章だけでも二時間半はかかった。そして第2楽章までいったら、今日はこれで止めようということになり、明日は？　と聞いたら、もういいからオケ（オーケストラ）と合わせようということになって、ああ、合格だなと、ホッとしましたよ。」

「オケとの練習も、まずチューニングから始まって、最初のピアノのあと、トゥッティ（オーケストラ全員の合奏）を念入りに練習して、なかなか次のピアノのところまでこない。

三十分くらいも待ち続けているといった感じで、それは大変なリハーサルでした。でも、あれほど、強烈な音楽体験、つまり音楽を念入りに築きあげていくというプロセスを教えてくれた指揮者は、ほかにはいなかったね。」

ドイツでの放送録音に聴く、若き日の演奏

園田がドイツを拠点に活躍した時期、一九六〇～七〇年代のドイツでの放送録音が、二十一世紀に入ってから、『若き日の軌跡』として四枚CD化された。興味深いラインナップで、園田の才気あふれる演奏を聴くことができる。幼少時にウクライナ人のレオ・シロタに師事し、パリ留学時代にマルグリット・ロンに師事したことも影響してか、ロシアものとフランスものが目立つが、そのレパートリーの広さには驚かされる。

『若き日の軌跡Ⅰ』　ラフマニノフ「協奏曲第3番」、ストラヴィンスキー「四つの練習曲」、グラズノフ「ソナタ変ロ短調」。

『若き日の軌跡Ⅱ』　ラヴェル「協奏曲ト長調」、同「水の戯れ」、ドビュッシー「12の練習曲」より第1番～第6番、サン＝サーンス「ピアノ協奏曲第4番」。

『若き日の軌跡Ⅲ』　レーガー「バッハの主題による変奏曲とフーガ」、シューマン「アレグロ」、同「花の曲」、リスト「小人の踊り」（「二つの演奏会用練習曲」より）、同「ダンテを読んで」（「巡礼の年『第2年イタリア』」より）。

『若き日の軌跡Ⅳ』　フランク「前奏曲、フーガと変奏曲」、フォーレ「三つの即興曲」（第1番・第2番・第5番）、ドビュッシー「12の練習曲」より第7番〜第12番、同「レントより遅く」、同「二つのアラベスク」、ラヴェル「水の戯れ」、同「ソナチネ」、サン＝サーンス「ワルツ形式の練習曲」（「六つの練習曲」より）、プーランク「無窮動」。

ドイツを拠点とした時期の、日本での活動（一九五八年〜一九六七年）

園田は、ヨーロッパでの演奏活動を続ける承諾を得たうえで、一九六六年十二月から約十五年間、京都市立音楽短期大学（のちに京都市立芸術大学音楽学部）の教授を務めた。最初は客員教授として、一時帰国中に集中講義を行ったが、一九六八年（昭和四十三年）十一月に正式に同大学ピアノ科主任教授に就任するにあたり、京都市にも居を構えた。それまでの期間、ドイツを本拠としつつ日本に一時帰国しての主な演奏活動は、次のとおりである。

一九五八年（昭和三十三年）五月、全国十都市（東京・浜松・名古屋・広島・福岡・札幌・仙台・神戸・福山・横浜）◇三種類のプログラムにて、リサイタル（プログラムA／ベートーヴェン、シューマン、ドビュッシー、ショパン）（プログラムB／ハイドン、ショパン、ブラームス、リスト、プロコフィエフ）（プログラムC／モーツァルト、ベートーヴェン、ショパン、ラヴェル）

一九五八年七月二十日（放送日）「NHKシンフォニーホール」◇ラフマニノフ／協奏曲第3番（ヴィルヘルム・ロイブナー／N響）

先に紹介したように、ドイツには豊富な放送音源があるにもかかわらず、日本には残っていないのだろうかと疑問に思っていたところ、園田の没後十年ということで、二〇一四年十月二十五日のNHK－FM「クラシックの迷宮」で、この日の放送「NHKシンフォニーホール」から、ラフマニノフ「ピアノ協奏曲第3番」が再放送された。ヴィルヘルム・ロイブナー（一九〇九〜七一）指揮、NHK交響楽団との共演であり、当時二十九歳の園田の軽やかで清々しいタッチが印象的だった。

一九五九年（昭和三十四年）三月二十四日・二十五日・二十六日、日比谷公会堂◇ブラームス／協奏曲第1番（ヴィルヘルム・シュヒター／N響）

一九五九年四月二十八日、日比谷公会堂◇バルトーク／協奏曲第3番（渡邉暁雄／日本

フィル）
一九六〇年（昭和三十五年）四月十一日・十二日・十三日、日比谷公会堂◇ラフマニノフ／協奏曲第3番（ヴィルヘルム・シュヒター／N響）
一九六〇年四月二十五日、日比谷公会堂◇リサイタル（ハイドン、シューマン、ドビュッシー、ショパン）
一九六三年（昭和三十八年）九月十九日、東京文化会館◇ブラームス／協奏曲第1番（オットー・マッツェラート／読響、第一回定期演奏会）
一九六三年九月二十五日、日比谷公会堂◇リサイタル（バッハ、シューベルト、ラヴェル、リスト）
一九六四年（昭和三十九年）六月四日、東京文化会館大ホール◇リサイタル（バッハ～ブゾーニ、シューマン、ブラームス、ベートーヴェン）
一九六四年十一月九日・十日（東京文化会館）、十一月二十日（大阪）◇シューマン／協奏曲イ短調（ヴォルフガング・サヴァリッシュ／N響）
N響に定期的に客演した桂冠名誉指揮者であり（客演回数は三百回以上という）、同楽団の九十年の歴史の約三分の一に及ぶ年月を支えたサヴァリッシュの、N響デビューであった。
このうち、十一月十日の東京公演のライヴが、同じサヴァリッシュとの共演による一九六九

年のブラームス「ピアノ協奏曲第1番」と、一九九九年のブラームス「ピアノ協奏曲第2番」（イルジー・コウト指揮）と共に、二〇一七年に「N響創立九十周年記念シリーズ」としてCD化されたことは喜ばしい。当時三十六歳の園田の弾くシューマンは、スピーディーで若々しい。なお、サヴァリッシュは、一九六四年の初共演当時ドイツ在住だった園田を、その後たびたびソリストに指名した。六七年にハンブルク・フィルでバーバーの協奏曲を、同年ベルリン・フィルの定期でウェーバー「小協奏曲」とR・シュトラウス「ブルレスケ」を共演し、さらに、一九六九年バーゼル交響楽団、一九七〇年ハンブルク・フィル、一九七三年ミュンヘン国立歌劇場管弦楽団で、いずれもラヴェルの「ピアノ協奏曲」を共演している。

一九六四年十一月十三日・十九日、東京文化会館大ホール◇リサイタル（都民劇場主催）

一九六五年（昭和四十年）三月二十九日、東京文化会館大ホール◇リサイタル「ベートーヴェンの夕」

一九六五年四月十八日、東京文化会館◇「協奏曲の夕」（ベートーヴェン／協奏曲第4番、バルトーク／協奏曲第3番、ブラームス／協奏曲第2番）（外山雄三／N響）

一九六六年（昭和四十一年）四月十八日、東京文化会館◇バーバー／協奏曲（若杉弘／読響）◇初演

一九六六年五月九日、久留米◇リサイタル（全ベートーヴェン・プログラム）
一九六七年（昭和四十二年）一月十七日、東京文化会館◇バルトーク／協奏曲第3番（エフレム・クルツ／日本フィル）
一九六七年一月二十三日、札幌◇ブラームス／協奏曲第2番（荒谷正雄／札響）
一九六七年二月一日、東京文化会館大ホール◇リサイタル（モーツァルト、シューマン、ブリテン、ストラヴィンスキー、ムソルグスキー）
一九六七年十二月◇バッハ「インヴェンションとシンフォニア」全曲録音。
園田の本格的なデビュー盤である。なお、同作品には、その後、二度目、三度目の録音もある。

レパートリーの開拓、ヨーロッパでの修業の成果

園田は新聞でのインタビューで、ピアニストとしてのレパートリーはざっと三百曲だと答えていた。ここにはピアノ独奏曲、ピアノ協奏曲、室内楽曲が含まれているわけだが、分かりやすい例として、オーケストラと共演するピアノ協奏曲について、そのレパートリーをさ

ぐってみよう。

「戦後日本は混乱期で、勉強する以外何もなかったからね、本当に勉強したよ。協奏曲も四十九曲演奏した」と語る園田の、ピアニストとしての楽壇デビューは、NHK交響楽団（N響）との共演だった。日本経済新聞に連載した「私の履歴書」（二〇〇〇年二月）によると、このデビュー以来、N響との共演は七十回あり、ソリストの最多登場記録らしい。なお、この数字については、定期演奏会が同じ曲目で二日ないし三日行われたり、あるいは、特別演奏会などで昼夜二公演ということもあったので、のべ回数として約七十回ということだろう。そして、先に日本での活動歴に紹介したが、一九六五年四月十八日の「協奏曲の夕」において、一晩で三曲の協奏曲を演奏したことも、驚きに値する（ベートーヴェンの第4番、バルトークの第3番、ブラームスの第2番）。

一方、協奏曲の数については、N響との共演だけで十八曲あり、ここに、N響以外の日本の楽団および海外のオーケストラと共演した曲（諸井誠やテーリヒェンの作品など、初演した新作も含めて）を加えれば、協奏曲のレパートリーは約五十曲になるという。参考までに、日本の楽壇で新人の登竜門として知られる「日本音楽コンクール」ピアノ部門の本選では、バッハからプロコフィエフまで古今の三十二曲のピアノ協奏曲のなかから一曲を選ぶことになっている（二〇一六年の第八十五回コンクールでの例）。これよりさらに多い数のレパートリーを、園田は持っていたことになる。

実際に、一九六七年の一年間に、園田がヨーロッパ各地で演奏したピアノ協奏曲が、一九六八年の「ベートーヴェン／ピアノ・ソナタ全32曲連続演奏会」（東京文化会館）のプログラム冊子に掲載されていた。それによると（作曲家のアルファベット順）……

バッハ／ニ短調（第1番）、バーバー／op.38（園田が一九六六年に日本初演をした協奏曲）、バルトーク／第3番、ベートーヴェン／第1番・第3番・第4番・第5番、ブラームス／第1番、ショパン／第2番、フランク／交響的変奏曲、リスト／第1番・「死の舞踏」、モーツァルト／第21番・第23番、ラフマニノフ／第2番・第3番、ラヴェル／ト長調、R・シュトラウス／「ブルレスケ」、テーリヒェン／第2番、ウェーバー／小協奏曲。以上、全二十曲である。

一年間に二十曲の協奏曲を、あるいは一晩で三曲の協奏曲を弾けるピアニストが、日本に、いや世界に、何人いるだろうか。園田自身は、「代役などで急に出演依頼があるから、とにかくレパートリーを持っていないといけない。最近は、コンクールで優勝したものの、ほかの曲は弾けませんという人がいるが」と、皮肉を交えて述べている。

一九五七年にパリでヨーロッパ・デビューを、一九五九年にニューヨークでアメリカ・デビューを果たした園田は、ドイツに在住して西ヨーロッパを中心に演奏活動を行い、さらに旧ソ連や東欧諸国にも活動の場を広げた。リサイタルのほか、数々のオーケストラと共演し、今は亡き名指揮者たちとも共演して各地で成功を収め、日本が生んだ最初の国際的ピアニストとして広くその名を知られるようになる。そして、旧西ドイツを本拠とし、定期的に日本でも活動するという演奏生活が、一九八二年ごろまでのおよそ二十五年間続く。そのうち後半の期間は、京都にも居を構えて京都市立芸術大学教授を務め、日本での教育活動にも熱心に取り組むこととなる。

「七十歳記念リサイタル」（一九九八年）を前にしたインタビューで、園田は、「デビューから十数年（京都市立芸術大学教授就任まで）、ヨーロッパにいたのが幸いした。日本のしがらみの中にいたら、もう弾く気力もなかったでしょうね」「いろいろなことに気づき、見えてくるという三十、四十代を、外国で演奏活動をして孤独で過ごしていた。それは何よりも強いと今でも思う」と語っている。

園田は、ヨーロッパを中心に演奏活動をするなかで、往年の大家たちの演奏を知る耳の肥えた聴衆に鍛えられた。彼らは、デビュー間もない若いピアニストにも、何度もアンコールを求めてきたが、それによってレパートリーがあるかどうかを探られ、試されていたのである。一方、日本の音楽界には流派による派閥や学閥があるが、ドイツを本拠としていた時期の園田は、日本独特のしがらみに惑わされることなく、自分自身の演奏に集中できた。こうしたプロセスを経たことは、ピアニスト園田高弘の強みにもなった。

Ⅱ　ピアニストとしての足跡

ドイツと日本を活動の拠点に（一九六八年〜一九八二年）

　生涯現役ピアニストだった園田高弘の演奏記録は、膨大である。そのなかから、筆者が実際に鑑賞した記録を、大きく二つの時期に分けて紹介したい。

　一九五七年にパリでデビュー・リサイタルを開いた園田は、日本初の国際的ピアニストとして名を高め、旧西ドイツのバーデンバーデンを本拠として定期的に日本でも活動する演奏生活を、八〇年代はじめまで約二十五年間続けた。筆者が聴くことができたのは、このうち一九六八年以降の、主に東京・京都・大阪での演奏である。一九六八年から一九八二年までの期間、園田は、ドイツと東京・京都とを往復しながら演奏活動を行い、さらに、京都市立音楽短期大学（のちに京都市立芸術大学）の客員教授を経てピアノ科主任教授を務め、教育にも尽力した。

　鑑賞記録を紹介する前に、この期間の主な受賞歴、大きなプロジェクト、録音歴は、次のとおりである。

　一九六八年四月〜五月、東京◇ベートーヴェン「ピアノ・ソナタ」全曲演奏会（一回目、全七夜）。

同年十一月より正式に、京都市立音楽短期大学（のちに、京都市立芸術大学音楽学部）ピアノ科主任教授に就任。京都市にも居を構える。

同年十二月◇バッハ「イギリス組曲」全曲録音。

一九六八～六九年◇ベートーヴェン「ピアノ・ソナタ」全曲録音（一回目）。

一九七一年（四月九日に決定）◇昭和四十五年度の第二十七回「日本芸術院賞」を受賞。受賞理由として、「ピアノ演奏家として、楽曲の解釈や表現力が抜群で、わが国のピアノ演奏を世界的水準に高めるのに最も功績があった」と、読売新聞に報道された（一九七一年四月十日）。ピアニストの受賞者は二人目で、園田の師の豊増昇（昭和三十五年度）以来十年ぶりであった。

一九七二年◇バッハ「平均律クラヴィーア曲集」全曲録音（一回目）。このアルバムは、翌年にレコード・アカデミー賞を受賞。

一九七三年◇京都新聞第十七回文化賞を受賞。

一九七四年◇バッハ「インヴェンションとシンフォニア」全曲録音（二回目）。（一回目は一九六七年）。

一九七六年五月◇ブラームス「ピアノ協奏曲」二曲を一晩で演奏（大阪）。

一九七七年◇第七回モービル音楽賞（洋楽部門）を受賞。

同年二月、ドレスデン◇ベートーヴェン没後百五十年記念コンサートに出演し、ベートーヴェン「ピアノ協奏曲」第1番・第2番・第3番を演奏。

同年九月◇ベートーヴェン「ピアノ協奏曲」全五曲を二夜連続で演奏（大阪）。

一九七八年三月◇ベートーヴェン「ピアノ協奏曲」三曲を一晩で演奏（東京）。

一九七九年四月◇ブラームス「ピアノ協奏曲」二曲を一晩で演奏（東京）。

一九八〇年（十二月十五日付で文部大臣から発令）◇昭和五十五年度の日本芸術院会員新会員に選出される（昭和生まれ初の会員）。業績および略歴として、「現代日本の代表的ピアニスト。卓抜な演奏で内外の絶賛を得ており、芸術性は円熟の境地」と報道された（十一月十九日、京都新聞）。

一九八一年四月◇日本芸術院会員就任記念演奏会を開催（東京）。

一九八二年三月◇京都市立芸術大学教授を辞任。日本に拠点を戻し、日本を中心とする演奏生活に入る。

そして、この期間の主な海外の演奏旅行先は、次のとおりである。
一九六八年　旧西ドイツ、ほか
一九六九年　旧ソ連、旧西ドイツ、オランダ

一九七〇年　旧西ドイツ（ベルリン・フィルとの諸井誠「ピアノ協奏曲」ヨーロッパ初演を含む）、イギリス（ロンドン・デビュー）、デンマーク、旧ユーゴスラビア
一九七一年　旧西ドイツ（ベルリン・フィル定期でのテーリヒェン「協奏曲第2番」ドイツ初演を含む）、イギリス
一九七二年　旧西ドイツ
一九七三年　旧西ドイツ（「マックス・レーガー生誕百年祭」への出演、ほか）、イギリス、オーストリア（ウィーン、ベートーヴェン国際ピアノ・コンクール審査員。園田にとって初の、海外音楽コンクール審査員）
一九七四年　旧ソ連、イギリス、旧西ドイツ、東欧諸国
一九七五年　旧東ドイツ
一九七七年　旧東ドイツ（ベートーヴェン没後百五十年で協奏曲3曲の演奏、ほか）、アメリカ（ニューヨークでヴァイオリンの江藤俊哉と日本人の作品のみによる演奏会）、イギリス
一九七八年　中国（文化交流のための日本音楽家代表団の一員として。団長／團伊玖磨）
一九七九年　旧西ドイツ、東欧諸国
一九八〇年／八一年　旧西ドイツ

一九八二年　旧ソ連

【鑑賞記録（一九六八年〜一九八二年）】

一九六八年（昭和四十三年）

十二月三日（火）午後七時〜　京都会館第二ホール

「園田高弘とアカデミア合奏団の夕」アカデミア合奏団／岩淵龍太郎（指揮）

ハイドン／協奏曲ヘ長調、ベートーヴェン／協奏曲第3番。

十一月に京都市立音楽短期大学（現・京都市立芸術大学）教授に就任した披露演奏会。

一九六九年（昭和四十四年）

四月十二日（土）午後六時〜　京都・十字屋楽器店四条店九階ホール

ベートーヴェン／ソナタ第21番、ショパン／アンダンテ・スピアナートと華麗なる大ポロネーズ、リスト／ハンガリー狂詩曲第12番。

楽器店の開店披露パーティーに先立ち、記念特別演奏として。

五月二十四日（土）午後一時〜　東京・銀座ヤマハホール

園田高弘ピアノ講習会～バッハ「イギリス組曲」について
バッハ「イギリス組曲」全曲盤発売記念の講習会として、演奏を交えて開催。楽譜について、原典版と共に校訂版を使うようアドバイス。たとえば、エトヴィン・フィッシャー版などがよい、との話があった。

九月三十日（火）午後七時～　東京文化会館大ホール
日本フィル第185回定期／近衛秀麿
ベートーヴェン／協奏曲第5番。

十二月八日（月）午後七時～　京都会館第二ホール
リサイタル（京都市主催）
ハイドン／ソナタ第50番ハ長調、リスト／ソナタ、シューマン／森の情景、ラヴェル／夜のガスパール。

一九七一年（昭和四十六年）

一月九日（土）午後七時～　京都会館第一ホール

「１９７１京響ニューイヤーコンサート」渡邉暁雄／京都市交響楽団

チャイコフスキー／協奏曲第1番。

「冷静だが確実な音楽が、この曲の核心を流れていた。（中略）やっと日本でも音楽が分別ざかりの男の仕事として社会に根をおろしたことを、実感的につかめるから不思議である。」（文／松本勝男、京響友の会発行「シンフォニー」第１０４号より）

一月二十八日（木）午後七時〜　京都会館第一ホール

京都市交響楽団第１３１回定期／渡邉暁雄

プロコフィエフ／協奏曲第3番。

「速いテンポで現代風な演奏は、緻密な情感やニュアンスを巧みに織り込んで、オーケストラと息の合った協奏ぶりはまことに小気味の良いものであった。」（文／中川牧三、京都新聞評）

終演後、筆者は家族と共に楽屋へ挨拶に行くのが常であり、このときも恩師・園田高弘を訪ねた。師はいつも「どうだった？」と、当時まだ小学生だった私にも感想を聞いてくれた。筆者にとってプロコフィエフのこの協奏曲を生で聴くのはこの日が初めてだったので、「近代的な響きだと思いました」と感想を述べたところ、「構成は古典的なんだよ」と教えられた。

14. Feb. 71.

四月二十七日（火）午後七時〜　京都府立文化芸術会館
リサイタル〜「文化芸術会館室内楽の会」第16回例会
モーツァルト／ソナタK.332、シューマン／フモレスケ、ドビュッシー／「映像」第1集・第2集、スクリャービン／ソナタ第5番。

このリサイタル開催の直前、四月九日に園田は、昭和四十五年度の第二十七回日本芸術院賞を受賞した。その授賞式は五月三十一日に日本芸術院会館で、天皇陛下をお迎えして行われたが、このとき陛下から、「なぜ、初めにパリへ留学したのか」と質問されたと、筆者は後日、ピアノのレッスンのときに聞いた。

八月二十七日（金）午後三時四十五分〜四時四十分（再放送）NHK‐FM（本放送は八月二十一日（土）午後七時〜七時五十五分）
「NHKシンフォニーホール」　バルトーク／協奏曲第3番（若杉弘／N響）（番組後半は今井信子をソリストとするバルトーク「ヴィオラ協奏曲」）

十二月二十二日（水）午後七時〜　京都会館第二ホール

リサイタル（京都市主催）
ベートーヴェン／ソナタ第8番、シューマン／アレグロ、シューベルト／幻想曲「さすらい人」、ラヴェル／鏡、スクリャービン／詩曲op.32、ショパン／アンダンテ・スピアナートと華麗なる大ポロネーズ。

一九七二年（昭和四十七年）

二月二十五日（金）午後七時〜　東京・郵便貯金ホール
江藤俊哉・園田高弘　ソナタの夕べ（NHK厚生文化事業団主催のチャリティー・コンサート）
モーツァルト／ヴァイオリン・ソナタK.378、ブラームス／ヴァイオリン・ソナタ第3番、バルトーク／ヴァイオリン・ソナタ第2番、ベートーヴェン／ヴァイオリン・ソナタ第9番「クロイツェル」（vn／江藤俊哉）。

三月十三日（月）午後七時〜　大阪・フェスティバルホール
大阪フィル第九十八回定期／朝比奈隆
ブラームス／協奏曲第2番。

朝比奈とは海外でも、一九六一年の五月にドイツのハンブルクで、ショパンの協奏曲第1番を共演したことがあった（北ドイツ放送交響楽団）。また、ブラームスの協奏曲についてはこのあとも何度か共演することとなる。

十二月十八日（月）午後七時〜　京都会館第一ホール
京響特別演奏会〜第九シンフォニーの夕／山田一雄
ショスタコーヴィチ／協奏曲第1番。

一九七三年（昭和四十八年）
一月九日（火）午後七時〜　京都会館第二ホール
リサイタル（京都市、京都コンサート協会主催）
シューマン／交響的練習曲、ショパン／舟歌、同／幻想ポロネーズ、ドビュッシー／版画、プロコフィエフ／ソナタ第7番。

このころから筆者は、プログラム冊子の余白や日記帳に、アンコール曲目や感想などのメモ書きもしていた。

当夜のアンコール◇プロコフィエフ「トッカータ」、ストラヴィンスキー「ピアノ・ラグ・ミュージック」」。

二月二十八日（水）午後七時～　京都会館第一ホール
「京響＆芸大　特別演奏会」（京都市主催）山田一雄／京都市交響楽団
ラヴェル／協奏曲、ベートーヴェン／三重協奏曲（vn／岩淵龍太郎、vc／黒沼俊夫）。
「三重奏曲」の楽譜を園田先生が貸して下さり、譜面を見ながら聴いた。

三月十五日（木）午後七時～　京都会館第二ホール
「マックス・レーガー生誕百年記念演奏会」
「バッハの主題による変奏曲とフーガ」op.81、「素朴な歌」op.76より六曲（MS／佐々木成子）。

京都市立芸術大学音楽学部マックス・レーガー研究会の主催した演奏会。なお、同年同月に園田は、ドイツのボン市のレーガー協会が主催する「レーガー生誕百年記念演奏会」にも出演し、オール・レーガー・プログラムによるリサイタルを開いた。このドイツ公演のプログラムは、「バッハの主題による変奏曲とフーガ」op.81、「シルエッテ」（全七曲）op.53、「フモレスケ」（全五曲）op.20である。

五月十六日（水）午後七時〜　京都会館第一ホール
ショパン／協奏曲第2番（ヴィトルト・ロヴィツキ／ワルシャワ国立フィル）。
ワルシャワ・フィルの来日期間中、園田は四公演でソリストを務めており、京都以外の三公演（東京、大阪、大分）では、ショパンの協奏曲第1番を演奏している。

十一月二十七日（火）午後六時三十分〜　京都市立芸術大学音楽学部講堂
「第四十回学生火曜コンサート」（学内コンサート）
在学生の井出悟の演奏するラフマニノフ「ピアノ協奏曲第1番」にて、指導教授として第2ピアノ（オーケストラ・パート）を務める。ラフマニノフの協奏曲といえば第2番か第3番が演奏されるので、第1番が珍しかったのと、学生との間で丁々発止の演奏が繰り広げられたことを覚えている。

一九七四年（昭和四十九年）
一月二日（水）午前八時〜九時（放送）ＮＨＫテレビ
ムソルグスキー「展覧会の絵」、ショパン「マズルカ」二曲、ラフマニノフ「前奏曲」三曲、ラヴェル「鏡」より「道化師の朝の歌」。
このころ数年間、ＮＨＫテレビの正月特別番組への出演が続いた。

十二月五日（木）　京都会館第二ホール
関西モーツァルト協会第二十四回例会「ピアノ協奏曲の夕」
モーツァルト／協奏曲第12番、第９番（宇宿允人／ヴィエール室内合奏団）。

十二月十八日（水）午後七時～　大阪・毎日ホール
日演連室内楽シリーズ「モーツァルトの夕」
モーツァルト／協奏曲第９番、第20番（宇宿允人／ヴィエール室内合奏団）。

一九七五年（昭和五十年）
四月二十六日（土）午後六時三十分～　大阪・厚生年金会館中ホール
リサイタル（同月二十四日にも名古屋市民会館中ホールで、同一プログラムにより開催）
ベートーヴェン／ソナタ第14番、第24番、第23番、ショパン／舟歌、バラード第１番、ドビュッシー／版画、シューマン／謝肉祭。

アンコール◇スクリャービン／練習曲、ラフマニノフ／前奏曲op.23－2、ドビュッシー／「映像第1集」より「水の反映」、シューマン／「幻想小曲集」より「飛翔」。

多彩なアンコール曲目に驚いた。なお、同月3日の東京公演（東京文化会館大ホール）は、曲目が一部異なるリサイタルだった（モーツァルト／ロンドK.511、シューマン／交響的練習曲、ショパン／舟歌、バラード第1番、ドビュッシー／版画、スクリャービン／ソナタ第5番）。

七月四日（金）午後七時～　京都・大谷ホール
リサイタル「J・S・バッハ／パルティータの夕べ」
「パルティータ」全六曲。

十一月二十八日（金）午後七時～　大阪・厚生年金会館中ホール
リサイタル「ベートーヴェンの夕」
ソナタ第27番、第31番、第29番。

一九七六年（昭和五十一年）

一月二日（金）午後三時〜四時（放送）ＮＨＫ総合テレビ
「新春演奏会」
シューベルト／幻想曲「さすらい人」、シューマン／森の情景、ドビュッシー／「映像」第１集より「水の反映」、プロコフィエフ／組曲「三つのオレンジへの恋」より「行進曲」。
番組は、新年の挨拶に始まり、年男であること（辰年）や近況についての話のあと演奏に入り、合間には梅原猛（当時、京都市立芸術大学学長）との対談もあった。

五月十四日（金）午後七時〜　大阪・フェスティバルホール
「園田高弘　ピアノ協奏曲の夕べ」大阪フィル／朝比奈隆
ブラームス／協奏曲第１番、第２番。
この大規模なピアノ協奏曲二曲を一晩で演奏した日本人ピアニストは、園田が初めてであり、日本でこのような企画が行われたのも初めてとのことである。その演奏には熱い使命感がみなぎり、オーケストラを先導し、かつ聴き手を圧倒する覇気があった。当夜のコンサートはＮＨＫによってライヴ録音され、ＮＨＫ－ＦＭ「青少年コンサート」で放送された（第１番は五月二十三日（日）、第２番は六月二十日（日）放送、いずれも午後二時〜三時）。なお、演奏会当夜の休憩時間に偶然、筆者はインタビューのマイクを向けられ、「(第1番の演奏は)本当に素晴らしいと思います、第2楽章なんか特に。(後半の)第2番は(園田先生が)前に(一九七二年)大フィルと合わせられたこともありますし、もちろん期待しております」と答えたところ、それがオンエアされたのだった。さらに、このときのインタビュアーが、当時NHK大阪放送局勤務の松村正彦プロデューサーだったことは、筆者が社会人になってNHK－FM番組の選曲・構成の仕事をしたとき、番組の担当ディレクターとして彼にお世話になって知った。


六月八日(火)午後七時～　京都会館第二ホール
リサイタル「ショパンの夕」

夜想曲op.62－1、op.62－2、ソナタ第3番、24の前奏曲。

アンコール◇ショパン／最後の「マズルカ」二曲(おそらくop.63からの二曲)、即興曲第2番。

プログラム冊子に園田自身が、詳細な曲目解説とショパン論(「ショパンノート」)を寄稿している。

十月八日（金）午後七時～　東京・中央会館（十三日に大阪・毎日ホールでも同一公演）
「豊増昇追悼演奏会」
東京ゾリステン（東京公演）、宇宿允人／ヴィエール・フィルハーモニック（大阪公演）
バッハ／二台のピアノのための協奏曲ハ短調ＢＷＶ１０６０（第二ピアノ／鈴木良一）、
ベートーヴェン／ソナタ第31番。
園田の師の一人、豊増昇（一九一二～七五）の没後一年に開かれた追悼演奏会。共演した鈴木良一も豊増門下であった。ベートーヴェンのソナタ第31番は、豊増お得意の曲のひとつということで選曲されたという。構築美が印象深い園田のソロだった。

十月十九日（火）午後七時～　東京・日比谷公会堂
リサイタル
ベートーヴェン／ソナタ第16番、シューマン／幻想曲、ショパン／24の前奏曲。
プログラム冊子に園田自身が、詳細な曲目解説を寄稿している。

十月二十二日（金）午後七時～　京都・大谷ホール
リサイタル～「国際ソロプチミスト京都十周年記念／ユニセフのためのソロプチミスト演

奏会」として開催されたチャリティー・コンサート
ベートーヴェン／ソナタ第16番、シューマン／幻想曲、ドビュッシー／子供の領分、ショパン／バラード第4番、幻想ポロネーズ。
アンコール◇ショパン／マズルカ1曲、練習曲op.25－3。

一九七七年（昭和五十二年）

六月十四日（火）午後七時～　京都会館第二ホール
リサイタル～ベートーヴェン没後百五十年記念「ベートーヴェンの夕べ」
ソナタ第30番、第31番、「六つのバガテル」op.１２６、ソナタ第32番。
園田自身が詳細なプログラム・ノートを寄稿している。それは、ベートーヴェンのピアノ・ソナタ全集の第一回録音（ＬＰ）の解説書に執筆した各ソナタの楽曲分析に、推敲を加えると共に、「バガテル」について書き足したものである。

九月十二日（月）・十三日（火）両日とも午後七時～　大阪・フェスティバルホール
「園田高弘　ベートーヴェン　ピアノ協奏曲　連続演奏会」（ベートーヴェン没後百五十年記念、大阪フィル・ベートーヴェン・チクルス協賛）（大阪フィル／朝比奈隆）

ベートーヴェン／協奏曲第2番・第3番・第4番（第一夜）、同第1番・第5番（第二夜）。
ベートーヴェンのピアノ協奏曲全五曲の演奏会を二夜連続で開いたのは、日本人ピアニストとしては園田が初めてである。大きなプロジェクトに意欲満々の園田のソロは、オーケストラを圧倒する威力を印象づけた。なお、外国人ピアニストによる日本での同様の公演としては、レオニード・クロイツァー（弾き振り）や、エミール・ギレリスが開いたことはあるという。

十二月四日（日）午後七時～　東京・日比谷公会堂
リサイタル「ベートーヴェン没後百五十年記念～ベートーヴェン後期作品の夕べ」
ソナタ第30番、第31番、「六つのバガテル」op.126、ソナタ第32番。
六月の京都公演と同じプログラムによるリサイタルであり、やはり園田自身が詳細なプログラム・ノートを記している。ベートーヴェンとの精神的な対話を感じさせる演奏のなかに、後期ソナタの難しさ、深さが表れていた。なお、この年の十月に園田は、第七回モービル音楽賞（洋楽部門）を受賞し、その「祝う会」が十二月二十四日に大阪のロイヤルホテルで開かれた。

一九七八年（昭和五十三年）

一月十七日（火）午後七時〜　東京・都市センターホール
「ワンダ・ウィウコミルスカ（vn）&園田高弘　二重奏の夕べ」

シマノフスキ／ヴァイオリン・ソナタop.9、「神話」op.30、ベートーヴェン／ヴァイオリン・ソナタ第9番「クロイツェル」。

アンコール◇ベートーヴェン／ヴァイオリン・ソナタ第5番「春」より第4楽章。

ポーランドの女性ヴァイオリニストの来日公演であり、同月二十九日（日）にも大阪で共演（厚生年金会館中ホール）。ウィウコミルスカは、外見は可憐な印象ながら、演奏は力強く、園田との間で調和を図りつつも主張をぶつけ合うデュオが展開された。二人の音色がよく合っていたことも印象に残る。

三月二十日（月）午後六時三十分〜　東京文化会館大ホール
「園田高弘のベートーヴェン〜ピアノ協奏曲第3・第4・第5」
ベートーヴェン／協奏曲第3番、第4番、第5番（森正／東京交響楽団）。
昨年九月の大阪公演に準ずる大きなプロジェクト。

四月二十二日（土）午後七時三十分〜八時十五分（再放送は二十三日（日）午後三時四十五分〜）

NHK教育テレビ「テレビコンサート」

バッハ／半音階的幻想曲とフーガ、シューベルト／ソナタop.120（D.664）、ラフマニノフ／練習曲集「音の絵」よりop.39－3、op.33－3。

十月三十一日（火）午後七時〜　東京・厚生年金会館

読売日響第151回名曲シリーズ／ライナー・ミーデル

ベートーヴェン／ピアノ協奏曲第3番。

堂々とした園田のソロには、オーケストラを先導する余裕さえ感じられ、メロディーを歌うところも十分に聴かせた。

十一月十日（金）午後七時〜　京都会館第一ホール

京都音協ゴールデン・クラシック・シリーズ〜読売日本交響楽団／井上道義

グリーグ／ピアノ協奏曲。

十一月十六日（木）午後七時～　京都・大谷ホール
リサイタル「シューベルト没後百五十年記念～シューベルトの夕べ」
楽興の時（全六曲）、幻想曲「さすらい人」、三つの小品D.９４６、ソナタD.９６０。

一九七九年（昭和五十四年）

一月二日（金）午後二時～四時（放送）ＮＨＫ－ＦＭ
「新春リサイタル」（前半／園田高弘P、後半／江藤俊哉vn）
モーツァルト／ソナタK.５４５、ベートーヴェン／「エロイカ」の主題による変奏曲とフーガ、ショパン／幻想ポロネーズ、マズルカop.７－２、op.24－２。

三月十九日（月）午後六時三十分～　東京・虎ノ門ホール
「現代日本のオーケストラ音楽」第三回演奏会（山田一雄／東京交響楽団）
西村朗／ピアノ協奏曲「紅蓮《ぐれん》」。

四月二十六日（木）午後七時～　東京文化会館大ホール
ブラームス　ピアノ協奏曲全曲演奏会（尾高忠明／東京交響楽団）

ブラームス／協奏曲第1番、第2番。
一九七六年五月に大阪で開催した大きなプロジェクトを、東京でも実現。

六月八日（金）午後七時〜　大阪・フェスティバルホール
リサイタル
ショパン／バラード（全四曲）、ブラームス／ソナタ第2番、リスト／「ドン・ジョヴァンニ」の回想。

園田自身がプログラム・ノートを記している。一九七七年に「音楽芸術」誌にて、諸井誠との往復書簡「ロマン派のピアノ曲」を連載（のちに単行本となった）したときの研究成果を、反映した内容となっている。なお、リストの作品は、園田が一九四八年、音楽学校の卒業演奏と、直後のデビュー・リサイタルで弾いた思い出の曲である。

六月十四日（木）午後六時三十分〜　東京・虎ノ門ホール
カワイコンサート〜園田高弘ピアノ・リサイタル
ショパン／ポロネーズop.26－2、バラード第2番、ソナタ第3番、ベルク／ソナタ、ドビュッシー／「前奏曲集」第1巻。

アンコール◇ショパン／マズルカ1曲、ドビュッシー／「映像」第1集より「水の反映」。
充実したテクニックに改めて驚き、音の美しさに感銘を受けた。

十月二十二日（月）午後六時三十分〜　東京・朝日生命ホール
第190回朝日音楽サロン〜園田高弘ピアノコンサート
松平頼暁「アルロトロピイ」、武満徹「For Away」、一柳慧「Piano Media」、湯浅譲二「On the Keyboard」、甲斐説宗「Music for Piano」、藤枝守「Falling Sound（Plastic Music）」、坪能克裕「Tri Focus for Piano」。
園田は若いころに「実験工房」での活動で二十世紀の作品を演奏していたが（初演も含む）、現代日本のピアノ曲だけのプログラムによる園田のリサイタルを筆者が聴いたのは、当夜が唯一の機会だった。各作品の特色を明快にとらえた演奏が聴けて、貴重な体験だった。

十二月二十八日（金）午後八時五分〜十時（生放送）NHK－FM
特別番組「園田高弘ピアノ・リサイタル」
ベートーヴェン／ソナタ第30番、第31番、第32番、「ディアベリ変奏曲」。

ＮＨＫ－ＦＭ放送の全国幹線ステレオ・ネットワーク開通記念の特別番組として、ＮＨＫの５０５スタジオから生中継。曲目のなかで「ディアベリ変奏曲」は、放送時間の都合により、繰り返しを省略して演奏された。演奏終了直後のインタビューもあり（聞き手／後藤美代子アナウンサー）、「演奏する前よりも終わったあとの方が体の調子がよくて、体をウォーミング・アップしたような感じで、できることならもう一度はじめから演奏したいぐらい」であると、園田は話していた。そのほか、演奏に使う楽譜（エディション）のことや、演奏家の個性について、また、教育のことなどを話し、最後に来年の抱負として、目下、ロマン派の音楽についていろいろ調べていて、演奏会にかける予定であることを、薪を集めて燃やすことにたとえて楽しそうに語っている。

一九八〇年（昭和五十五年）

一月二十八日（月）午後七時～　東京文化会館大ホール

東京交響楽団第２５７回定期／朝比奈隆

ブラームス／協奏曲第１番。

園田のソロは堂々としていて、この曲を弾き慣れていることを強く印象づけた。

六月十二日（木）午後七時〜　京都会館第二ホール
リサイタル〜オール・ドビュッシー・プログラム
「映像」第1集、第2集、「前奏曲集」第2巻。
ドビュッシーとそのピアノ音楽について、園田自身がプログラム・ノートを寄稿。

十月二十七日（月）午後六時三十分〜　大阪・フェスティバルホール
「京都市立芸術大学創立百周年記念演奏会」
ブラームス／協奏曲第2番（黒岩英臣／京都市立芸術大学音楽学部管弦楽団）。
この演奏会は、ライヴ録音された（LP＝アダムエースAAC－0003〜4）。

一九八一年（昭和五十六年）
二月十一日（水祝）午後八時三十分〜十時（放送）NHK－FM
特別番組「園田高弘のモーツァルト」
モーツァルト／協奏曲第12番、第20番、第24番（森正／ユングモーツァルティアーデ）。
一九八〇年七月十九日に藤沢市民会館で収録された演奏。

四月七日（火）午後七時〜　東京文化会館大ホール
「芸術院会員就任記念演奏会」
モーツァルト／協奏曲第20番、ベートーヴェン／協奏曲第5番（山田一雄／東京交響楽団）。
園田は昨年（昭和五十五年十二月十五日発令）、昭和五十五年度の日本芸術院新会員に選出され、昭和生まれ初の会員となった。当夜はその就任記念演奏会である。なお、これに先立って「就任を祝う会」が、三月二十八日に京都ホテルで催され、その祝宴での就任披露演奏の曲目は、ブゾーニの「カルメン・ファンタジー（ソナチネ第6番「ビゼーの『カルメン』に基づく室内幻想曲」）」であった。
四月十日（金）午後六時四十五分〜（十一日（土）にも開催）NHKホール
NHK交響楽団第840回定期Cプログラム／ディーター・ゲルハルト・ヴォルム
ブラームス／協奏曲第1番。
四月二十四日（金）午後七時〜　東京・都市センターホール
リサイタル〜オール・シューベルト・プログラム

ソナタD.784、三つの小品D.946、ソナタD.850。各曲の構成から細部の仕上げに至るまで、研究の成果が表れた、完成度の高い演奏だと思った。なお、シューベルトとそのピアノ音楽について、園田自身がプログラム・ノートを寄稿している。

五月二十一日（木）午後七時～　京都会館第一ホール
リサイタル～京都東ロータリークラブ創立二十五周年記念演奏会
バッハ／イタリア協奏曲、ベートーヴェン／ソナタ第23番、ショパン／ワルツop.64－3、op.69－1、バラード第3番、リスト／ハンガリー狂詩曲第12番。
アンコール◇ドビュッシー／「前奏曲集」第1巻より「沈める寺」。
ドイツのバーデンバーデンのメルクールロータリークラブの会員でもある園田が、京都東ロータリークラブから創立二十五周年記念演奏会への出演を要請され、同じロータリアンとして、収益を京都市民の福祉事業にあてることを申し出て開催。なお、修学旅行で京都に来ていた茨城県立境西高校三年生の一行が、教諭の機転で急遽、日程に組み入れてこの演奏会を鑑賞し感動したという記事が、翌々日の毎日新聞に掲載された。

一九八二年（昭和五十七年）
一月二十一日（木）　大阪・フェスティバルホール
大阪フィル第１８０回定期／朝比奈隆
ブラームス／協奏曲第１番。

二月二日（火）午後七時～　東京文化会館大ホール
「園田高弘　モーツァルト三大協奏曲」（小澤純／新管弦楽団）
モーツァルト／協奏曲第８番、第12番、第９番。
同じプログラムと共演者により、土浦公演（二月二十八日）と茅ヶ崎公演（四月十七日）も開催。このうち、茅ヶ崎市民文化大ホールでの第８番と第９番は、ライヴ録音された（ＬＰ＝アダムエースＡＡＣ－１０１５）。

十月二十日（水）午後七時～　東京・簡易保険ホール
「園田高弘　モーツァルト協奏曲シリーズⅡ」（小澤純／新管弦楽団）
モーツァルト／協奏曲第14番、第15番、第17番。

十一月八日（月）午後六時四十五分〜　東京・新宿文化センター
都響第155回ファミリーコンサート／モーシェ・アツモン
ラフマニノフ／協奏曲第2番。

国内に刻んだ旋律（一九八三年〜二〇〇四年）

園田高弘の演奏活動の足跡から、筆者が実際に鑑賞した記録で振り返る後半部分は、日本を拠点とした時期であり、国内での大きなプロジェクト、主な受賞歴、録音歴、海外での演奏としては、次のようなものがある。なお、園田は、世界の主要な国際ピアノ・コンクールに審査員としてたびたび招かれ、コンクール審査のために毎年のように海外に渡ったが、これについては第Ⅳ章で紹介する。

一九八三年◇（株）芸術教育企画（Ｅｖｉｃａ）を設立し（社長は春子夫人）、自主レーベルでのＣＤやビデオの制作を開始。
同年◇ベートーヴェン「ピアノ・ソナタ」全曲演奏会（二回目）を、東京と大阪で、それぞれ二夜にわたり開催。

一九八四年◇昭和音楽大学教授に就任（一九九三年まで）。

同年六月◇全シューマン・プログラムによるリサイタルを、二夜にわたり開催。

一九八五年、大分◇「園田高弘賞ピアノ・コンクール」を主宰（二〇〇二年まで）。

同年◇バッハ生誕三百年記念リサイタルを、四夜にわたり開催。

同年◇バッハ「パルティータ」全曲録音。

一九八六年、旧東ドイツ◇ドレスデン、ライプツィヒほかで、リサイタルおよびオーケストラとの共演。

同年五～六月◇リスト没後百年記念として、全リスト・プログラムによるリサイタルを、二夜にわたり開催。

一九八八年◇バッハ「インヴェンションとシンフォニア」全曲録音（三回目）。

同年十月◇楽壇生活五十周年記念として、ブラームス「ピアノ協奏曲」二曲による演奏会を開催。

一九九〇年◇第二回飛騨古川音楽大賞を受賞。

一九九二年◇バッハ「平均律クラヴィーア曲集」全曲録音（二回目）。

一九九三～九六年◇ベートーヴェン「ピアノ・ソナタ」全曲録音（三回目。「ソナタ」以外の作品も含む)。

一九九五年、アメリカ◇大山平一郎/日米交響楽団と共演。

一九九六年◇ベートーヴェン「ピアノ・ソナタ」三度目の全曲録音の完成記念として、ベートーヴェン作品による二夜連続リサイタルを開催。

一九九七年、「レコード芸術」一月号にて発表◇ベートーヴェン「ピアノ・ソナタ第29番」ほかのCDにより、一九九六年度第三十四回レコード・アカデミー賞を受賞(日本人演奏家部門)。

同年、三月十二日に決定◇一九九六年度の第二十八回サントリー音楽賞を受賞(贈賞式は六月二十八日。記念コンサートは一九九八年二月に大阪、三月に東京で開催)。

一九九八年九月、サントリーホール◇七十歳記念リサイタルを開催。

同年(十月二十三日に報道)◇文化功労者として顕彰される。

同年、ポーランド◇NHK番組の取材、クラクフにてリサイタル。

一九九八〜二〇〇〇年◇ベートーヴェン「ピアノ協奏曲」全五曲および「三重協奏曲」をライヴ録音(大山平一郎指揮、九州交響楽団)。

二〇〇〇年二月◇日本経済新聞に一か月間「私の履歴書」を連載。

二〇〇〇年三月◇バッハ没後二百五十年記念リサイタルとして、「パルティータ」全曲によるリサイタルを開催。

二〇〇〇〜〇一年◇ベートーヴェン「ヴァイオリン・ソナタ」全曲演奏会を、豊嶋泰嗣との共演で三回にわたって開催。

二〇〇一〜〇三年◇ベートーヴェン「ピアノ・ソナタ」全三十二曲の校訂譜を出版。

二〇〇二〜〇三年、トッパンホール◇ソロと室内楽による「ベートーヴェン・ツィクルス」（全六回）を開催。

二〇〇三年十月、サントリーホール◇七十五歳記念リサイタルを開催。

同年、ドイツ◇バーデンバーデンにて、シューベルト「ソナタ」op.42と「即興曲集」op.90を録音。翌年国内で録音した二曲のシューベルト作品と共に、CDとして二〇一五年にリリースされた。

二〇〇四年◇バッハ「インヴェンション」（全十五曲）および「シンフォニア」（全十五曲）の校訂譜を出版。「平均律クラヴィーア曲集」第1巻（全二十四曲）・第2巻（全二十四曲）の校訂譜についてもほぼ完成させたが、これは二〇〇五〜〇六年に出版された。

同年、正四位旭日重光章に叙勲（没後叙勲）。

【鑑賞記録（一九八三年〜二〇〇四年）】

一九八三年（昭和五十八年）

一月二十五日（火）午後七時〜　東京文化会館小ホール
ブラームス／ピアノ五重奏曲／ボロディン弦楽四重奏団
アンコール◇シューマン／ピアノ五重奏曲より第1楽章。
ボロディン弦楽四重奏団の来日期間中、この東京公演のほか、同月十三日の京都公演（京都会館第二ホール）、二十二日の黒石公演（黒石市民文化会館）でも共演。京都では、共演曲目がフランク「ピアノ五重奏曲」であり、黒石では、園田のソロでベートーヴェン「ソナタ第14番」も演奏された。

三月〜六月（前期）・九月〜十一月（後期）
「園田高弘／ベートーヴェン：ピアノ・ソナタ全曲シリーズ」（東京公演は東京文化会館小ホール、大阪公演は大阪・厚生年金会館中ホール、各回とも午後七時〜）
第一夜／三月九日（水）（東京）・五月十七日（火）（大阪）◇第1番、第12番、第6番、第22番、第23番。
第二夜／四月十三日（水）（東京）・五月三十日（月）（大阪）◇第2番、第9番、第10番、第24番、第28番。

第三夜／五月十一日（水）（東京）・六月六日（月）（大阪）◇第3番、第7番、第16番、第21番。

第四夜／六月十三日（月）（大阪）・六月十八日（土）（東京）◇第13番、第14番、第15番、第19番、第20番、第31番。

第五夜／九月十四日（水）（東京）・十月二十五日（火）（大阪）◇第17番、第18番、第26番、第27番、第30番。

第六夜／十月十七日（月）（東京）・十月三十一日（月）（大阪）◇第11番、第29番。

第七夜／十一月七日（月）（大阪）・十一月九日（水）（東京）◇第5番、第4番、第8番、第25番、第32番。

園田二度目のベートーヴェン／ピアノ・ソナタ全曲演奏会。前回（一九六八年）は東京での公演だったが、今回は東京と大阪の二都市で開催。前期演奏会のプログラム冊子に園田自身が、「根源的な理想を求めつづけて」と題し、ベートーヴェンについて寄稿している。ヤマハの新設計のグランド・ピアノ「ＣＦⅢ」を使用したその演奏は、全曲がライヴ録音された。全曲演奏会のみならず全曲録音も、今回が二度目となる。

一九八四年（昭和五十九年）

四月十七日（火）午後六時四十五分～　東京文化会館大ホール
東京交響楽団第３００回定期／秋山和慶
ベートーヴェン／三重協奏曲（vn／潮田益子、vc／ローレンス・レッサー）。

六月十三日（水）第一夜、二十三日（土）第二夜（いずれも午後七時～　東京文化会館小ホール）
リサイタル～オール・シューマン・プログラム「ロベルト・シューマン　浪漫の息吹」全二回
第一夜◇「蝶々」「ダヴィッド同盟舞曲集」「花の曲」「幻想曲」（アンコール◇「アラベスク」）。
第二夜◇「クライスレリアーナ」「３つのロマンス」「３つの幻想的曲」「色とりどりの作品」（アンコール◇「森の情景」より「予言の鳥」、「幻想小曲集」より「飛翔」）。

筆者は園田から、プログラム冊子に掲載する曲目解説の執筆を依頼された。このときをはじめとして、その後何度か、ＣＤのライナーノートも含めて依頼されている。

一九八五年（昭和六十年）

三月二十一日（木祝）午後二時～　東京・バリオホール

「バッハ生誕300年記念　園田高弘　連続演奏会～プレ・イベント」

四回にわたるオール・バッハ・プログラムの演奏会に先立ち、バッハの誕生日に開催された二部構成のプレ・イベント（総合司会／諸井誠。当時、アビラック・ミュージック・コミュニティセンター館長、尚美音楽短期大学教授）。

第一部◇バッハ～ブゾーニ「トッカータ、アダージョとフーガ」BWV564、バッハ「平均律クラヴィーア曲集」より。この二作品の演奏の間に、鼎談「ピアノによるバッハ演奏をめぐって」（園田高弘、東川清一、諸井誠）をはさむ構成。

第二部◇「バッハの常識をくつがえす～バッハ研究の現状」（講演とシンポジウム）。

講演「生涯の新しい輪郭」（講師／東川清一）。

シンポジウム「転機としての1720年」（パネリスト／磯山雅、園田高弘、東川清一、三宅幸夫、諸井誠）。園田は当初、第一部のみ出演予定だったが、急遽、第二部のシンポジウムにも参加。

四月一日（月）午後七時～　東京文化会館大ホール

新星日響第八十二回定期／山田一雄
ラフマニノフ／協奏曲第3番。

五月二十九日（水）午後七時〜　東京・バリオホール
「バッハ生誕300年記念　園田高弘　連続演奏会」第一夜
「パルティータ」全六曲。
当初は、第1番から順番どおり演奏する予定だったが、第3番と第4番とを入れ替えて、第1番、第2番、第4番、第3番、第5番、第6番の順で演奏され、それによって、プログラムの前半と後半がほぼ同じ長さになった。なお、この演奏会のあと、七月七日と八日に同じホールで、全曲が録音されており（CD＝エヴィカ　ECD－40－003〜4）、園田の依頼によって筆者がCDのライナーノートを執筆した。

六月十九日（水）午後七時〜　大阪・ザ・シンフォニーホール
読売日響大阪定期／フレッド・ブトケビッツ（来日できなくなったハインツ・レークナーに代わって登場、初来日）
ベートーヴェン／協奏曲第4番。

七月四日（木）午後七時～　東京・バリオホール
「バッハ生誕300年記念　園田高弘　連続演奏会」第二夜
「平均律クラヴィーア曲集」第1巻（全二十四曲）。
一曲一曲ていねいに演奏されているだけでなく、後半に感動的な盛り上がりを印象づけ、一夜の演奏会としての構成も入念に考えられていることを実感した。

十一月二十日（水）午後七時～　東京・バリオホール
「バッハ生誕300年記念　園田高弘　連続演奏会」第三夜
「トッカータ」三曲（BWV911、912、914）、「半音階的幻想曲とフーガ」BWV903、「幻想曲とフーガ」BWV904、「幻想曲とフーガ」BWV944。
アンコール◇イタリア協奏曲。
当初、「トッカータ」三曲は、最後に演奏される予定だったが、曲順が最初に変更された。

十二月十日（火）午後七時～　東京・バリオホール
「バッハ生誕300年記念　園田高弘　連続演奏会」第四夜

「ゴルトベルク変奏曲」。

筆者は「ムジカノーヴァ」誌から、批評の執筆を依頼された。恩師の演奏について批評することも、それが雑誌に掲載されることも、ピアノを師事していたころには想像すらしなかった。難色を示されるだろうと思いつつ師に伝えたところ、「思ったように書きなさい」と、逆に励まされた。

「(前略)すべての曲について完全に繰り返しを行なった当夜の園田の演奏は、各声部の動きと各変奏の構造とが克明にとらえられたうえで、ピアノならではの特性が縦横無尽に駆使された、実に表現性に富むものだった。(中略)そして、最後のアリアの再現で静穏な余韻を残しながら、四回にわたるバッハ連続演奏会は閉じられた。」(文/原明美、「ムジカノーヴァ」一九八六年三月号より)

一九八六年(昭和六十一年)

五月十四日(水)午後七時〜　東京文化会館小ホール

「フランツ・リスト没後百年記念公演/園田高弘　フランツ・リスト」第一夜

「巡礼の年」より三曲(「第1年スイス」第6曲「オーベルマンの谷」、「第2年イタリア」第7曲「ダンテを読んで」、「第3年」第4曲「エステ荘の噴水」)、「二つの伝説」、「メフィスト・ワルツ」第1番。

アンコール◇巡礼の年「第2年イタリア」より第5曲「ペトラルカのソネット第104番」、「パガニーニによる大練習曲」より第2曲「オクターヴ」。

「オーベルマンの谷」「ダンテを読んで」「メフィスト・ワルツ第1番」では、鬼気迫る超絶技巧に目をみはった。一方、「エステ荘の噴水」と「二つの伝説」では、文学や宗教との関連性を意識した思索的な表現、瞑想的な雰囲気が印象に残る。なお筆者は、この二回シリーズのプログラム冊子に掲載する曲目解説の執筆を、園田に依頼された。

六月十八日（水）午後七時～　東京文化会館小ホール

「フランツ・リスト没後百年記念公演／園田高弘　フランツ・リスト」第二夜

バラード第2番、「詩的で宗教的な調べ」より第7曲「葬送曲」、「葬送の前奏曲と行進曲」、「BACHの名による幻想曲とフーガ」、「ソナタ」ロ短調。

アンコール◇「忘れられたワルツ」第2番、「3つの演奏会用練習曲」より第2番「軽やかさ」。

意欲にあふれたパワフルな演奏だった。速めのテンポ設定により、演奏効果が高く、スリルに富み、ピアニスティックな魅力に満ちていた。なお、このシリーズで筆者が曲目解説の執筆を依頼されたとき、「葬送曲」について、「詩的で宗教的な調べ」のなかの曲かどうかを確認したところ、「リストにはほかにも『葬送』があるの？」と園田に尋ねられた。筆者が、リスト晩年の珍しい曲で「葬送の前奏曲と行進曲」がある、と伝えると、「では、その曲を弾いてみよう」とのことで、曲目が決まったのだった。そして当初は、この曲の前後に「バラード」と「ソナタ」を置く三曲でプログラムが組まれたが、本来演奏予定でもあった「葬送曲」と、もう一曲「ＢＡＣＨの名による幻想曲とフーガ」が、追加されることとなった。追加が決まったのは、たしか一か月ほど前、シリーズ第一回を終えたころである。

七月九日（水）　京都府立文化芸術会館

リサイタル「大原弘資君を偲んで〜園田高弘特別ピアノ演奏会」

モーツァルト／ソナタK.３３１、リスト／「詩的で宗教的な調べ」より第7曲「葬送曲」、「葬送の前奏曲と行進曲」、「二つの伝説」。

ドイツのバーデンバーデンのメルクールロータリークラブの会員でもある園田は、京都市立芸術大学教授を務めていた当時、ドイツで出席する代わりに京都東ロータリークラブの例会にしばしば出席していた。同クラブ会員の大原氏の早すぎる死を悼んで、演奏会を開きたいとの意思により、開催されたリサイタルである。筆者が曲目解説を執筆した。

一九八七年（昭和六十二年）

十月五日（月）午後七時～　大阪・ザ・シンフォニーホール
ヤマハ百周年記念ピアノ・コンサート～園田高弘ピアノ・リサイタル
ハイドン／ソナタ第52番、シューマン／幻想曲、ショパン／夜想曲op.48－1・op.48－2、マズルカop.50－1・2・3、バラード第4番、リスト／巡礼の年「第2年イタリア」より第7曲「ダンテを読んで」。

十一月二十四日（火）午後七時～　東京・サントリーホール
サントリーホール定期演奏会～NHK交響楽団シリーズ1987「都市と音楽」Ⅵ「ベルリン1930年代」／ホルスト・シュタイン
フルトヴェングラー／「ピアノとオーケストラのための交響的協奏曲」ロ短調。

一九八八年（昭和六十三年）

十月九日（日）午後二時～　東京・サントリーホール
「楽壇生活五十周年記念　園田高弘　ブラームス」
ブラームス／協奏曲第1番、第2番（モーシェ・アツモン／東京都交響楽団）。

還暦を迎えたこの年、「演奏生活五十周年記念」としてコンサートを開くにあたって、園田はもう一度ブラームスの二曲を弾きたいと強く希望し、それを実現させた。一九七六年の大阪公演に始まって、通算四度目の二曲同日演奏である。今回も熱演であり、ブラームス作品の壮大さと重厚な響きをかみしめるような音楽作りが、強く印象に残った。開催を前にした雑誌インタビューによると、還暦祝いというのは照れくさいので、十歳のときにレオ・シロタ門下生の発表会でモーツァルトの協奏曲イ長調K．４８８を弾いたのが最初の公開演奏会（一九三九年）だったことから、楽壇生活五十周年記念演奏会というタイトルにした。また、指揮者のアッモンについては、以前共演したときに好印象を持ち、今回の開催日程が彼の来日期間にあたっていたこともあって、共演が実現したという。なお、当日のプログラム冊子には、園田からの依頼により、筆者が曲目解説を執筆した。

一九八九年（平成元年）

一月三十日（月）午後六時三十分～　東京・サントリーホール

「ＫＤＤクラシック・フェスティバル」

レーガー／「モーツァルトの主題による変奏曲」より（抜粋）（二台ピアノ／園田高弘＆松浦豊明）、林光（編曲）／カタログ10～ムソルグスキー「展覧会の絵」による（十台のピ

アノによる演奏／伊藤恵、神谷郁代、清水和音、園田高弘、仲道郁代、弘中孝、藤井一興、松浦豊明、若林顕、渡邉康雄、指揮／黒岩英臣）。

アンコール◇バッハ「平均律クラヴィーア曲集」より、前奏曲ニ長調（十台のピアノのための編曲による）。

二部構成のうち第二部「十人のピアニストたち」（監修／安川加壽子・園田高弘）に出演。同世代のピアニスト松浦豊明とのデュオを披露した貴重な機会でもあった。

九月六日（水）午後七時～　東京・サントリーホール

「前橋汀子の世界」～デュオ・コンサート

ブラームス／ヴァイオリン・ソナタ第1番「雨の歌」、バルトーク／ヴァイオリン・ソナタ第1番、ベートーヴェン／ヴァイオリン・ソナタ第9番「クロイツェル」（vn／前橋汀子）。

アンコール◇ベートーヴェン／ヴァイオリン・ソナタ第5番「春」より第2楽章、クライスラー／愛の悲しみ。

二夜連続の「前橋汀子の世界」の第二夜。ブラームスとベートーヴェンのヴァイオリン・ソナタにおける、ピアノ・パートの巧みな筆致がよく分かる園田の演奏であった。

一九九〇年（平成二年）

三月二十五日（日）午後三時〜　水戸芸術館

リサイタル〜水戸芸術館コンサートホールＡＴＭ開館記念コンサート

リスト／ＢＡＣＨの主題による幻想曲とフーガ、ベートーヴェン／ソナタ第23番、シューマン／森の情景、ショパン／ソナタ第３番。

アンコール◇バッハ／シチリアーノ、シューマン／「幻想小曲集」より「飛翔」、ドビュッシー／「映像」第１集より「水の反映」。

水戸芸術館の音楽部門の開館初日。このあと五月まで続いたコンサートホールＡＴＭ開館記念コンサート・シリーズの、トップを切って開催されたリサイタル。鬼気迫るリストに始まり、ベートーヴェンは速めのテンポで情熱的、そして、シューマンとショパンは甘美なロマンティシズムにあふれていた。

一九九一年（平成三年）

四月三十日（火）午後七時〜　京都会館第二ホール

リサイタル

バッハ／パルティータ第２番、ベートーヴェン／ソナタ第23番、ラフマニノフ／前奏曲集

op.23より第2番、第4番、第5番、ムソルグスキー／展覧会の絵。

十月十二日（土）午後二時～　東京芸術劇場大ホール
リサイタル～ヤマハピアノ生産台数五百万台達成記念コンサート
バッハ～ブゾーニ／シャコンヌ、ベートーヴェン／ソナタ第23番、ムソルグスキー／展覧会の絵。
プログラム冊子に、筆者が曲目解説を執筆した。

一九九二年（平成四年）
五月七日（木）午後七時～　東京・サントリーホール
リサイタル
ヘンデル／「シャコンヌ」ト長調、シューマン／謝肉祭、シェーンベルク／三つの小品op.11、ショパン／24の前奏曲。
アンコール◇シューマン／「三つのロマンス」op.28より第2曲、シューベルト／「楽興の時」第3番（ゴドフスキー編）、ショパン／練習曲op.25-5。
壮大な響きのヘンデルに始まり、シューマン「謝肉祭」では、それぞれの場面に含まれる意味の深さを実感させる演奏に、筆者は身の引き締まる思いがした。シェーンベルクでの園田は鋭敏な感覚を発揮し、ショパンでは様式観を明快に示した。

一九九三年（平成五年）
十一月三日（水祝）午後二時〜　東京・ＩＭＡ　ＨＡＬＬ（光が丘）
リサイタル
モーツァルト／ソナタＫ.３３１、ベートーヴェン／ソナタ第８番、第14番、ショパン／夜想曲op.15－2、ワルツop.64－1、op.64－2、アンダンテ・スピアナートと華麗なる大ポロネーズ、リスト／ハンガリー狂詩曲第６番。
アンコール◇ドビュッシー／アラベスク第１番、シューベルト〜リスト／「ウィーンの夜会」第６番。

一九九四年（平成六年）
二月十六日（水）午後七時〜　東京文化会館大ホール
都響第３８４回定期／ベルンハルト・クレー
ベートーヴェン／協奏曲第２番。

作品の様式をふまえ、高雅な雰囲気に満ちた園田のソロ。楽屋を訪ねたとき、ドイツの指揮者クレーの指揮は合わせやすかった、と話していた。

六月二十一日（火）午後七時〜　東京・津田ホール
リサイタル〜津田ホール・スペシャル／第二十三回「戦後を築いた音楽家たち〜ピアニスト編Ⅰ」
バッハ〜ブゾーニ／コラール前奏曲「来たれ、造り主にして精霊なる神よ」「目覚めよとわれらに呼ばわる物見らの声」「喜べ、愛する信者よ」、シューマン／幻想曲、ショパン／夜想曲op.48－1、舟歌、幻想ポロネーズ、リスト／「ドン・ジョヴァンニ」の回想。
四十六年前、一九四八年（昭和二十三年）に日比谷公会堂で開いたデビュー・リサイタルと同じ日付。ショパンの選曲に変更があるが、当時とほとんど同じプログラムである。

十一月三日（木祝）午後七時〜　東京・サントリーホール
リサイタル〜オール・ベートーヴェン・プログラム
ソナタ第30番、第31番、「六つのバガテル」op.126、ソナタ第32番。
十七年前、一九七七年（昭和五十二年）に京都（六月）と東京（十二月）で開いたリサイタルと同じプログラム。基本的なスタイルを守って弾き進められたうえで、ひとつひとつの音が生き生きと輝き、シンフォニックに広がっていた。わけても、深い精神性を感じさせた第31番と第32番のソナタについては、これまでに聴いた園田の演奏のなかでベストだと思った。なお、当夜のリサイタルの収益の一部は、老朽化が進んでいたボンのベートーヴェン・ハウスの補修のために寄付されたという。

一九九五年（平成七年）

この年は残念ながら、園田の演奏を聴く機会がなかったが、十月に「音楽芸術」誌での取材でショパン国際コンクールを聴きにワルシャワへ行った筆者は、その報告も兼ねて何度か園田邸を訪問し、話を聞く機会を持つことはできた。

一九九六年（平成八年）

二月五日（月）午後七時～　東京芸術劇場
都民芸術フェスティバル～東京都交響楽団／小泉和裕
ベートーヴェン／協奏曲第４番。

五月十七日（金）午後七時〜　大阪・ザ・フェニックスホール
リサイタル〜ザ・フェニックスホール一周年記念コンサート・シリーズ第二夜
オール・シューマン・プログラム
蝶々、ソナタ第1番、交響的練習曲。

六月四日（火）午後七時〜　東京・サントリーホール
サントリーホール十周年記念公演〜朝比奈隆ブラームス・チクルス第三夜
ブラームス／協奏曲第2番（朝比奈隆／東京交響楽団）。
朝比奈隆のブラームス・チクルス（交響曲と協奏曲）第三夜。このときまでに筆者が聴いた園田の第2番のなかでは、最も雄弁な演奏であり、場面によっては自らオーケストラを先導する役目も果たすソロだった。なお朝比奈は、ブラームスのピアノ協奏曲の第1番は伊藤恵、第2番は園田を、ソリストに指名し、一九九〇年にも、同じ二人のソリストを迎えたブラームス・チクルスをオーチャードホールで開催していた。この一九九〇年の第2番（新日本フィル）については、ライヴで映像化されており、園田の亡きあと、二〇一一年にDVDがリリースされた（写影SHHP－C－005、三枚組、映像演出／実相寺昭雄）。

六月十三日（木）午後七時～　東京・浜離宮朝日ホール
「再現・１９５０年代の冒険～実験工房コンサート」
武満徹／遮られない休息Ⅰ・Ⅱ・Ⅲ、湯浅譲二／内触覚的宇宙。
目黒区美術館での展覧会「１９５３年ライトアップ～新しい戦後美術像が見えてきた」（六月八日～七月二十一日）の、関連催事として開催。園田の演奏による二曲を含めて全九作品が演奏された。ライヴ録音されたが、そのＣＤ「実験工房の音楽」（フォンテックＦＯＣＤ－３４１７）では、収録時間の都合上、武満作品のなかのⅡとⅢが割愛されている。

七月二十三日（火）午後七時～　東京・津田ホール
第十二回「東京の夏」音楽祭'96「共創のコスモロジー／創造する女性」～フィナーレ／レクチャー・コンサート３「変貌するベートーヴェン像～フェミニズム的アプローチ」
前半に青木やよひ（評論家・ノンフィクション作家）とのトーク、後半に園田の演奏（ベートーヴェン／ソナタ第23番、第31番）。
今年の「東京の夏」音楽祭の最終日を飾ったトーク＆コンサート。

九月二十一日（土）午後七時～　京都コンサートホール

京響特別演奏会〜三大Bの世界／大友直人
ブラームス／協奏曲第2番。

九月二十五日（水）午後七時〜　東京芸術劇場
MIN－ON主催「ブラームス／二大名曲の夕べ」
ブラームス／協奏曲第2番（沼尻竜典／新星日響）。
堂々たる風格が漂い、円熟した味わいが印象的な園田のソロ。そして、拍節を明確に刻む指揮により、オーケストラの流れも心地よかった。園田にとって快心の出来だったのではないかと思われる同曲の演奏。

十一月二十九日（金）・三十日（土）両日とも午後七時〜　東京・紀尾井ホール
ベートーヴェン／ピアノ・ソナタ全曲レコーディング完成記念リサイタル
第一夜　ソナタ第13番、第14番、「ディアベリの主題による変奏曲」。
第二夜　ソナタ第8番、第15番、第21番、第32番。
園田にとって三回目となるベートーヴェン／ピアノ・ソナタ全曲録音の完成を記念して、二夜連続で開催されたリサイタル。今回の録音に、三十二曲のソナタだけではなく、変奏曲やバガテルなども収められたことから、リサイタルにも変奏曲が含まれた。第一夜、第二夜ともに、ピアノ演奏芸術をきわめるため、さらなる向上を目指すための、鍛錬の跡と厳しい姿勢が表れていた。ひとつの作品について長い年月をかけて取り組むとはどういうことかを教示し、「継続は力なり」を実証する演奏内容であり、わけても「ディアベリ変奏曲」と「ソナタ第32番」は感動的であった。筆者はこのリサイタルを、「音楽の友」一九九七年二月号の特集「コンサート・ベストテン'96」のアンケートにおいて、「音楽的・人間的な感動を与えられた」として、ベスト・ワンに推した。

一九九七年（平成九年）

七月十七日（木）午後七時～　東京・かつしかシンフォニーヒルズ・アイリスホール
リサイタル～かつしかシンフォニーヒルズ開館五周年特別企画「ウィーン・プロムナード・コンサート」第二夜
モーツァルト／幻想曲K.475、ソナタK.457、ベートーヴェン／ソナタ第21番、ベルク／ソナタ、シューベルト／幻想曲「さすらい人」。
アンコール◇シューベルト～リスト／「ウィーンの夜会」第6番。
モーツァルトでは、確固たる様式観によって曲想がとらえられていた。ベートーヴェンでは、ハーフ・ペダルの効果的な使用など、奏法上の工夫も注目される。ベルクについては、デュナーミクの幅が広くとられ、表現が豊かになっている。シューベルトに聴く演奏は、速すぎない第1楽章をはじめ、全体の流れを見据えたテンポ設定により、バランスのよいまとまりを印象づけた。アンコールの「ウィーンの夜会」は、当シリーズ企画のテーマにあるウィーンを意識した選曲であろう。

一九九八年（平成十年）

三月十一日（水）午後七時～　東京・サントリーホール
「第二十八回サントリー音楽賞記念コンサート」
ブラームス／協奏曲第2番（岩城宏之／東京フィル）。

第二十八回（一九九六年度）サントリー音楽賞が、園田高弘（ピアノ）と湯浅譲二（作曲）に贈られた。決定は一九九七年三月十二日であり、贈賞式は同年六月二十三日に東京會舘で行われた。当夜はその記念コンサートである。東京公演に先立って二月十六日（月）に大阪公演が、ザ・シンフォニーホールで開催されたが、このときは園田の演奏曲目がブラームスの協奏曲第1番、オーケストラは大阪フィル（指揮者は同じく岩城宏之）だった。三月三日の京都新聞夕刊に掲載された大阪公演の批評には、「（第1番の）第2楽章以降は完全に園田の独壇場となった。緩徐楽章でのある種の宗教性を感じさせるほどの内面への沈潜には、芸術家の年齢が深く刻み込まれている。終楽章の速いテンポは、七十近い高齢を忘れさせる若々しさであり、すさまじいエネルギーを放出する。その後もヴィルトゥオーゾぶりを遺憾なく発揮し、雄大な頂点を築いて見事に祝宴を締めくくった」（横原千史）とある。なお、両公演で配布されたプログラム冊子に筆者が、「園田高弘の足跡」と題した一文を執筆した。

九月四日（金）午後七時〜　東京・サントリーホール
都響第474回定期（Bシリーズ）／高関健
ベートーヴェン／協奏曲第5番。

筆者はこの演奏会の批評を執筆した。「(前略) ソリストには、今月十七日が七十歳の誕生日のピアニスト、園田高弘が登場した。その演奏には、長年のキャリアのなかで同曲を何度も弾いてきた彼の主導で進む場面も散見される。一音一音に重みを持たせ、各フレーズに多彩な表情を与えた園田は、随所で雄弁な表現を見せて明確な主張を行い、貫禄を示した。なお、この曲は今回、オリジナルにより近いとされる新しいヘンレ版で演奏されていた。第2楽章のテンポおよび拍子（アラ・ブレーヴェ）の他、主にオケ・パートに従来の版と異なる部分が多いが、高関は的確に対処していた。」（文／原明美、「音楽の友」一九九八年十一月

号より）

新しい原典版としてのヘンレ版スコアを使用したことについては、演奏会の翌日、園田に電話で問い合わせて確認した。今回指揮をした高関健がこのスコアを使用するとのことで、園田も興味を示したという。従来の版との大きな相違としては、第2楽章が4分の4拍子ではなくアラ・ブレーヴェ（2分の2拍子）であることや、同楽章冒頭で独奏ピアノが入るところに、「まどろんで」あるいは「しらじらと夜が明けそめる」といった意味の「デンメルント」（独）という指示が注目される。

九月二十三日（水祝）午後七時～　東京・サントリーホール
リサイタル～七十歳誕生記念～
バッハ／半音階的幻想曲とフーガ、シューマン／交響的練習曲、ベルク／ソナタ、ショパン／幻想ポロネーズ、リスト／ダンテを読んで（巡礼の年「第2年イタリア」より）。
アンコール◇バッハ／シチリアーノ、ベートーヴェン／ソナタ第8番より第2楽章。

当月十七日に七十歳の誕生日を迎えた記念リサイタルであり、ライヴ録音された（CD＝エヴィカＨＴＣＡ－１０２３）。プログラム冊子とＣＤの曲目解説は筆者が執筆した。リサイタル開催を前にしたインタビューで園田は、「特に七十歳だから節目という感覚はない。

バックハウスもマルグリット・ロンも、七十歳を過ぎてかくしゃくとしていたし、ぼくも生涯、現役でいたいですし。ただ、テーマを〈幻想〉としたのは、『人生、夢のごとし』という言葉が頭にあったからです」と語っている（取材／堀江昭朗、「音楽の友」一九九八年九月号より）。

筆者はこのリサイタルを、「音楽の友」の特集「コンサート・ベストテン'98」のアンケートで、一九九八年に聴いたコンサートのベスト・ワンに推した。

「欧米には高齢でも第一線で活躍する演奏家は多いが、日本のソリストでは、このほど文化功労者として顕彰された園田高弘がほとんど孤軍奮闘しているのが現状である。九月に七十歳の誕生日を迎えた彼が、その記念リサイタルとして開いた当夜は、〈幻想〉が隠しテーマとされていた。バッハは、ピアノの特性を生かし、ピアニスティックな華やかさを加味した演奏。シューマンは、遺作の五つの変奏も加えて演奏されたが、園田は、改訂前の初版に従うと共に、当初の標題にあった『管弦楽的性格』を強調する。さらに、このシューマン及びショパン作品において、ロマンティックな幻想を彼なりに解釈し表現して見せた。ベルク作品では、かつて〈実験工房〉のメンバーとして活躍した園田の、鋭い読譜力が光る。最後のリスト作品は、持てる力をふり絞った、まさに鬼気迫る演奏だった。」（文／原明美、「音楽の友」一九九九年二月号より）

このリサイタルから一か月後、十月二十三日に園田は、文化功労者として顕彰された。新聞紙上のインタビューでは、「大変に光栄なこと。生涯現役を貫くためにも、今後もマイペースで努力したい」と述べている。しかし、翌十一月、「園田高弘賞コンクール」の主宰ならびに審査のために大分に滞在中、園田は解離性大動脈瘤で倒れ、入院も含めて三か月ほどの安静を余儀なくされた。その後まもなく演奏活動に復帰し、私たちも安堵したが、このあと六年間の活動は、以前にも増して精力的なものとなる。

一九九九年（平成十一年）

四月二十二日（木）午後七時十五分〜　東京・すみだトリフォニーホール
新日本フィル第２８３回定期／手塚幸紀
ショパン／協奏曲第２番。

園田のステージ復帰を確認して安堵した演奏会だったが、仕事上では批評が入っていた。「ショパン作品では、ソリストに園田高弘が登場した。感傷に溺れず、一音一フレーズをかみしめるような彼のピアノには、堂々たる風格と高い気品が漂う」（文／原明美、「音楽の友」一九九九年七月号より）。なお、この定期演奏会は翌二十三日にもオーチャードホールで開かれたが、その足で園田は成田に向かい、翌日、エリザベート王妃国際コンクールの審査員を務めるためにブリュッセルに出発している。

十月八日（金）午後七時～　京都コンサートホール・アンサンブルホールムラタ（小ホール）

お話と演奏「巨匠園田高弘／ベートーヴェンを弾く」

お話　「ピアノとベートーヴェン」。

演奏　ベートーヴェン／ソナタ第23番、第24番、第32番。

（財）ロマン・ロラン研究所が、その前身「日本ロマン・ロランの友の会」から数えて創立五十周年を迎えたことを記念して主催した演奏会。ベートーヴェンは、ロマン・ロランの代表作『ジャン・クリストフ』のモデルである。五十年前の一九四九年（昭和二十四年）六月、東京の神田共立講堂での「友の会」発会式においても、園田がベートーヴェンのソナタ第24番と第32番を演奏しており、その縁で今回の出演が決まった。なお、同会の活動は一九七一年（昭和四十六年）から、京都の（財）ロマン・ロラン研究所に引き継がれていた。

十月二十二日（金）午後七時～　東京・ＮＨＫホール

Ｎ響第１３９０回定期Ｃプログラム（二十三日（土）にも開催）／イルジー・コウト（当

初予定のホルスト・シュタインから変更）
　ブラームス／協奏曲第2番。
　園田のN響との共演は、一九四八年（昭和二十三年）の初共演以来、このときまでに六十回以上を数える。そのなかでブラームスの第2番は、一九五五年（指揮はニコラウス・エッシュバッハー）と、一九六五年（指揮は外山雄三。定期ではなく園田個人の演奏会で、協奏曲三曲というプログラム）に次いで、今回が三回目であった。なお、十月二十三日開催分のライヴが、サヴァリッシュとの共演による一九六四年のシューマン「ピアノ協奏曲」および一九六九年のブラームス「ピアノ協奏曲第1番」と共に、二〇一七年に「N響創立九十周年記念シリーズ」としてCD化されている。

二〇〇〇年（平成十二年）
三月二十一日（火）午後七時～　東京オペラシティ・コンサートホール
リサイタル～パルティータ全曲を弾く～
バッハ／「パルティータ」全六曲。
バッハ没後二百五十年のこの年、園田が開いた久々のオール・バッハ・プログラムによるリサイタル。パルティータ全曲は、バッハ生誕三百年の一九八五年以来となる。繰り返しを一部省略しての演奏とはいえ、全六曲はハードなプログラムだが、園田は驚異的な精神力と集中力で弾き進め、現代のピアノでのデュナーミクとタッチを活かしながら、バッハの対位法をひもとくように、ていねいに演奏を作りあげていった。さらに、鍵盤楽器の変遷をふまえた演奏でもあった。たとえば、第2番の「シンフォニア」冒頭の、オルゲルプンクト（バスの持続音）の効果の表出や、第4番の「序曲」での、チェンバロでいう二段鍵盤のような演奏効果などである。なお、筆者がこのリサイタルを前に行った園田へのインタビューが、東京オペラシティのメンバーズマガジン「tree」に掲載された。


六月五日（月）午後六時三十分～　東京・日経ホール
「トーク&コンサート～ピアノの響き、はるかなり」

第一部　対談「私の履歴書」連載を終えて（聞き手／池田卓夫）。

第二部　リサイタル　バッハ～ブゾーニ／シャコンヌ、ベートーヴェン／ソナタ第30番、ショパン／幻想ポロネーズ、ドビュッシー／「映像」第1集より「水の反映」、武満徹／遮られない休息I。

アンコール◇シューマン／アラベスク。

この年の二月一日から二十九日まで、日本経済新聞に、園田高弘の連載「私の履歴書」が掲載された。当夜の第一部は、その連載を担当した池田卓夫（当時、日本経済新聞社文化部編集委員）との対談であった。第二部の演奏では、特にショパン作品が強く印象に残った。

二〇〇一年（平成十三年）

六月十四日（木）午後七時〜　東京・トッパンホール
園田高弘&児玉桃　ピアノ・デュオ・リサイタル
ドビュッシー／白と黒で、六つの古代碑銘、ラヴェル／マ・メール・ロワ、ルトスワフスキ／パガニーニの主題による変奏曲、レーガー／モーツァルトの主題による変奏曲とフーガ。
アンコール◇ラヴェル／「マ・メール・ロワ」より第三曲。
トッパンホールのオープニング記念コンサートの一環。パリに学んだ若手ピアニスト、児玉桃とのピアノ・デュオは、美しい調和を印象づけた。

十月二十六日（金）午後七時〜　東京・NHKホール（二十七日（土）にも開催）
N響第1443回定期Cプログラム／ヴォルフガング・サヴァリッシュ
シューマン／協奏曲イ短調。
「N響創立七十五周年／サヴァリッシュN響デビュープログラム」。N響に定期的に客演した（回数は三百回以上という）桂冠名誉指揮者ヴォルフガング・サヴァリッシュ（一九二三〜二〇一三）の、N響との初共演は一九六四年（昭和三十九年）十一月であった。今回は全く同じ曲目で、しかも協奏曲のソリストも同じ園田、まさに三十七年前（サヴァリッシュ四十一歳、園田三十六歳）の再現であり、N響七十五周年を祝うにふさわしい記念プログラムとなった。なお、園田とサヴァリッシュがN響定期演奏会で共演した過去のライヴが、二〇一七年に「N響創立九十周年記念シリーズ」としてCD化された。一九六四年のシューマン「ピアノ協奏曲」と、一九六九年のブラームス「ピアノ協奏曲第1番」である（キングKKC－2119〜20）。


十二月一日（土）午後六時三十分〜　東京オペラシティ・コンサートホール
リサイタル〜「園田高弘と訪ねるライプチヒの音楽」

バッハ／イタリア協奏曲、メンデルスゾーン／幻想曲、厳格なる変奏曲、シューマン／幻想曲。

アンコール◇シューマン／アラベスク。

日本ピアノ調律師協会の平成十三年度事業として開催。前半のバッハとメンデルスゾーンは、一九一六年製作のブリュートナー記念モデル（セミ・コンサート・グランドピアノ）、後半のシューマンは、一九九六年製作のブリュートナー（コンサート・グランドピアノ）と、ピアノを使い分けた企画。前半のピアノの優雅な音色、後半のピアノの華やかで美しい響きを、園田は巧みに弾き分けた。なお、この演奏会はライヴ録音され、「ライプチヒの音楽」としてCD化された（エヴィカHTCA－1030）。

二〇〇二年（平成十四年）

四月十八日（木）午後七時～　東京・サントリーホール（十九日（金）にも開催）
日本フィル第539回定期／ルカーチ・エルヴィン
ブラームス／協奏曲第1番。
この作品のように長い協奏曲は、稀にではあるが、オーケストラの演奏会で最後を飾ることがある。当夜がそうだった。筆者はこの演奏会の批評を執筆した。
「園田は、この大作の様式をしっかりと把握し、決して力まかせではなくじっくりとかみしめるように、その主題を朗々と歌いあげてゆく。どちらかといえばゆったりとした歩調ではあるが、この曲を長年弾きこんできた彼ならではの余裕が、演奏に滲み出ている。落ち着いた風格が漂うなか、ひとつひとつの表現に深い味わいがある。こうしたことは指揮者にもよい影響を及ぼしており、特に第2楽章では、オーケストラもよく歌い、独奏ピアノとの間に

美しい調和が見られた。」（文／原明美、「音楽の友」二〇〇二年六月号より）

十月十六日（水）午後七時〜　東京・トッパンホール

リサイタル〜「園田高弘ベートーヴェン・ツィクルス（全六回）〜リサイタル第一夜」

ソナタ第1番、第8番、第12番、「エロイカ」の主題による十五の変奏曲。

アンコール◇バガテルop.33－1。

この年から翌年にかけて、リサイタル三夜、室内楽三夜の合計六回にわたって開催された「ベートーヴェン・ツィクルス」の第一回。このうちリサイタルについては、プログラム冊子の曲目解説も園田自身が執筆した。当夜の第一回に第12番（「葬送ソナタ」）を組んだことについて園田は、「唯一ショパンが（このベートーヴェンの曲を）好きだったんですってね。自分でも演奏したし弟子にも教えていたらしい。だから、自分の作品（ショパンの「ソナタ第2番『葬送』」）にあのパターーン（葬列を表すリズム・パターーン）を使っているんですよね。そういう曰くがある作品ということもあって、入れたかったんです」と、「トッパンホール・プレス」の紙上インタビューで話している。なお、ソナタ第17番、第21番、第24番、第23番が演奏された「第二夜」（十二月三日）については、残念ながら筆者は聴きに行けなかったが、第一夜・第二夜とも、チケットは完売であった。

二〇〇三年（平成十五年）

一月二十四日（金）午後七時～　東京・トッパンホール
リサイタル～「園田高弘ベートーヴェン・ツィクルス（全六回）～リサイタル第三夜」
幻想曲op.77、ソナタ第32番、ディアベリの主題による三十三の変奏曲。
このツィクルスは、園田自身の提案で曲目が組まれたというが、当夜もハードな組み合わせである。園田は本番を前に、一週間以上にわたって、このプログラムをそのままの形で自宅で弾きこんだという。昨年十月に聴いた第一夜とあわせて感じたのだが、園田の気力はますます充実し、演奏内容がさらに深まっている。表情の機微、表現の綾も、細かくしつらえられている。どこまで極めれば園田は満足するのだろうか。

六月二十三日（月）午後七時～　東京・トッパンホール
「園田高弘ベートーヴェン・ツィクルス（全六回）～室内楽第二夜／ヴァイオリン・ソナタ」

ヴァイオリン・ソナタ第4番、第10番、第9番「クロイツェル」（vn／小林美恵）。

アンコール◇ヴァイオリン・ソナタ第5番「春」より第1楽章。

この全六回のベートーヴェン・ツィクルスについて、ピアノ・ソロだけでなく、日本の若手演奏家たちと共演する室内楽曲も組むことは、園田が自ら提案したという。当夜、ヴァイオリニストの小林美恵は、園田という巨匠との共演から多くのものを得たことを、充実した演奏によって伝えていた。のちに小林は、自身の演奏活動二十五周年記念公演を前にしたインタビューで、このときに園田と交わした会話が、特に印象に残る出来事だと回想している。園田は、小林の問いかけに対して、「毎日毎日その曲を、こうじゃないか、ああじゃないか、と考えて弾き続けると、あるときもしかしたら、こうなんじゃないかなと思える瞬間があるかもしれない」と、答えたという(「音楽の友」二〇一五年十月号より)。

なお、室内楽公演の第一夜(藤森亮一とのチェロ・ソナタ、四月十八日に開催)を、筆者は残念ながら聴きに行けなかったが、園田は後日、藤森の演奏を絶賛していた。

七月三日(木)午後七時～　東京・トッパンホール
「園田高弘ベートーヴェン・ツィクルス(全六回)～室内楽第三夜/ピアノ・トリオ」
ピアノ三重奏曲第3番、ピアノ四重奏曲、ピアノ三重奏曲第7番「大公」(vn/豊嶋泰嗣、va/大山平一郎、vc/堤剛)。
アンコール◇ピアノ三重奏曲第7番「大公」より第2楽章。

十月三十一日（金）午後七時～　東京・サントリーホール
リサイタル～七十五歳記念～
バッハ～ブゾーニ／「トッカータ、アダージョとフーガ」ＢＷＶ５６４、ベートーヴェン／ソナタ第23番、ドビュッシー／「映像」第1集より「水の反映」、武満徹／遮られない休息Ⅰ・Ⅱ・Ⅲ、湯浅譲二／内触覚的宇宙、プロコフィエフ／ソナタ第7番。
アンコール◇プロコフィエフ／「束の間の幻影」第1番、悪魔的暗示、プーランク／無窮動、ショパン／夜想曲op.15－2。

先月七十五歳の誕生日を迎えた記念リサイタルであり、ライヴ録音された（ＣＤ＝アクスティカＰＰＣＡ－１０１）。園田が古稀を過ぎても旺盛な探究心と向上心をもって精力的に活動し、しかもその演奏が、より生き生きとしていて若々しかったことを、このライヴ盤でも偲ぶことができる。園田によれば、今回の選曲には人生の思い出が詰まっている。たとえばドビュッシー作品には、最初の留学先のパリでカルチャー・ショックを受けたこと。武満作品と湯浅作品については、若いころ彼らと共に「実験工房」のメンバーとして活動したことを「生涯の誇り」とする思い。そしてプロコフィエフは、東京音楽学校（現・東京藝術大学）研究科卒業時の演奏曲であった。アンコールについては、これまでにも園田自身が客席に向かって曲を紹介することが、たびたびあったが、今回は特に、プロコフィエフが没後五十年、プーランクが没後四十年であることも紹介していた。

演奏は、威厳に満ちたバッハ〜ブゾーニに始まり、ベートーヴェンの「熱情ソナタ（第23番）」は、筆者がこれまでに聴いた園田の同曲のなかで、最上と思える熱演であった。そして、後半のプログラムでは、モダンな響きの美しさに魅了された。終演後に楽屋を訪れると き、筆者は「おめでとうございます」と師に挨拶しながら話を聞くことが常であったが、当夜は「（素晴らしい演奏を聴かせていただいて）ありがとうございました」という感謝の気持ちが、自然に口をついて出ていた。園田を慕う若いピアニストたちからは、「先生、超人！」という声もかかる。

また当夜は、園田の師匠レオ・シロタの娘ベアテ・シロタ＝ゴードン（一九二三〜二〇一二）も、楽屋に姿を見せ、久々の再会を喜び合っていた。彼女はアメリカ留学を経て、一九四五年の終戦直後に再来日、GHQ民生局員として日本国憲法の草案作成などに関わり、男女平等条項を起草し、帰米後も日米の文化交流に貢献した人物である。春子夫人の長年の友人でもある藤原智子（一九三二〜二〇一八）の監督・脚本による、二〇〇八年制作のドキュメンタリー映画「シロタ家の20世紀」のなかで、このステージでの園田の演奏風景と、楽屋でのベアテ・シロタ＝ゴードンとの再会の光景が、感動的に映し出されている。そろって芸術の道に進みながら時代に翻弄された、レオ・シロタをはじめとするシロタ家の五人の兄弟姉妹と、その一族の人々のドラマを描いたこの映画は、二〇〇八年のキエフ国際ドキュメンタリー映画祭で「審査員大賞」を受賞し、その後、東京の岩波ホールで公開上映された。

園田のリサイタルの客席は、以前から、ほかの演奏会に比べて、年齢層が高かった。おそらく同年代の人たちであろう。終戦直後にデビューした彼の演奏を、ずっと聴き続けてきたファンも多いに違いない。戦後の混乱と苦難の時代を経て、日本が立ち直り、高度成長を遂げ、そして二十一世紀に入るまで、この人たちは園田の演奏と共に、それぞれの人生を歩んできたのだ。一方、晩年のリサイタルでは、客席に若い層も目立った。七十歳を超えてなお現役、常に前進し続ける園田の演奏と人間性は、若いファンの敬愛も集めたのである。

二〇〇四年（平成十六年）

一月八日（木）午後七時～（九日（金）にも開催）東京・トッパンホール

「トッパンホール・ニューイヤーコンサート～ベートーヴェンとシューベルト」

シューベルト／ピアノ五重奏曲「ます」より第4・第5楽章（vn／久保田巧、va／馬渕昌子、vc／藤森亮一、cb／中田延亮）、ベートーヴェン／ピアノ、ヴァイオリンとチェロのための協奏曲（vn／久保田巧、vc／藤森亮一、大山平一郎／チェンバー・オーケストラ）。

アンコール◇ベートーヴェン／ピアノ三重奏曲「街の歌」より第2楽章。

当初予定された公演日は一月九日（金）だったが、急遽、前日の八日（木）にも追加公演が行われることとなり、二日間同一プログラムの演奏会となった。オーケストラは、この公演のために集められた若手精鋭によるオリジナル・メンバーである。終演後に楽屋を訪ねると、園田は自分のことはさておいて、チェロを弾く動作をまねながら藤森を絶賛した。去年の同ホール「ベートーヴェン・ツィクルス～室内楽」での二人の共演を聴けなかったことが、かえすがえす悔やまれる。さらに園田は、「若い人たちの演奏も聴いてね」と筆者に言った。同ホールで二〇〇一年から、自ら出演者を選んだ「旬のピアニスト」シリーズを主催した園田は、そのことを含めて、優秀な若手ピアニストたちを支援していく強い意欲と、彼らに託す希望を、伝えたかったのであろう。

二月二十二日（日）二時～　東京・サントリーホール
九州交響楽団創立五十周年記念　東京公演／大山平一郎
ベートーヴェン／協奏曲第5番「皇帝」。
昨年創立五十周年を迎えた九響が、その記念として開催した東京公演。園田は晩年、音楽性に共感した大山平一郎（当時の常任指揮者）と共演を重ね、大山指揮の九響とベートーヴェンの協奏曲全曲録音も完成させた。筆者は、この演奏会の批評を執筆した。

「今回最大の聴きものは、ソリストに園田高弘を迎えた『皇帝』だった。園田と大山／九響は、二〇〇〇年にもこの曲を共演し、ライヴ録音していた。当時から、あるいは今回の演奏会に向けても改めて、彼らは徹底的に解釈を合議し、検討を重ねたに違いない。ゆったりめのテンポで、ていねいに練り上げられた演奏であり、この曲にこんなに美しい場面があったのかと、新鮮な発見がいくつかあった。また、オーケストラもよく歌っている。この協奏曲を何度も手がけている園田にとっても、会心の演奏だったのではないだろうか。」（文／原明美、「ムジカノーヴァ」二〇〇四年五月号より）

残念なことに、筆者が最後に聴いた園田のコンチェルトとなってしまったが、それが十八番のベートーヴェン「皇帝」、しかも、これまで何度か聴いたなかで最も強烈な印象を残す演奏であり、さらに、その批評を執筆する機会も与えられたことは、感慨深い。

三月十九日（金）午後七時〜　東京・砧区民会館

「園田高弘トーク・コンサート」〜第289回世田谷区民コンサート

バッハ／パルティータ第1番、ベートーヴェン／ソナタ第23番、武満徹／遮られない休息Ⅰ、ドビュッシー／「前奏曲集」第2巻より「霧」「妖精はよい踊り子」「ヒースの茂る荒地」「花火」、リスト／「二つの伝説」。

アンコール◇ショパン／夜想曲op.15－1、スカルラッティ～タウジッヒ／パストラーレとカプリッチョ。

対談（聞き手／横溝亮一）と演奏で構成されたトーク・コンサート。園田が日本の誇るピアニストであると同時に、博覧強記で話術も巧みであることが伝わる内容だった。なお、世田谷区民コンサートは、今回が最終回とのことであった。園田の演奏活動はこのあとも、大きなものとしては九月の関西フィル定期（ラフマニノフ／協奏曲第2番）まで続けられ、スケジュールは、翌年訪れるはずの喜寿記念コンサートも含めて、数年後まで決まっていたが、筆者が恩師園田高弘の演奏をライヴで聴いたのは、このトーク・コンサートが最後となってしまった。

Ⅲ　指導者としてのまなざし

園田先生との出会い

園田高弘先生は、ドイツを本拠に演奏活動をしながら、京都市立芸術大学音楽学部教授を務めた時期があった。京都に生まれ育ち、四歳からピアノを始めた筆者は、このときに御縁をいただき、十歳のころから園田先生にピアノのレッスンを受けることとなった。

小学校の四年生から五年生に上がるころ、二月二十八日にドイツから一時帰国した先生と連絡をとることができて、三月十三日、初めて園田高弘先生と対面し、レッスンを受けた。四歳からピアノを習っていた私が、当時勉強していた曲は、「チェルニー40番」（練習曲）の第33番と第36番、バッハの「フランス組曲」第6番、モーツァルトの「ソナタ」K.576であった。ひととおり演奏し、各曲についてアドバイスを受けたあと、「（今後）みてあげてもいいですよ」と、レッスンを受け続ける許可をもらい、「一流の有名な先生にみてもらうことになって、よかった」（当時の日記より）と喜んだ。後年、先生に聞くと、京都に赴任することになったから、一人ぐらい京都の子供にピアノのレッスンをしてもいいかな、と思ったそうである。その後、十日から二週間おきぐらいにレッスンは続いた。初レッスンが三月十三日、次は二十五日であり、その間に新しい曲を三曲与えられた。二十五日には「よくみられていますよ」と、ほめてもらって嬉しかったと、当時の日記にある。

早くも、二回目のレッスンのときに先生は、「楽譜がより速く読めるように、これからはリズムの練習も取り入れようと思っています」と、ソルフェージュ（音感教育）の指導を示唆した。留学先のフランスで早期音楽教育の必要性を痛感した父・園田清秀先生から、自身が徹底的な音感教育を受けたことをふまえての、提案であろう。私は幼稚園時代から、京都市立芸術大学音楽学部付属の「京都子供の音楽教室」に通って、視唱や聴音などの音感教育を受けていたが、さらに難度の高い譜読み、リズム読み、クレ読み（ト音記号とヘ音記号以外の音部記号）ができるように、ということである。

そして、指揮棒と、エットーレ・ポッツォーリ著のソルフェージュ教本（イタリアのリコルディ社刊。先生も子供時代に使った教本）を買ってくるよう指示され、四月から、園田先生自らによるソルフェージュ指導も始まった。向かい合わせで座り、指揮棒で机を叩いて拍を打ちながら譜面を読みあげてゆき、指導を受ける。しばらく続けたのち、専門の先生に指導を受け継いでもらう方がよかろう、とのお考えから、小学校五年生の秋に、ソルフェージュ専門の先生を紹介して下さり、その後、高校一年生になると、和声学も教わるようにと、作曲家の先生を紹介して下さった。先生方はお二人とも当時、京都市立芸術大学の講師だった。

園田先生は、筆者が中学生のころにマンションに転居したが、最初のうちは京都市内に一軒家を借りて住んでいた。家の庭には木がたくさん植わっていて、夏になるとセミの鳴き声に包まれた。縁側には、夏の風物詩でもあるブタの蚊取り線香が置いてあった。先生は昆虫のことも詳しく知っていた。小学生のころは、夏に学校から帰ると、かばんを放り投げて虫とりに行ったそうだ。小石二個を糸で結びつけて、それを投げてトンボをつかまえたという。

レッスンの流儀

園田先生のピアノ・レッスンを一言でいえば、口調は優しいが内容はとても厳しい。しかも、小学生相手でも、先生は常に真剣だ。特に強調された点は、まず、無味乾燥にならずに、よく歌うこと。「もっと歌って！」と注意するだけでなく、実際に口ずさんだり歌ったりしながらの指導だった。次に、演奏のコンセプトをしっかりと作ること。曲の構造について、あるいはイメージについて、小学生でも理解するように言葉を重ねて教えてもらった。しかも、演奏を途中で止めながらひとつひとつ直すのではなく、一度通して聴いて、そのあと即座に、注意すべき箇所、直すべき箇所を、次々と指摘された。実際に教える立場になると分かるが、演奏を遡って次々と指摘するには、相当な記憶力が必要である。

この驚異的な記憶力について、東京音楽学校の後輩として、若いころから園田高弘の演奏を聴いていた作曲家の諸井誠は、「園田さんは（中略）完全に暗譜して弾かれる方ですから、記憶力の天才みたいなところがあった」と回想している（「音楽の友」二〇〇八年三月号、特別記事より）。ちなみに、二十世紀後半を代表する作曲家で指揮者のピエール・ブーレーズ（一九二五〜二〇一六）にも、同様のエピソードがある。アメリカのクリーヴランド管弦楽団を指揮して練習していたときのこと、複雑な譜面の現代作品を、ひととおり最後まで演奏したあとに、団員の譜面の読み間違いや、演奏上のミスについて、ブーレーズは一か所ずつ口頭で次々と指摘していき、その記憶力の凄さに、オーケストラ団員は唖然とするばかりだったという。

そして、同じことを、別の日、別の機会にも、懲りずに何度も、表現を変えながら注意してもらえたこともまた、今から思えば得難い、本当にありがたい指導であった。

豊富な語彙と、さまざまな表現を使い、身振り手振りを交えて説明したあと、「どいてごらん！」と言って、私をピアノの傍らに立たせて、先生がピアノの前に座る。自分で演奏して違いを分からせ、また、次回の曲を指示すると同時にサワリの部分を弾いて下さる姿は、感動的だった。その曲がどの時代の誰の曲でも、先生は覚えていて、譜面なしで弾く。「学生時代、弾けない曲があるのは悔しかったから、猛勉強した。若いときに覚えたものは忘れない」と、のちになって聞いた。
言葉で説明するだけでなく自分で弾いて子供に体得させる教え方は、レオ・シロタ先生から受け継がれたものであり、その様子は、園田先生がシロタ先生から受けたというレッスンの光景とオーヴァーラップする。
「レオ・シロタ先生の英語は、子供の私には『ワンス・モアー』と『ノー』と『ベリー・グッド』しか解らない。私は弾く。『ノー、リスン！』と云われて、今度は先生が同じところを弾く。それによって、ペダルが同調していないのだな、表情が違うのだ、ルバートはそうするのか、と悟るわけである。今にして思えば、耳を通じて生徒の感性に直接働きかけ、そのことによって音楽を体得させるものであった。曲の暗譜が一通り出来ると次の曲をいただくわけだが、先生は、次はショパン、次はリストと、曲名を楽譜の上に書き、すぐさまどんな曲であるかを目の前で弾いてくださった。それは子供心にも、次のショパンはユーウツな曲だな、リストはピアノが揺れるような曲だなと知った。先生は多くを語らなかった。だがそれ以上に、私は、音楽とは何かを体験した。」（「ムジカノーヴァ」別冊『年齢別ピアノ学習法』より）
シロタ先生の「ノー、リスン！」は、園田先生の「どいてごらん！」だ。私がレッスンのなかで最も多く聞いた言葉である。そして先生は、「育ったのは駒込林町、団子坂界隈の本郷だから、話し方や考え方はチャキチャキの江戸っ子」（『ピアニスト　その人生』より）なのだ。京都弁のなかで育った私には、先生の標準語のイントネーションと、「同じ」を「オナシ」、「同じこと」を「オナシコト」と発音する江戸弁は、新鮮に聞こえたものだ。

「演奏の場合、何が問題になるかというと、ぼくは模倣だと思う。模倣の域を出られない人が大部分の演奏家ですよ。模倣を通じて、何か自分のクリエイティブなことができる人は、何段階も上なんだ。ところが、模倣するということは、もとになるものがなければ、そこに演奏がなければ模倣ができないというわけでしょう？（中略）外国へ行ってみれば、みんなそう。生徒が何からイメージを得るかといったら、模倣からですよ。」（「ムジカノーヴァ」一九七四年三月号、諸井誠との対談より）

「僕は生徒の前で自分で弾いて教えました。レッスンだけでなく、コミュニケーションも大事にした。それは、僕が習った先生たちが、作曲家や作品のこと、その時代のこと、いろんな演奏家やその弾き方の違いなどを話して下さり、それがすごく勉強になったからだ。そういうことを背景に持って先生は演奏しているということが伝われば、生徒の意識も変わってくるはずです。そのようにうんちくを傾けられる教師が今どのぐらいおられるか。」（一九九八年二月十七日、読売新聞夕刊、紙上インタビューより）

与えられた曲は、次回（十日〜二週間後）には必ず、暗譜をしていかなければならず、また同時に、次の曲が与えられる。次回は必ず暗譜、というのも、シロタ先生の指導と同じである。ついていくのは大変だったが、レッスンは楽しみだった。曲が上がると（終了のOKをもらうと）、次に弾く曲の一部を先生が弾きながら、作曲者と曲名を原語で、いま習っている楽譜の余白などに先生が書き、それを持って楽譜店に買いに行った。シロタ先生も、常に次の曲を楽譜の表紙に書いたそうである。

先生の、譜面への書き込みは、必要最小限だった。ペダル（p＝ペダルを踏む）、強弱（f＝強く、p＝弱く、／＝クレッシェンド、＼＝ディミヌエンド、など）、臨時記号などの読み間違いの訂正、変更を要する指使い等は、そのつど書き込みながら指摘された。テンポ・ルバート（主として旋律を歌う目的で、テンポを自由に加減する）や、リタルダンド（だんだん遅く）は、上下に波打つような曲線で表現し、強調する声部は、円弧で表現する。もっと練習すべき部分については、譜面の左右の余白に、縦の波線や×印で示された。

レッスンの記録

私が小学校四年生から高校三年生までの間、先生のレッスンを受けたピアノ曲は、練習曲（エチュード）、バッハ、さまざまな作品と、三つのジャンルが同時進行で、それぞれの順番は次のとおりである。各曲について、テンポ、強弱、指使い、ペダリングなどの技術的なことのほか、作品の解釈、表現のしかた、表情の出し方などなど、実に多くのことを教わったが、レッスン・ノートと日記からは、文章で読むだけでも分かりやすいコメントやエピソードを書き出した（以下★印）。

［練習曲］

ハノン「ピアノの巨匠」（ピアノを練習する人が必ず使う教材で、純粋なメカニズムのための練習曲。日本で「ハノン」といえば、このピアノ教則本を指す。中学校二年生ごろまで、ほかの練習曲と併用。その後も折にふれて、練習に使用）

チェルニー「流暢な演奏のための練習」（通称「チェルニー40番」）

クラーマー＝ビューロー「60の練習曲」（クラーマーの「84の練習曲」から、ビューローが六十曲を選んで編纂した練習曲）

クレメンティ「グラドゥス・アド・パルナッスム」(全百曲から、タウジッヒの編集による二十九曲版)(先生の指示により、第5番・第8番・第11番・第16番・第20番・第22番・第24番・第25番・第26番・第29番は省略)

チェルニー「指の熟練のための技術」(通称「チェルニー50番」)

ショパン「練習曲」op.25(全十二曲) 第2番→第1番→第3番→第12番→第5番→第8番→第4番→第7番→第9番→第6番→第11番→第10番。

モシュコフスキー「15の練習曲」 第1番→第11番→第2番→第5番→第7番→第12番→第8番→第10番→第14番→第13番→第15番→第3番→第9番→第4番→第6番。

以上のうち、ショパンとモシュコフスキーは、ほぼ同時進行で習った。

[バッハ]

「フランス組曲」第6番、同第4番のあと、しばらくは、モーツァルトやショパンなどさまざまな曲を学ぶことに集中するため、バッハは休み、その後、小学校六年生になるころに、「平均律クラヴィーア曲集」を与えられた。

★「平均律クラヴィーア曲集」を始めるにあたり、楽譜については、ムジェリーニの校訂版を使うように指示された。さらに、原典版(ドイツ・ヘンレ社)と、別の校訂版でブゾーニ版も、傍らに置いて勉強するように、とも指示されたので、三種類の楽譜を買いそろえた。楽譜といえば、どのページも音符だけで占められているものしか知らなかったので、外国語の注釈が譜面の下の方に長々と並んでいるブゾーニ版を見たときは、驚いた。また、三種類のエディション（楽譜）の相違をチェックする楽しみも、次第に覚えた。

「平均律クラヴィーア曲集第1巻」より、第2番→第6番→第5番→第3番→第9番→第10番→第13番→第14番→第16番→第12番→第21番→第17番→第15番→第11番→第18番→第20番→第7番→第23番（残りは、第2巻のあとに続く）。

★レッスン・ノートから「テーマを盛り上げて、出す（強調する）。間奏は、遠慮して。カデンツは、自由に。そして、終わりに向かう。まだ何にも分かってないね」（第2番フーガ）。「テーマは、はっきり出す。移行部は橋わたしだから、遠慮する、あまり大きくしない。再び、テーマは、はっきり出す。いつでも音楽がずっと流れていることを忘れないように」（第5番フーガ）。「主題の出し方に注意を払う。ペダルをうまく使って補って、自然に音が続くように練習すること」（第17番フーガ）。「テーマの出てくるところは、他を弱くしてテーマを浮かせるのではなく、他の声部もしっかり弾くこと。そのうえでテーマを出す。声部がふえても、どの声部もしっかり、はっきり弾くこと」（第18番フーガ）。

中学一年生の終わりに、同第2巻に入った。

「平均律クラヴィーア曲集第2巻」第2番↓第6番↓第15番↓第10番↓第11番↓第12番↓第19番↓第8番↓第16番↓第14番↓第13番↓第20番↓第9番↓第17番↓第5番↓第24番↓第23番↓第22番↓第21番↓第7番↓第4番↓第3番↓第18番（高校一年生の秋に終了）。

★レッスン・ノートから「はじめは、流れるように主題が出てきて、もちろんレガートで。それが交互に流れるように進んで、展開部に入る。それぞれの声部を、どこの声部なのかよく分かって弾くこと。主題の骨格を、ゴシック建築のように積みあげていって、最後は和音で結ぶ」（第2番フーガ）。

なお、「第2巻」の途中で、「パルティータ」第2番を同時に習っている。そして、「第2巻」が終わったときには「パルティータ」第1番が与えられ、その後、「第1巻」の残りの曲を続けることになった。

「平均律クラヴィーア曲集第1巻」より（前からの続き）、第22番↓第4番↓第19番↓第8番↓第24番（高校二年生の夏に終了）。

「イギリス組曲」第3番

「イタリア協奏曲」

「半音階的幻想曲とフーガ」

［さまざまな作品（与えられた順に）］

▽小学四年生の終わり〜六年生の夏まで

モーツァルト「ソナタ」K.576、同K.332

★楽譜については、ブライトコップフ社の校訂版（タイヒミュラー編）を使うように、また、ヘンレ社の原典版を併用するようにと指示され、実際に楽譜を見せてもらった。私が青い表紙のヘンレ版を見たのは、このときが初めてだった。楽譜にもいろいろあって、「原典版」というものもあることを、教えてもらった。

ショパン「ワルツ」第5番、第4番

ウェーバー「華麗なるロンド」op.62、「華麗なるポロネーズ」op.72

ラフ「ラ・フィリーズ（糸を紡ぐ女）」

★当時聞いたことのなかった作曲家である。先生に教えてもらって、楽譜を大阪の輸入楽譜専門のササヤ書店に注文したが、入荷に時間がかかるとのことで、それまでの間、先生が子供のころに使った楽譜を貸してもらった。園田先生がレオ・シロタ先生に習っていた当時、黒い表紙の閻魔帳のような手帳に書かれた曲目リストから、次に習う曲が指示されたという。後年、先生が同門のピアニストから入手したその手帳のコピーを、見せてもらったことがあるが、このラフの曲や、先のウェーバーの曲は、手帳の「第5段階」のページに載っていた。

ベートーヴェン「ソナタ第6番」

★楽譜はシュナーベルの校訂版を使うようにと指示された。アルトゥール・シュナーベルは、ベートーヴェンの解釈に定評のあったピアニストである。

メンデルスゾーン「華麗なるロンド」op.29（ピアノとオーケストラのための）

ウェーバー「ソナタ第1番」より第4楽章（「無窮動」）

ラインホルト「即興曲」第3番op.28－3

★フーゴー・ラインホルト（一八五四～一九三五）は、ブルックナーに師事したウィーンの作曲家。先に習ったラフの作品と同様、当時聞いたことのなかった作曲家であり、大阪のササヤ書店で楽譜を買った。この曲を私は「京都子供の音楽教室」での発表会で弾くことになったので、特に長い期間にわたってレッスンを受けた。おかげで、発表会では会心の出来だった。

モーツァルト「デュポールのメヌエットによる変奏曲」

ショパン「ワルツ」第7番

ラフ「アムプロムプチュ・ワルツ」

ドビュッシー「アラベスク」第1番、第2番

モーツァルト「ピアノ協奏曲」K.414

ショパン「華麗なる変奏曲」op.12、「即興曲」第1番、「ロンド」op.1
モーツァルト「ピアノ協奏曲」K.537『戴冠式』
フンメル「ロンド」
★学校の夏休みだったこともあり、先生の提案で「少しお休みしようよ」とのことで、この曲のあとはいつもより長く、二十日間ほど、レッスンの間が空いた。

▽小学六年生の秋〜中学二年生の終わりまで
ショパン「子守歌」
メンデルスゾーン「幻想曲」op.28より第3楽章プレスト
ベートーヴェン「ソナタ」第1番
シューベルト「即興曲」op.142-3
★いつもの言葉「どいてごらん！」のあと、先生はピアノに向かって、「シューベルトの音楽は、途切れることなく持続してゆくんだ」「もっと歌って、ゆったり、ゆっくり、音楽を流すように……」と言いながら、主題と変奏から成るこの曲を弾いていったが、結局、「……と、こういうわけ」と、最後まで行ってしまった。全曲が目の前で演奏されたこのとき、レッスンを聴講に来ていた竹内美知子先生が、感動のあまり思わず立ち上がってしまわれた光景は、今も忘れられない。
モーツァルト「ピアノ協奏曲」K.466
★「音楽は、1+1=2ではなくて、感情を表すものである。知性、感情、注意力を駆使しながら、解決してゆく。」
シューマン「アラベスク」
★「原明美のシューマンにすること。コンピューターと同じではダメ。」
グリーグ「蝶々」
★「蝶々は、軽くふわふわと飛ぶ。重たくなってしまっているから、もっと軽やかに。」
モシュコフスキー「スペイン奇想曲」
★「マンドリンを弾いているような感じで。」
メンデルスゾーン「華麗なるカプリッチョ」op.22（ピアノとオーケストラのための）
シューベルト「即興曲」op.142-4
ショパン「タランテラ」
リスト「森のささやき」（「二つの演奏会用練習曲」第1番）
ベートーヴェン「ソナタ」第11番
ショパン「ボレロ」

★「音楽の運びを考えて弾くこと。始めは（三つの音の強打）、合図の鐘。そのあとは（細かな音符の連続）、ボレロが始まる前の、寄ってくるざわめき。次の「ピウ・レント（遅く）」と書いてある部分は、ゆっくり、落ち着いて。そのあと、ようやくボレロが始まる。それぞれの部分について、じっくり考えて、区別して弾くこと。」

シューマン「ノヴェレッテン」より、第1番、第2番、第5番

★「シューマンは、同じフレーズをたくさん使うが、大切なところとそうでないところがあるから、よく分かって弾くこと。綾模様を、入れ替わり、立ち代わり、出すように。」

▽中学二年生の終わり〜中学三年生の秋まで

ベートーヴェン「32の変奏曲」

ショパン「スケルツォ」第1番

ベートーヴェン「ソナタ」第12番『葬送』

リスト「小人の踊り」（「二つの演奏会用練習曲」第2番）

★「跳ねるように。足をパッと蹴って火花を散らすように、歯切れよく。最後は、どこかへ消えてしまっていなくなるような感じ。フッと吹いたら飛んだ、という感じ。リストは、とても想像力豊かな人で、いろいろな想像を頭のなかで巡らせて曲を書いた。弾く方も、そ

れを汲んで弾くこと。」
バッハ「パルティータ」第２番
ブラームス「二つのラプソディー」
ショパン「バラード」第３番
★中学三年生の一月に、竹内美知子先生主宰のピアノ研究発表会に参加させてもらって演奏した。園田先生が、会場の京都府立文化芸術会館に聴きに来て下さった。
リスト「ため息」（「三つの演奏会用練習曲」第３番）
シューマン「アベッグ変奏曲」
ベートーヴェン「ピアノ協奏曲」第１番
リスト「ポロネーズ」第２番
ヘンデル「組曲」第１番
ショパン「スケルツォ」第２番
スカルラッティ「ソナタ」ホ長調Ｌ．23
★この期間中、十一月十八日のレッスンのときに、マウリツィオ・ポリーニの演奏するショパン「練習曲集」のＬＰレコードを聴かせて下さった。若き技巧派ポリーニが世界を驚かせた、その後も長く愛聴されている名盤である。

▽中学三年生の冬〜高校一年生の秋まで
ベートーヴェン「ソナタ」第24番『テレーゼ』
リスト「悲しみ」「軽やかさ」（「三つの演奏会用練習曲」第1番、第2番）
ベートーヴェン「創作主題による六つの変奏曲」
ショパン「序奏とロンド」op.16
ショパン「ポロネーズ」第1番、第2番
ベートーヴェン「ソナタ」第13番
ショパン「練習曲」op.25より第2番
メンデルスゾーン「厳格なる変奏曲」
ショパン「練習曲」op.25より第1番
ドビュッシー「ベルガマスク組曲」

▽高校一年生の冬〜高校三年生の終わりまで
シューベルト「ソナタ」イ長調op.１２０
ショパン「即興曲」第3番
リスト「ピアノ協奏曲」第2番

ベートーヴェン「ソナタ」第21番『ワルトシュタイン』
ショパン「スケルツォ」第3番
シューマン「ウィーンの謝肉祭の道化」
ショパン「バラード」第2番
リスト「エステ荘の噴水」(「巡礼の年『第3年』」より)
★「エステ荘という素晴らしい別荘の、壮麗な噴水の様子、その噴水を眺めながら、哲学的な瞑想にふけっているリストのことを、思い浮かべて。」
ベートーヴェン「ソナタ」第23番『熱情』
★何度かレッスンを受けるなかで、演奏の構成について特に深く考えさせられた曲である。最後には「(演奏の)コンセプトがよくできている」とほめてもらい、嬉しかった。
グリーグ「バラード」
リスト「タランテラ」(「巡礼の年『第2年補遺/ヴェネツィアとナポリ』」より)
ショパン「バラード」第1番
フォーレ「即興曲」第3番

園田先生の教え

レッスンのあとは、コーヒーを飲みながら、いろいろな話を聞かせてもらった。私の目の前でコーヒー豆を挽きながら、ヨーロッパ・ツアーやドイツ料理のことなど、楽しい話が次々と飛び出し、幼な心に異国への憧れを持ったものである。

先生の海外演奏旅行中は、ピアノの進度をドイツのバーデンバーデンの自宅へ手紙で知らせたが、その返事は旅先のザクレヴ、ロンドン、ウィーンなど、各地からの絵葉書で届いた。

「この間は、スペインからロンドンを旅行して、博物館めぐりをしました。演奏会はこれからシーズン・オフの会以外はあまりないのですが、先日はフランス国立放送のオーケストラとサー・バルビローリの指揮をストラスブールで聴きました。」（一九六九年七月六日）

「ソ連を演奏旅行して十月二十日にはバーデンバーデンに帰り、そのあとハイデルベルクやボンでも演奏会があり、オランダまで行ってまた西独に帰って来て、やっと落ち着いているところです。」（一九六九年十一月六日）

「今ユーゴスラヴィアのザクレヴにいます。演奏会は昨夜で終わりましたが、ドイツに一度帰って、それから打ち合わせの用があるので、一週間ほど遅く日本に帰ります。」（一九七〇

年一月三十一日）

「今ロンドンに来てます。昨夜は演奏会で、ウィグモア・ホールで、ハイドンEs dur（「ソナタ」変ホ長調）、シューマン『ファンタジー』、ドビュッシー『映像』Ⅰ（第1集）、スクリャービン『ソナタ』5（第5番）を弾きました。流石にここは演奏会が目白押しで、大変活気があります。では、元気で勉強して下さい。」（一九七〇年十一月二十二日）

「例年の夏の演奏会のために北の島に来ています。まだあと四回演奏会があり、九月十・十一日はベルリン・フィルの会などで、プログラムに追いかけられています。」（一九七一年八月十一日）

「今演奏会でケルンに来てます。十二月十七日頃帰国します。レッスンは京都の演奏会がすんでからにしましょう。」（一九七一年十一月二十六日）

「今ウィーンのベートーヴェン・コンクールを無事終えて、ドイツに帰ってきたところです。コンクールは毎日午前四人、午後四人、それもソナタ全、変奏曲全、と弾くので、熱情、ディアベリ変（変奏曲）、あるいはソナタop.106となると延々一人一時間半も弾いて、聴くだけでも大変な重荷でした。日本人は最初九人いたのが五人になり、最後の十二人中ではたった一人に減り四位になりました。」（一九七三年六月二十三日）

「昨夜はハイデルベルクでウィーン放送オーケストラと演奏会でした。ラフマニノフ2（協奏曲第2番）を予定して会場練習に行ったところ、何の手違いかベートーヴェン5（協奏曲第5番「皇帝」）にプラカードがなっていて、驚きました。が、一回練習して無事終了。」（一九七三年十月六日）
「今東ドイツの演奏旅行で、昨夕はベルリンまで来てリサイタルを終えたところ。プログラム）は、モーツァルト『ロンド』イ短調、シューベルト『さすらい人』、芥川（芥川也寸志）、戸田（戸田邦雄）、ラヴェル『鏡』、スクリャービン『詩曲』と第5ソナタ。今朝はオペラで（オペラハウスで）バルトーク第3（協奏曲第3番）のオケ合わせ、明晩は会（演奏会本番）です。まだ十二日もあって、とてもとても大変どころではありません。」（一九七五年一月十六日）

園田先生には、実演を交えて指導してもらったが、家に帰ると、習っている曲のレコードを聴いて勉強もした。先生からは、たとえばバッハの「平均律クラヴィーア曲集」はエトヴィン・フィッシャー盤を、ショパンの作品はコルトー盤を、聴いてみるように勧められた。一方、先生が「弾いて教える」場は、レッスンに限らない。数々のコンサートも、教わる機会の一環だった。先生がコンサートで演奏する予定の独奏曲と協奏曲について、楽譜とレコードを買ってきて、自宅で楽譜を見ながらレコードで聴いて「予習」することも、習慣になった。それがきっかけで、たとえば、プロコフィエフのピアノ協奏曲第3番、ラヴェルのピアノ協奏曲、シューマン「森の情景」、ラヴェル「夜のガスパール」、スクリャービン「ピアノ・ソナタ第5番」等々の曲を、子供のころに知ることができた。さらに、ピアノに限らずいろいろなコンサートへ行くように、とのことで、招待券を譲ってもらい、オーケストラやオペレッタなどの公演を聴きに行けたことも、ありがたかった。

先生の厳しくも楽しいレッスンが続くと同時に、先生の演奏するコンサートに行き、レコードを聴いて、その偉大さに触れ、感銘を受けるなか、数年が過ぎた。私も高校三年生になり、そろそろ卒業後の進路を決めなければならない時期が迫ってきた。

本来なら、先生が教授を務める地元の京都市立芸術大学のピアノ科を目指すのが順当だろう。ところが、輸入版楽譜の解説文を読むことや、作曲家や作品について文献で調べることに、興味を覚えるようになっていた。

きっかけは、バッハの「平均律クラヴィーア曲集」について、始めるときに先生の指示で三種類の楽譜をそろえたが、進んでいくうちに、ほかにどんなエディションがあるのだろうと思い、調べ始めたらおもしろくなったことである。さらに、海外演奏家の公演数が圧倒的に多い東京に住んで、いろいろなコンサートを聴きたい、という思いも強くなった。

東京藝術大学には、音楽的な実践（演奏など）を伴って音楽の学問的研究および理論を学ぶ「楽理科」という専攻科がある。私が東京藝術大学の楽理科に進みたいという決心を伝えたとき、先生に怒られることを覚悟したが、「僕も同じようなことを思っていた」と、あっさりと賛成された。そして心から応援して下さり、「楽理科の受験勉強について、アドバイスをもらいなさい」と、作曲家の諸井誠先生（当時、大阪芸術大学教授）を紹介して下さった。入試の直前に、励ましの絵葉書がライプツィヒから届いたときは、大いに感激した。

「元気で入試の勉強に精を出していることでしょう。今ライプツィヒに来て昨夜クラヴィーアアーベント（ピアノ・リサイタル）を終えたところです。有名なバッハがつかえたトーマスキルヒェ（聖トーマス教会）に来て、バッハの像に頭をたれました。では元気に、しっかり。」（一九七七年二月十二日）

相手の年齢にかかわらず、常に真摯な態度で、誠意をもって接してくれた園田先生の、魅力的な人柄が思い出される。先生は決して生徒を甘やかさないし、口をついて出る批評の内容は時に辛口ではあるが、口調は優しく穏やかで、紳士的である。だから、子供のころから受けた先生の印象は、優しいときも厳しいときもあったけれど、こわいと思ったことは一度もない。質問に対しても、偉ぶらず気さくに答えて下さるので、電話も気軽にかけられた。進路変更についても、社会人になってからも、いつも応援し、温かく導いていただいた。東京藝術大学音楽学部楽理科に入学後は、大学生活の報告がてら、東京の園田邸を訪ね、そのなかで何度かはピアノのレッスンを受けた。当時レッスンを受けた曲は、シューマン「ソナタ」第2番、ドビュッシー「前奏曲集」第1巻より第1番〜第4番、ショパン「バラード」第4番、ドビュッシー「版画」「喜びの島」などであった。

東京藝術大学音楽学部を卒業後、大学院音楽研究科の修士課程（音楽学専攻）に進み、やがて社会に出てからの私は、ピアノ演奏から遠ざかることとなったが、先生との交流は続き、ピアノ音楽について、音楽全般について等々、いろいろと教えていただいた。心に残る思い出はいくつもあり、先生に師事したことを誇りに思うのは言うまでもないが、その得難い経験がいかに高い価値のあるものだっ

園田先生にインタビューする筆者。1999年12月9日、園田邸にて

郵便はがき

料金受取人払郵便

新宿局承認

2524

差出有効期間
2025年3月
31日まで
（切手不要）

160-8791

141

東京都新宿区新宿1－10－1

(株)文芸社

愛読者カード係 行

ふりがな お名前				明治 大正 昭和 平成 年生 歳	
ふりがな ご住所	□□□-□□□□				性別 男・女
お電話 番 号	（書籍ご注文の際に必要です）	ご職業			
E-mail					
ご購読雑誌（複数可）			ご購読新聞 新聞		

最近読んでおもしろかった本や今後、とりあげてほしいテーマをお教えください。

ご自分の研究成果や経験、お考え等を出版してみたいというお気持ちはありますか。

ある　ない　内容・テーマ（　　　）

現在完成した作品をお持ちですか。

ある　ない　ジャンル・原稿量（　　　）

書　名			
お買上 書　店	都道　　　市区 府県　　　郡	書店名 ご購入日	書店 年　月　日

本書をどこでお知りになりましたか?

1.書店店頭　2.知人にすすめられて　3.インターネット(サイト名　　　)

4.DMハガキ　5.広告、記事を見て(新聞、雑誌名　　　)

上の質問に関連して、ご購入の決め手となったのは?

1.タイトル　2.著者　3.内容　4.カバーデザイン　5.帯

その他ご自由にお書きください。

(　　　)

本書についてのご意見、ご感想をお聞かせください。

①内容について

②カバー、タイトル、帯について

弊社Webサイトからもご意見、ご感想をお寄せいただけます。

ご協力ありがとうございました。

※お寄せいただいたご意見、ご感想は新聞広告等で匿名にて使わせていただくことがあります。

※お客様の個人情報は、小社からの連絡のみに使用します。社外に提供することは一切ありません。

■書籍のご注文は、お近くの書店または、ブックサービス(0120-29-9625)、セブンネットショッピング(http://7net.omni7.jp/)にお申し込み下さい。

たか、音楽評論の仕事についてから、いっそう強く感じている。演奏家と評論家という立場で仕事を御一緒させていただいたことも、大切な思い出であり、それは、二〇〇〇年三月のバッハ／「パルティータ」全曲演奏会（Ｐ１４５「鑑賞記録」参照）に向けてのインタビュー（一九九九年十二月）である。

博覧強記の先生は、音楽に限らず、美術、文学、宗教、歴史と、あらゆるものについて知識を深め、読書量も膨大だった。しかも、それらはすべて、音楽作品の解釈を深めるため、自身のピアノ演奏芸術をきわめるためのものだった。それは先生の教育論にもつながっており、新聞紙上のインタビューで、「音楽教育について一番大切なことは何か」との問いに対して、次のように答えている。

「何よりもまず精神的なものが重要なことを、認識させなくてはならない。作曲家が血のにじむような思いをして何を追求し、表現しようとしたのか。それを理解しようとしなければ、何もでてこない。子供の時には子供の、青春には青春時代の音楽と思想がある。技術と共に精神性を高めていかなければならないのに、それが発達しないままきている。今の学生にそれを指摘しても、何難しいこと言っているんだ、という顔をされる。学校でも先生からも教わらなかったから、関心がない。（中略）若い演奏家は次々に現れるのに成熟していかない

のは、音楽に向かう姿勢の違いでしょう。」（一九九八年二月十七日、読売新聞夕刊、紙上インタビューより）

さらに、芸術観と教育について、次のように論じている。

「芸術家は自分の芸術観なり美意識なりを、ある時点でしっかりと持つべきである。自分の芸術観、美意識は、その人の教養を栄養として吸収し、だんだん大きくなっていくものであるから、常に勉強を続けていかなければいけないのはもちろんだが、その中で自分が絶対と思う芸術観の核となるものを自覚的に持たなければならない。（中略）確固たる美意識なり哲学なりを若い世代に持たせるためには、教育者が確固たる意志のもとにそれらの必要性を説かなければならない。」（対談集『見える音楽 見えない批評』より）

園田先生の教えは、CDに、LPに、校訂譜に、ビデオに、番組に、著書に、寄稿文に、講演記録に、インタビューに、形として存在する一方、共演者、門下生、支援を受けた若いピアニストたち、多くのファン……そうした人々の心のなかにも、しっかりと残っている。これらをベースに音楽の勉強を続けていくという宿題が、私たちに残された。しかし悲しいかな、これまでは宿題について分からないことがあっても、いつも教えてくれた先生は、もういないのだ。

先生は、常に首位をキープしていたトップ・ランナーであり、猛スピードで駆け抜けていった。私たちは、先生の背中を見ながら追いつくのに精一杯だった。時々立ち止まって待っていて、言葉をかけ、質問にも答えてくれたけれど、もう追いかけても手の届かないところへ行ってしまわれた。

Ⅳ　教育者としての情熱

大学教育の中へ

園田高弘は、ドイツを本拠に演奏活動を続ける承諾を得たうえで、一九六六年十二月から一九八二年三月までの約十五年間、京都市立音楽短期大学（のちに京都市立芸術大学音楽学部）の教授を務めた。同短期大学の客員教授に就任した披露演奏会が、一九六六年（昭和四十一年）十二月二十六日に京都会館第二ホールにて、「園田高弘とアカデミア合奏団の夕」として開かれている。園田を京都に招いたヴァイオリニストの岩淵龍太郎（一九二八〜二〇一六）が指揮をとる合奏団である。客員教授としては、毎年の冬にドイツから帰国すると、約二か月間、同大学で集中講義を行ったが、正式に教授に就任するにあたり、一九六八年の夏は、コンサートのシーズン・オフを利用して、レッスンと家さがしのために京都で過ごした。

そして、一九六八年（昭和四十三年）十一月に正式に同短期大学のピアノ科主任教授に就任し、同年十二月三日にやはり京都会館第二ホールにて就任披露演奏会が開かれた。これも岩淵龍太郎の指揮する「園田高弘とアカデミア合奏団の夕」であった（P88「鑑賞記録」参照）。

なぜ、京都だったのか。きっかけは、幼な友だちでもあるヴァイオリニスト岩淵龍太郎から、四年制大学への昇格が予定されていた京都市立音楽短期大学での集中講義を、依頼されたことだった。東京生まれの岩淵は、東京大学法学部を中退し、昭和二十年代・三十年代にN響の若きコンサートマスターとして活躍したのち、京都市立音楽短期大学に赴任、弦楽科の主任教授を務めた。園田とは昭和二十七年に「実験工房」の演奏会で、メシアンの「世の終わりのための四重奏曲」を共演（日本初演）したこともある。さらに、園田は一九七三年（昭和四十八年）、京都の音楽活動の発展に大きく寄与したとして「京都新聞文化賞」を受賞したとき、紙上インタビューで、「私の心の中にも、東京はすべての分野が飽和状態になって、新しさが出てこないってことを感じていたんです。京都はその点まだ新鮮だし、しかも文化的伝統がある。新しい音楽教育を始めるならここだという気持ちがありました。（中略）大学と名づけられる以上、健全な音楽社会人を育てていくことが使命です。だから個人の豊かな芸術性をのばすと同時に、音楽的展望を養えるよう、あらゆる角度から教育をやらなければ。レパートリーも、将来は現代作品などもつけ加えたい」と語っている。

京都市立芸術大学音楽学部の前身の京都市立音楽短期大学は、一九五二年（昭和二十七年）、京都市立堀川高等学校音楽課程の専攻科が昇格するという形で、全国唯一の公立音楽短期大学として開学した。中原都男《くにお》『京都音楽史』（一九七〇年、音楽之友社）によれば、開学に尽力した一人が、当時文部省社会教育局視学官だった作曲家の諸井三郎（園田と親交のあった作曲家の諸井誠の父）であり、初代ピアノ科教授は、園田の師でもある豊増昇、作曲と指揮の教授は、指揮者の小澤征爾の師である齋藤秀雄が務めた。

校舎は当初、京都市北区出雲路立本町にあり（のちに京都市交響楽団の練習所となった）、一九五六年（昭和三十一年）九月に京都市左京区聖護院円頓美町の京都市警察学校跡に移転した。園田が教えていた時期の大半は、この校舎の時代である。元が警察学校ということで大きな武徳殿が鎮座していたその学舎は、老朽化が激しかった。筆者は同大学構内にあった「京都子供の音楽教室」に通っていたので、古びた校舎のことはよく覚えている。もちろん当時のことだから空調は完備しておらず、夏は蒸し暑く、冬は凍てつくように寒く、また、教室の床が抜けそうなところもあった。京都市立音楽短期大学は、一九六九年（昭和四十四年）に京都市立美術大学と併合して、京都市立芸術大学の音楽学部となったが、校舎の所在地は、一九八〇年（昭和五十五年）に西京区大枝沓掛に移転するまで、変わらなかった。

園田はピアノ科の主任教授として、レッスン（実技）および合奏のほか、「ピアノ演奏理論」という授業も担当し、情熱を傾けて学生たちを指導した。学内の発表会で学生が協奏曲を弾くときに、第2ピアノ（オーケストラ・パート）を受け持って弾いたこともある（P96「鑑賞記録」一九七三年十一月二十七日参照）。しかし、公立大学の教授となると、レッスンと授業だけというわけにはいかず、会議や事務作業も多い。当時の議案や課題として、老朽化した校舎の移転問題のほか、将来の大学院設置や国立大学への移管を目指しての、教員の増強や設備の拡充など、まとめるべき改革案が山積みになっていた。しかも、園田にとって京都市立芸術大学教授としての最後の年度となった一九八一年度には、数少ない教官構成のために重責が回ってきて、長期計画委員長、さらに評議員を任ぜられた。このとき、将来の音楽学部の機構、構成の理想像を明確に文書にとどめるべく、時には夜を徹して草案を練り、計画案作成に没頭したと、退官後に新聞に寄せた文章に記している。そして同年十月に、『京都市立芸術大学～長期計画構想』という冊子が完成されたのだった。

後年、園田は次のように語っている。「そもそも音楽大学は、演奏家を育てるところではない。一般教養と音楽史を徹底的に勉強させるところなんです。それなのに（日本では）演奏家を育てるコースのようになってしまっている。だから、自分が勉強している曲の正確な題名や作品番号すら答えられない、その作曲家のことも知らない、という学生がいる。私もかつて教鞭をとってきたし、（日本の音楽界でも）年長になってきたので、（このことについて今後も）注意し提唱し続けるしかないと思っています。」（一九九六年九月一日放送、NHK教育テレビ「ステージドア～わがあこがれのベートーヴェン」より）

海外での演奏活動のため定期的にドイツのバーデンバーデンの自宅との間を往復する一方、

日本にいる八か月ほどの間は、各地で演奏活動を行いながら、月の大半を京都で教授活動を中心に過ごし、東京との間を早朝の新幹線に乗って往復するという生活を、園田は十数年続けたのである。どれほど大変なことだったろうか。筆者は高校三年生のとき、東京藝術大学音楽学部楽理科の受験に向けて、受験科目のレッスンを受けに東京に通った時期があるが、早朝に京都から東京に向かう新幹線の車内で偶然、園田先生と乗り合わせたことがある。そのとき食堂車で朝食をごちそうになったのは、懐かしい思い出のひとコマである。

「ふり返れば過去十数年間、私の東京と京都との往復の生活は常に新幹線の朝一番か二番、六時台に乗った。そのためには四時半に起きた。これは冬場には非常な覚悟がいった。また地方での演奏会の翌日、早朝一番で京都に帰ったり、特に外国との往復で時差の克服を待たずに登校することは最近になって体にこたえるようになった。こうした悪条件を忍んで教授に情熱を傾けたのは何故だったろうか、と自ら問えば、それは学生たちの燃えさかるようなひたむきな向学心と熱意であったし、また私個人が長年の芸術体験を通じて得たもの、苦心の研鑽の成果を瞬時にして生徒に伝えることが出来るという喜びであった。」（一九八二年五月二十一日、京都新聞への寄稿より）

京都市立芸術大学の教授を辞任したいとの申し出に、同僚で元学長の梅原猛は思いとどまるよう説得したが、「自分が演奏家として活躍できるのは、せいぜいあと十年ぐらいであろう、その十年の間に全力をあげて、自分の音楽を完成しなければならぬ」と、園田の意志は固かったという。

なお、京都市立芸術大学音楽学部の校舎は、園田の勤めていた時期の左京区聖護院円頓美町から、一九八〇年に美術学部と共に西京区大枝沓掛に移転し、さらに二〇二三年十月には、京都駅にほど近い下京区下之町へ移転した。

二十一世紀の現在でこそ、演奏活動を盛んに行う現役ピアニストでありながら音大教授を務めている人は、日本に何人もいるが、園田が京都市立芸術大学の教授を務めた当時、日本のピアニストは、演奏活動に専念するか、教授として教育に専念するか、どちらかしかできない状況であった。真の意味で両立させていたピアニストは、園田ただ一人だったのではないか。しかも、海外での演奏活動も続けながら、どれひとつとして力を抜かず全力投球で同時に行っていたのだ。

「教授におさまってしまうと、演奏したり新しい曲へ取り組もうとする姿勢が薄れがちになりやすい。しかし、私は自分の演奏経験を活かし、失敗談を話しながら学生にそういうことがないよう話している。」（一九七六年三月三十日、日本経済新聞、「園田高弘　ピアノ協奏曲の夕べ」を前にしたインタビューより）

「後進の指導には興味があります。自分が苦労して得たことを一瞬のうちに伝えることができるのは魅力だし、教わる方もメリットがあると思います。芸術というのは時間がかかるものです。今やっても十年先、二十年先にしか開花しないのだと、私自身そう思ってやっています。」（一九七九年十二月二十八日、ＮＨＫ－ＦＭ「園田高弘ピアノ・リサイタル」～生放送でのインタビューより）

一方、園田が京都で教授を務め始めたころに開いた講演会や公開レッスンから、筆者が実際に接したものを紹介しよう。

一九六九年（昭和四十四年）五月二十四日（土）、東京・銀座ヤマハホールでの「園田高弘ピアノ講習会～バッハ『イギリス組曲』について」。これは、バッハ「イギリス組曲」全曲盤ＬＰ発売記念の講習会として、演奏を交えて開催された。楽譜について、原典版と共に校訂版を使うことを園田はアドバイスし、たとえば、エトヴィン・フィッシャー版などがよい、と話していた。

一九七〇年（昭和四十五年）九月二十日（日）、京都・大谷ホールでの「園田高弘ピアノ公開レッスン（第五回十字屋楽器まつり協賛）」は、八歳から十五歳まで八人の小学生・中学生の公開レッスンであった。レッスンのなかで園田は、「芸術は大切にいつくしんで育てあげるものだから、時間もかかるし、忍耐力も必要とする。ポンと蹴って投げ出してしまえば、それでおしまいで、また一からやり直しであり、本人の損」と話していた。

また園田は、京都で教授を務めていた期間中、自身の母校でもある東京藝術大学の講師として、大学院のピアノ科のクラスで集中講義を担当したことが三度ある。ちょうどそのとき同大学音楽学部の楽理科に在籍していた筆者は、園田先生の許可を得て聴講させてもらった。実践に即した、興味深い、盛りだくさんの内容であった。

①一九七七年（昭和五十二年）十一月二十一日・二十二日・二十八日・二十九日◇大学院特殊講義「ベートーヴェンの後期ピアノ・ソナタ」

ソナタ第28番から第32番の、各曲の各楽章について、譜面の発想標語の解釈をはじめ、演奏上の問題点を挙げながら、その解決のための具体的なヒント、ならびに演奏論を展開。ハインリッヒ・シェンカーによる分析、ロマン・ロランによる文学的解釈など、各種の文献をひもときながら、また、シュナーベル、ギレリス、アラウ、ケンプ、ルドルフ・ゼルキンらのピアニストの、演奏の特徴や参考にすべき特色を示しながら、あるいは先生自身がピアノを弾きながらの講義。

講義を終えたあとは、大学院生からの質問を受け、講義内容とは関係ないことにも快く答えていた。このときは、シューマンのソナタ第1番の第3楽章スケルツォでの拍節の取り方について質問され、先生が楽譜なしで即座にその部分を演奏しながらヒントを与えていたことを、筆者は鮮明に覚えている。

②一九七八年（昭和五十三年）十一月六日・七日・十八日・二十日◇大学院特殊講義「ベートーヴェンのピアノ・コンチェルトについて」

ピアノ協奏曲全五曲について。まず、ピアノ譜だけではなくオーケストラのポケット・スコアも傍らに置いて勉強することが大切。楽譜について、ブライトコップフ社のスコアは原典版に近いが、そのピアノ・パート譜にはリストの弟子のダルベールの注釈が付いていて、ブゾーニ校訂版のバッハの楽譜のように、細かな表情の指示がある。ヨーロッパで伝統的に使われているピアノ譜は、クーラクによる注釈の付いたシュタイングレーバー社刊のものであり、それは現代では、シャーマー社刊の復刻版で入手できる。チェルニーによるベートーヴェン作品の注釈本も、参考になる。

ヨーロッパでの、協奏曲のリハーサルにおける伝統的な、ソロとオーケストラとの間の受け渡しの練習は、日本とは根本的に異なっている。全体像をとらえるために、ピアノ・ソロが入るまでのオーケストラ・トゥッティの練習にも、かなりの時間をかけるのである。このことを知っておくとよい。

各曲については、第1番のテンポ表記の問題、第2番での装飾音の扱い（拍頭に合わせる）、第3番の第1楽章の拍子記号の問題およびペダルの扱い方、当時のピアノとの強弱の違い、など、演奏上のさまざまな問題を、譜面を見ながら確認し、その解決のためのヒントを提示。

演奏のプランをしっかりとたてること。作曲者にもプランがあったのだから。そして、個性を磨くこと。個性といっても、その場の思いつきではなく、普遍的なものを基盤にすること。修正していくことによって、成長があるが、基本的なプランは変わらない。

③一九七九年（昭和五十四年）十月十四日・十五日・二十九日・三十日◇大学院特殊講義「シューマンのピアノ作品について」

ドイツ・ロマン主義の文学について、および、シューマンの家系についての話のあと、各曲について、文学的な背景も含めた特色を、具体的に講義。そして、さまざまなピアニストのレコード（当時はLP）を聴きながら、あるいは園田先生が実際に弾きながら、演奏論を展開。取り上げられた曲は、ソナタ三曲、蝶々、謝肉祭、交響的練習曲、幻想小曲集、クライスレリアーナ、幻想曲、などである。

京都市立芸術大学を退職後は、活動の本拠をドイツから徐々に日本に移しつつ、演奏活動に専念するべく日々を送っていた園田であったが、旧知のチェリスト吉田貴壽から頼みこまれて、神奈川県厚木市にある昭和音楽大学の教授を務めた。「二年くらいのつもりだった教授職は、八四年から九三年まで、九年間にも及んだ。この間、自由が丘の自宅から神奈川県厚木市の大学まで二時間の道のりを通った。しかし、教授会や試験などで自分の勉強のための時間が削られていくのは正直つらかった。最後は自分の音楽に集中したいという気持ちが強まり、退職を願い出た。それ以来、大学での教授職はいっさいやめている。」（『ピアニスト その人生』より）

若手音楽家への支援

演奏活動中心に戻して以後も、園田は教育活動をやめたわけではない。単発的なもので、筆者が聴講したものを紹介しよう。

一九八九年（平成元年）三月三十一日（金）、「日本ピアノ教育連盟第五回全国研究大会〜テーマ／ベートーヴェン（中・後期）」の第四分科会（テーマ／ピアノ・ソナタop.１０６「ハンマークラヴィーア」〜講座と演奏）の講師として、講演および演奏を行なった（東京・桐朋学園大学、３３３号室）。講演で園田は、このソナタの楽想の豊かさ、当時の楽器の考察、曲中の速すぎるテンポ表示の問題などについて、演奏論を交えて語った。続く演奏では、ベートーヴェンのテンポ表示にできるだけ忠実なアプローチを試み、さらに、終楽章のフーガについて、講演で述べた「混沌としたなかにも秩序がある」構築を、見事に示した。

一九九四年十二月二日（金）（第1夜）と九日（金）（第2夜）には、彩の国さいたま芸術劇場・音楽ホールにて、「レクチャー・コンサート〜ベートーヴェン後期ピアノ・ソナタの世界」が開催された。プログラムは、第1夜が、ベートーヴェン／ソナタ第27番・第28番・第29番、第2夜は、同／ソナタ第30番・第31番・第32番である。同劇場のオープニング記念事業のひとつとして開催された講演と演奏であり、プログラム冊子にも園田が解説を執筆した。作品を真に深く掘り下げることの意味とその大切さを教えられたレクチャー・コンサートである。

一方、シリーズとしては、水戸芸術館での「ピアノのための公開セミナー（ミニ・レクチャーと公開レッスン）」（一九九七年〜二〇〇〇年）や、滋賀県のブラームスホールでの「レクチャー・コンサート〜ピアノ音楽の変遷をたどって」全五回（一九九六年〜二〇〇〇年）があった。

そのほか、自らの演奏と講義によるビデオ「ピアノによる音楽史」全三巻の制作や、「ソナタ・アルバム」のCD録音などもあるが、これらは「芸術教育企画」という会社から出されている。園田夫妻と友人たち七人の共同出資により、春子夫人を社長として一九八三年に設立された会社であり、会社名の頭文字から採ったEvicaというレーベル名で（のちにACCUSTIKA）、CDやビデオが制作された。教育のための作品だけではなく、もちろん、園田の三度目の「ベートーヴェン／ピアノ・ソナタ全集」をはじめ数多くのCDが、この自主レーベルからリリースされた。十八歳でパリに留学し、パリ音楽院作曲科を卒業した春子夫人は、確かな耳を持つ敏腕プロデューサーであり、さらに、ドイツでトーンマイスターの資格を取得した櫻井卓エンジニアをスタッフに迎えるなか、園田の録音活動は晩年まで充実していた。

園田が「若い人たちに演奏の伝統を継承してもらうのに必要だから」と、晩年に心血を注いで集中的に完成させた校訂版楽譜の出版も、広い意味での教育活動と言えるだろう。

一九九八年、解離性大動脈瘤で入院した園田は、三か月ほどの静養を経て復帰後、以前にも増して演奏活動にいそしみ、各地で数多くのステージをこなした。わけても、二〇〇三年の「七十五歳記念リサイタル」（十月三十一日、サントリーホール）は、感動的であった。そのかたわら、同時期に、ベートーヴェン／ピアノ協奏曲の全曲録音（自主レーベルEvi ca）と、ピアノ・ソナタ全三十二曲の校訂譜（春秋社）を仕上げている。さらに驚くべきことに、世を去る二〇〇四年にはバッハ「インヴェンションとシンフォニア」（各十五曲）の校訂版を完成・出版（春秋社）、しかも、七月のはじめには「平均律クラヴィーア曲集」全2巻（各二十四曲）校訂の原稿も、ほとんど書き終えていた。

ほぼ書き終えられた原稿の遺っていたバッハ「平均律クラヴィーア曲集」第1巻・第2巻の校訂譜については、筆者が小学生から中学・高校時代に受けたレッスン当時の、譜面のメモなどをもとに、補筆・完成させた。二〇〇五年（第1巻）と二〇〇六年（第2巻）に春秋社から出版されたこの校訂譜には、園田自身が一九九二年に録音したCD（二度目の全曲盤）も付いており、併用することによってその解釈をより深く理解できるだろうし、教育的な観点からも意義深いものがある。

一方、園田は、世界各地から国際コンクールの審査員として招かれた。自身にコンクール入賞歴はないが、若いころからヨーロッパの楽壇で鍛えられ、レパートリーを磨いてきた演奏活動への高い評価が、各国で定着していたからこそである。たとえば、ルービンシュタイン国際コンクールの創設者で、園田にその第四回（一九八三年）の審査を要請してきたヤン・ヤコブ・ビストリッキー（一九二〇～二〇〇八）は、園田のベルリン・フィル定期デビュー（一九五九年）を聴いていたという。一九七三年にウィーンで開催されたベートーヴェン国際ピアノ・コンクールで、初めて審査員を務めた園田は、その後、日本に本拠を戻して演奏活動をするようになった一九八三年からは、毎年のように世界の主要な国際コンクールから審査員に招かれ、一九九三年のミュンヘン国際コンクールでは審査委員長を務めた。以下は、その審査歴である。

一九八三年　ルービンシュタイン国際ピアノ・コンクール審査員（イスラエル、テル・アヴィヴ）
一九八四年　ジュネーヴ国際コンクール審査員（スイス）
一九八五年　グレン・グールド記念バッハ国際コンクール審査員（カナダ、トロント）、ショパン国際ピアノ・コンクール審査員（ポーランド、ワルシャワ）
一九八六年　ルービンシュタイン国際ピアノ・コンクール審査員（イスラエル、テル・アヴィヴ）
一九八九年　ヴァン・クライバーン国際ピアノ・コンクール審査員（アメリカ、フォートワース）、ロン＝ティボー国際コンクール審査員（フランス、パリ）
一九九〇年　チャイコフスキー国際コンクール審査員（旧ソ連、モスクワ）
一九九一年　エリザベート王妃国際コンクール審査員（ベルギー、ブリュッセル）、ミュ

ンヘン国際コンクール審査員（ドイツ）
一九九三年　ヴァン・クライバーン国際ピアノ・コンクール審査員（アメリカ、フォートワース）、ミュンヘン国際コンクール審査委員長（ドイツ）
一九九五年　ハン・ロマンソン国際コンクール審査員（韓国、ソウル）、エリザベート王妃国際コンクール審査員（ベルギー、ブリュッセル）
一九九六年　ブゾーニ国際コンクール審査員（イタリア、ボルツァーノ）
一九九七年　ベートーヴェン国際ピアノ・コンクール審査員（オーストリア、ウィーン）、シューベルト国際ピアノ・コンクール審査員（ドイツ、ドルトムント）
一九九九年　エリザベート王妃国際コンクール審査員（ベルギー、ブリュッセル）、ブゾーニ国際コンクール審査員（イタリア、ボルツァーノ）、シューベルト国際ピアノ・コンクール審査員（ドイツ、ドルトムント）
二〇〇〇年　オリヴィエ・メシアン国際コンクール審査員（フランス、パリ）
二〇〇三年　エリザベート王妃国際コンクール審査員（ベルギー、ブリュッセル）

以上の国際コンクールのうち、いくつかについては園田自身が雑誌に寄稿したり、誌上インタビューに応じたほか、ホームページ上で詳細なレポートを発信し、さらに、著書のなかで次のように述べている。

「僕はコンクールの体質を厳しく問い、『悪いものは悪い』と意見を述べ、異議があればはっきり口にする。エリザベートやショパンといった、名の通ったコンクールでも、課題曲のありかたなどについて進言や提案をしたりするので、『ソノダは公正だ』と言われている。」(『ピアニスト その人生』より)

また、次に紹介する「園田高弘賞ピアノ・コンクール」で、共に審査員を務めた一人である横溝亮一によれば、園田は各国の審査員たちと、英・独・仏の三か国語を操りながら激しい議論を交わし、どんなピアノ曲について議論をしていても、その場で即座に弾きながら説明した。これには、ショパン・コンクールの審査委員長を務めたことのあるアンジェイ・ヤシンスキも、「彼は、どうしてあれほどに、何でも知っているのかねえ」と、驚嘆していたという。

園田はもちろん、日本国内の音楽コンクールに関わったこともある。毎日新聞社とNHKの主催により現在も続いている「日本音楽コンクール」では、一九七六年から何度か審査員を務めると共に、課題曲の内容や日程(予選と本選の日程間隔を詰めるなど)についても提言した。また、一九八〇年から数回開催された「日本国際音楽コンクール」(社団法人日本演奏連盟主催)にも、創設当初から審査員に招かれ、一九八五年の第一回「日本現代音楽ピアノ・コンクール」（学校法人尚美学園アビラック・ミュージック・コミュニティセンター主催）では、審査委員長を務めた。

しかし、日本でも世界に通じるピアノ・コンクールを作りたい、という思いをかねてから抱いていた園田は、その理想を実現すべく、日本を本拠とするようになって間もない一九八五年から、両親の故郷である大分で「園田高弘賞ピアノ・コンクール」を主宰した。園田と当時の平松守彦大分県知事との協力関係から誕生したコンクールであり、主催者には大分県、大分合同新聞社、NHK大分などが名を連ねた。始まった当初は県内在住者のみを対象としたが、県ぐるみの「おおいた音楽芸術週間」（音楽監督／園田高弘、総合プロデューサー／横溝亮一）の一環となってからは、アジア全体に応募の幅を広げ、審査員も各国から招かれた。園田によると、「世界的なコンクールの足がかりになるような、課題曲のつくり方から、コンクールの運営をやろうと思って、鋭意努力している。一次が通ったら二次、二次が通ったら三次と、夜に発表になって翌日弾く。だから本当に実力のある人しか通れない」（「音楽芸術」一九九七年一月号「新春特別座談会～音楽界の新時代を迎えて」より）という厳しさであり、課題曲を毎年のように見直しながら、続けられてきた。

その厳しさ、難しさは、日程と課題曲を見れば明らかだ。園田の公式ホームページに掲載されていた、二〇〇一年の第十七回コンクールの要綱から紹介しておこう。

日程は、第一次予選が十一月十八日・十九日、第二次予選が二十日、第三次予選が二十一日、第四次予選が二十三日、本選が二十五日。つまり、次のステージがすぐ翌日に迫っているか、または間隔が一日しかなく、トータル八日間ですべてが終了する。第四次予選と本選は、オーケストラと共演する協奏曲であり、大阪シンフォニカー交響楽団と九州交響楽団の協力を得た。

第一次予選の課題は、①バッハ「平均律クラヴィーア曲集」から任意の一曲。②ショパン「練習曲」op.10（第3・第6・第9番を除く）およびop.25（第1・第2・第7番を除く）から、それぞれ任意の一曲を選び、当日指定された一曲を演奏。③リスト「超絶技巧練習曲」（第1・第3・第11番を除く）またはラフマニノフ「絵画的練習曲」から、任意の一曲。④ドビュッシー、スクリャービン、リゲティ、バルトーク、プロコフィエフ、ストラヴィンスキーの練習曲から、任意の一曲。

なお、第一次予選の課題曲について園田は、一九九〇年の第六回コンクールの講評において、次のようにコメントしている。「元来のコンクールは予選では二～三分、多くて五～六分程度聴いただけでふるい落とされてしまう。本当の音楽性、実力、長時間の演奏への対処、などの評価をされる前に、運不運でセレクトされていくのが大部分です。課題曲・自由曲を含めて二十～二十五分の曲を聴いてあげたいという念願のもとに予選（第一次予選）を行っ

てきました。」（「音楽の友」一九九一年一月号より）

第二次予選の課題は、①シェーンベルク「三つのピアノ曲」op.11、または、「組曲」op.25より「プレリュード」「ミュゼット」「ジーグ」。②ベートーヴェンのピアノ・ソナタ、変奏曲、バガテルのうち、指定された十三曲（ここでは省略）から任意の一曲。以上①と②を、四十分以内にまとめて演奏すること。

第三次予選の課題は、次の三曲を約四十五分にまとめて演奏すること。①ショパン、シューマン、シューベルト、リスト、ブラームスから任意の一曲。②一九五一年より現在までに作曲された現代作品を一曲。③ドビュッシー、ラヴェル、バルトーク、プロコフィエフ、スクリャービン、ショスタコーヴィチの作品から一曲（練習曲を除く）。

第四次予選の課題は、モーツァルト「ピアノ協奏曲」第20番・第21番・第23番から、任意の一曲。

本選の課題は、指定された13曲のピアノ協奏曲（ここでは省略）から、任意の一曲。

このように厳しい課題が課された「園田高弘賞ピアノ・コンクール」からは、江尻南美（第十回第一位）、鈴木弘尚（第十四回第一位）、田村響（第十八回、最終回の第一位）をはじめ、優秀な若手ピアニストたちが巣立っている。田村響は園田の亡きあと、二〇〇七年のロン＝ティボー国際コンクールで優勝した。パリ留学中の一九五三年に同コンクールに出場した園田は、体調を崩して途中リタイアを余儀なくされたが、それから約半世紀後に同じコンクールで、園田の薫陶を受けた田村が優勝を果たすとは、なんという巡り合わせであろうか。また、一九九六年十月十五日に大分県別府市で開かれた、新聞協会全国大会の記念講演「郷土と音楽」で、園田が語ったところによると、同年審査員として参加した「ブゾーニ国際コンクール」（イタリア、ボルツァーノ）でも、「園田高弘賞ピアノ・コンクール」入賞者の活躍が目立った。

「今回の（ブゾーニ・コンクールの）応募申込者は百五十八名、実際の参加者九十八名。そのうち外見から判断して、（中略）東洋系が約半数はいたようにみうけられた。というのも予選の段階では国籍も名前も一切公表されないことにより、そう判断するしか無かったわけです。予選選抜は非常に厳しく、いきなり二十七人に絞られました。その中に日本人は七人残っていました。そしてそのうち四名は大分の園田高弘賞コンクールの入賞者だったので躍り上がって喜びました。（中略）その後は日本人は審査員の標的にされて、残念ながら六位に一名残っただけでした。しかし、確かに今や日本の音楽家たちは世界の注目を集める水準まで上がりました。」（園田高弘ホームページに掲載された講演記録より）

一方、大分県内または同県出身の中学・高校生を対象とする「園田高弘賞ジュニア・ピアノ・コンクール」も、一九九三年から開催された。

芸術活動に対する公的・私的支援を得ることが著しく困難な日本において、欧米の国際コンクールに匹敵するハイ・レヴェルのピアノ・コンクールが開催されたことは、大きな意義を持った。しかしながら、二〇〇二年、県知事の交代に伴って、第十八回をもって「園田高弘賞ピアノ・コンクール」は終わりを迎えた。その残念な思いを園田は、当時の自身のホームページに、次のように綴った。

「大変残念なことではあるが、（中略）今年の第十八回をもって終焉を迎えることとなった。（中略）（当コンクールを提案した）平松知事は次の第五期の知事選には出馬されないこととなって、従って、行政の全ての事業に幕を引くこととなり、そのあとの予算処置の見通しがなくなったことによるものである。これは日本の地方文化行政の貧しさ、虚しさの一つの例であり、まことに残念なことである。思い起せば、その間、毎年援助を頂いたスポンサー企業、（中略）そのほかの色々の方面の方々の多大のご援助に対して、感謝の念に絶えないものである。最後に、毎年の参加者の意気込みと意識の高揚によって、世界のコンクールに比肩して遜色ないまでにここまで水準を上げることが出来たことを喜び、ご支援頂いた方々に厚く御礼申し上げたい。」

内外の国際ピアノ・コンクールの審査をするなかで園田は、日本の優秀な若手の行く末を案じ、活躍を支援したいという気持ちを強めていた。一九九二年から二〇〇一年までの十年間、年に二回ずつ開催されていた「ヴァン・クライバーン国際ピアノ・コンクール日本委員会主催ピアノ・コンサート」への出演者の、推薦委員会の委員長を務めたのも、そうした思いからだろう。同コンサートには、毎回一〜四名の日本の若きピアニストが推薦を受け、演奏する貴重な機会を得て、巣立っていった。その第十八回コンサート（二〇〇〇年十月三十一日、紀尾井ホール）に寄せた挨拶文のなかで、園田は次のように記している。

「この会の趣旨は、ヴァン・クライバーン・コンクールに人を派遣することは無論のこと、日本で演奏の機会が極めて乏しい若い優秀な人達を鼓舞激励し、演奏の機会を提供することが重要な目的のひとつです。現在、ヨーロッパの四大ピアノ・コンクールといわれる、チャイコフスキー、ショパン、クィーン・エリザベート、リーズなども、コンクールの形態が徐々に様変りしています。（中略）その選考方法も、ピアノを弾く能力が重要であることは無論ですが、それに加えて、いわゆるステージ・アーティストとしての魅力を育成するためにも、学修時代から演奏の場数をふむことが大切であり、このような会の活動はまことに意義深いことに思います。（中略）皆様、聴衆の絶大なご支援を、若い演奏家たちに是非ともお願いしたいと思っております。」

さらに園田は、自身のホームページ上の「二〇〇三年エリザベート王妃国際コンクール」

審査レポートで、次のように綴っていた。

「今回も予選、セミ・ファイナルを通じて、実に刮目すべき素晴らしい演奏が多々あった。若い真摯な演奏者の純粋な演奏には、魂を洗われるような崇高な瞬間が無数にある。功なり名をとげた、世界の商業主義に踊らされる手慣れた演奏家にはない、純粋な音楽がそこにあった。それを通じて、本来の作曲家が意図したことを改めて知る機会を与えられることに、心ある審査員はみな感謝し敬意を表している。であればこそ、私よりも年配の審査員があれほど熱心に深夜に及ぶまで、心を開いて真剣に聴いてメモをしていたのには頭が下がった。幸いなことに、私もメモをとることでは人後に落ちない。（中略）スポーツの世界であれば、どんな優秀な選手であっても、常にそれをトレーニングする有名、無名のコーチがいるのである。音楽の世界でもヨーロッパにはまだそれぞれにこれらをサポートする人々がいる。日本の若い世代の人達は、あれほどの才能と能力を持ちながら、あたら無駄に時間を費やして、いつか時間とともに入れ代わってゆくことの繰り返しはまことに残念なことである。」

　このような思いを持ち、若いピアニストたちの活躍を推進したいという願いを実現すべく、園田は、日本の優秀な若手を発掘し、自ら人選したコンサート「園田高弘が推薦する『旬のピアニスト』シリーズ」（トッパンホール）を主催すると共に、自分の作ったレーベル（Ｅ vica／ACCUSTIKA）で同シリーズ出演者たちのCDもプロデュースするなど、何人もの若い音楽家にバトンを渡した。

「私にとって、かねてより色々な機会に日本の次の世代の若い才能と遭遇する喜びは、大きいものがありました。しかし、彼らの道は、たとえ海外のコンクールに優れた成果を残しても、実に険しいのです。そんなピアニストたちを皆様にご紹介し、暖かく見守っていただける機会を作っていこうとこの企画をしました。」（同シリーズのプログラムより）

「園田高弘が推薦する『旬のピアニスト』シリーズ」（二〇〇一年十二月〜）は、春子夫人によって「シリーズPianists」として引き継がれた（〜二〇一二年）。二つのシリーズを合わせて全二十四回にわたり、二十五人のピアニストが出演した。出演順に紹介すると、川井綾子、青柳晋、岡田将、田山正之、高橋礼恵、平井千絵、田村響、松本和将、大橋雅子、三木香代、宮田理生、宮谷理香、杉目奈央子、中野翔太、福間洸太朗、江尻南美、村山卓洋、川島基、北村朋幹、大崎結真、髙橋望、ピアノデュオ・ドゥオール（藤井隆史&白水芳枝）、新納洋介、島田彩乃。それぞれ、当シリーズへの出演後も活躍している頼もしいピアニストたちである。

そして、以上のピアニストたちのなかの十五名が出演し、二夜にわたって開催された二〇一三年十月の「園田高弘メモリアル・コンサート」では、バッハ「平均律クラヴィーア曲集第2巻」（全二十四曲）と、ショパン「練習曲集」（op.10＆op.25、全二十四曲）が、一曲ずつ弾き継がれた。その熱演を聴いた筆者は、園田からのバトン・パスが着実に行われていると、実感することができた。

翌年、園田の没後十年の命日にあたる二〇一四年十月七日には、春子夫人の主催による「園田高弘没後十年メモリアル・コンサート」が、東京・目黒区の伊藤邸（旧園田高弘邸）で開かれた。園田の好きな曲のひとつだったというブラームスの「ピアノ五重奏曲」が、ピアノ・パートを三人のピアニストで（大崎結真、川井綾子、三木香代）弾き継ぐスタイルで演奏されたのである。なお、会場の旧園田高弘邸は、一九五五年竣工のオリジナル部分と、一九八七年の増築部分に分かれているが、このうちオリジナル部分は、当時東京藝術大学の助教授だった建築家、吉村順三（一九〇八〜九七）の設計による名作住宅であり、二〇一五年に「旧園田家住宅スタジオ」として国登録有形文化財となった。

同年十一月から翌年一月にかけては、春子夫人の監修により、「ピアニスト園田高弘没後十年を偲んで」と題する四回のシリーズが組まれ、杉目奈央子、高橋礼恵、仁上亜希子、田村響が、トッパンホールにおいてソロ・リサイタルを開催した。

二〇一三年から二〇一五年はじめにかけての、一連のメモリアル・コンサートのあと、これを限りに「園田メモリアル」が終了してしまうことを惜しむ声が多く聞かれ、二〇一五年から毎年十月に、春子夫人が構成・プロデュースする「園田高弘メモリアル・シリーズ」が開催されている。先に紹介した二十五名のピアニストのなかから、毎回数名が出演し、「ベートーヴェン撰集」「ドビュッシー／前奏曲集」「ショパン撰集」「ロマン派撰集」「フランス撰集」などが続いてきた。出演したピアニストたちは、このシリーズで互いに競演することが、刺激に、そして励みになっているようであり、演奏を聴くたびに、どの人も腕を上げていると感じられる。

晩年のリサイタルで楽屋を訪れたときの、「若い人たちの演奏も聴いてね」という言葉が思い出される。若い優秀なピアニストたちを支援したい、後進を育てたい、という園田の熱い思いは、ここに紹介したように、確かに受け継がれ、伝わり続けているのだ。

「園田高弘は（中略）豊増昇に師事、昨年の恩師の死までは演奏中心の活動をしていた。しかし、恩師の死でふと思いついたことは、自分が演奏家である間はいいが、後継者はどう育てたらいいのか、ドイツへ向かう飛行機の中でそればかり考えたという。」（一九七六年三月三十日、日本経済新聞、インタビュー記事より）

園田は生涯をかけて、自身のピアノ演奏芸術を極めるための努力を続けると同時に、活動の軌跡を実践的な形で残した。それまで日本の音楽界では、後世に形として残すという作業が、ほとんどなされていなかった。「日本人ピアニストで、系統立てて全集を録音する人は少ないが、僕も当初はそのような意図はなかった。しかし考えてみると、僕の先生である豊増昇、永井進、井口基成といったあれだけ音楽に造詣の深かった先生方の記録がほとんど残っていない。それで、自分の納得のいく音を残したいと考え、レコード制作にも真剣に関わるようになった」と、園田は言う。

「芸術というものは（中略）伝承で成り立っている。しかし日本では（西洋音楽に関しては）そういったことがあまりにも知られていない。伝承がないなかで、教育や評論がおこなわれている。ヨーロッパでは優れた演奏家の業績が養分となって、次の世代に生かされていくが、日本では、個々には素晴らしい人がたくさんいたにもかかわらず、そういう人たちの業績をきちんと評価し、伝承していこうとしない。自分たちの血のなかにないものを勉強しているのだから、なおさらそういう努力が必要なのだが、戦前から現在に至るまで、その積み重ねができていないと思う。」（『ピアニスト　その人生』より）

「百年ちょっとの間に、これだけ西洋音楽が津々浦々まで普及したことは、日本の音楽教育が成功したとみていい。ただ、普及させることに没頭してきたため、これを達成した後の目標を見失っており、それを求める風潮もない。まず、これを探すことです。」（一九九八年二月十七日、読売新聞夕刊、インタビュー記事より）

自身の師である豊増昇をはじめ、永井進、井口基成といった、日本のピアノ界の発展に貢献した人たちの記録がほとんど残っていないことを、園田は嘆き、それなら自分がやらなければならない、という強い意志を持つに至った。そして、その土壌を作るため、さらには自身の演奏芸術を伝承するために、コンサート活動を中心としながら、録音、楽譜の校訂・出版、コンクールの主宰、若手のコンサートの主催、若手のためのCD制作と、ほかの誰にもできなかった分野にまで及ぶ幅広い教育活動に、晩年まで熱意をもって挑み続けたのである。

多岐にわたるその精力的かつ実践的な教育活動の軌跡をたどることも、園田高弘という偉大なピアニストの再評価につながるはずだ。

V　ベートーヴェンとの長い旅

ベートーヴェンとの長い旅

ドイツのボンに生まれ、ウィーンで世を去った古典派の大作曲家、ルートヴィヒ・ヴァン・ベートーヴェン（一七七〇～一八二七）。園田高弘が生涯で最も多く演奏したのがベートーヴェンの作品であり、七晩から成るピアノ・ソナタ全曲演奏会を、二度にわたって開催した。しかも、二度目は東京と大阪で開催したので、ソナタ全三十二曲の演奏会は、実質三回成し遂げたことになる。一方、個々のソナタや変奏曲を、リサイタルでしばしば取り上げたほか、ベートーヴェン没後百五十年の一九七七年には特に、オール・ベートーヴェン・プログラムでのリサイタルも各地で開催した。

協奏曲については、内外のオーケストラの定期演奏会や特別演奏会でソリストを務めたほか、全五曲の二夜連続演奏会、さらに、一夜での三曲演奏会を開催している。

録音については、ソナタの全曲録音を三度、完成させた。三度目は変奏曲と小品も収めている。さらに、ピアノ協奏曲全五曲および三重協奏曲の録音も完成させた。

こうした全曲演奏会、全曲録音については、のちに挑戦する日本人ピアニストも何人か現れて、それぞれに成果を上げたが、先鞭をつけ、模範を示したのは園田である。

さらに彼は、ソナタ全三十二曲の校訂譜も出版した。

園田をこうした大プロジェクトに駆り立てたものは何だったのか。若き日々の軌跡からたどる前に、園田のベートーヴェン観を聞いてみよう。

ベートーヴェンの、「英雄的な側面の一方で醜い人間臭さを持ち、常に精神の浄化を求めていた姿」に、魅かれるという園田は、ベートーヴェンとその音楽の魅力について、折に触れて語ってきた。

「僕はいろんな音楽をやってきてみて、ベートーヴェンは音楽家として対決して一番難しい存在だと思うんですよ。」

「ベートーヴェンは、ピアニスティックじゃないんです。非常に弾きにくい。ショパン、リスト、ラフマニノフなどはずっと合理的に書かれています。ベートーヴェンが書きたかったものは、薄っぺらな外側だけのものではない。それを見極めるのにすごい時間がかかります。彼が何を言いたかったのか気づくまで相当時間がかかる。中期以降、音楽が変わっていきます。それから後のものというのは技術的な展開だけを探っていたのでは解決できない。その辺にロマン派の芽生えがあるといえるだろうし、ベートーヴェンを勉強していない人には、シューマン、ましてブラームスはわからないでしょう。」

「古典の集大成をしたのはベートーヴェンだと私は思っています。具体的にはソナタ形式を完成したし、音楽を構築することが創作の上で彼の至上命令だったのだろうと思います。その意味でベートーヴェンの業績をたどるのは音楽家の根源にかかわることだと考えます。（中略）ピアニズムから見ても楽器の発達の時代にいたわけで、ピアノが現在の形になったのはベートーヴェンの時代だし、ハンマークラヴィーアもできたし、その意味では特別の関心があり、それを踏まえたうえでロマン派にゆきたいわけです。」

「音楽に対する洞察力とか理解力・想像力が年と共に出てくる音楽がベートーヴェンだと思うね。（中略）古典では何よりベートーヴェンが一番難しい。音の数は決まりきって、主和音と属和音と進行もわかって簡単なパターンなんだけど、その奥に何があるかっていうのがいつも問題になるんじゃないかと思う。」

「『ソナタ』という形式ほど、ベートーヴェン的創造にふさわしい構成はないのであって、この一つ一つのソナタの堅牢で壮大な構築物の秩序ある構築に至る営々たるたゆまぬ努力と長い道のりこそは、ベートーヴェンの音楽の終局の目的であり、創造の勝利であり、王冠の獲得であるような感に圧倒される。その厳然と聳え立つ形式の構築物を通して、その背後に、その音響的構築の根底に、ありとあらゆる人間の浪漫的心情が、全ての喜怒哀楽が、そしてこの宇宙の森羅万象ことごとくを認識するとき、ベートーヴェンの創造について、人は神の意志をそこに見るような気持がしてくるのである。そして、これに匹敵しこれを凌駕し包括する感動は、まさにあの偉大なるバッハに於いてその源があることを知るのみである。」

「ベートーヴェンの音楽は、人間の不完全さからの脱却、その精神の苦しみと悩み、無限の愛への願望と慰め、運命との対決と調和、森羅万象と自己との対話、刻々の心霊の変化の顕現であって、年と共にますます理解を深めることが出来る稀有な音楽であろう。」

若き日のベートーヴェン体験～全曲演奏への道

子供のころにビクターの赤盤のレコードで、パデレフスキー（イグナツ・ヤン・パデレフスキー、一八六〇～一九四一）の弾く「月光ソナタ」（ソナタ第14番）を聴いたのが、ベートーヴェンの音楽との最初の出会いだったと、園田は記憶している。

やがて、本格的にピアノを習うようになった小学生のころには、毎月発売されていたシュナーベル（アルトゥール・シュナーベル、一八八二～一九五一）によるソナタ全集が、レコード店から一集ずつ届き、それを手にして聴いていた。

「ぼくが物心ついてベートーヴェンを一生懸命やっていた時に耳から（レコードで）入って、ベートーヴェンはすごいなあと思い、好きになっていったのは、シュナーベルの演奏ですね。

シュナーベルのベートーヴェンは、物心ついた頃から潜在意識としてあったのです。」

子供時代の園田が、最も愛着を感じたベートーヴェンのピアノ作品は、「32の変奏曲」と「テンペスト・ソナタ（第17番）」であり、ハイドンやモーツァルトとは違って、規模が大きく、内容も深く、難しいように思えて、驚嘆したという。

フランスに留学してロベール・カサドシュに師事した父・清秀と、来日していたユダヤ系ウクライナ人のレオ・シロタ。この二人に師事し、フランス流とロシア流の二つのメソッドの影響を受けた園田少年は、バッハやベートーヴェンといった古典よりも、ショパン、リスト、ラフマニノフといった、ロマンティックで、技巧的にも多彩な美しさを持つピアノ音楽に惹かれてゆく。同時に読書にもいそしみ、中学生のころから音楽学校在学中を通じて、手当たり次第に濫読をしたが、その内容もピアノでの興味と共通しており、ゲーテやシラーのような古典文学よりも、ケラーやハイネのようなロマン派文学、また、ルソー、モーパッサン、ゾラなどの自然主義文学を、愛読していた。

読書をするなか、岩波文庫の『ジャン・クリストフ』を手にしたことから、園田はロマン・ロラン（一八六六〜一九四四）と出会う。その代表作『ジャン・クリストフ』は、ベートーヴェンをモデルにした小説だが、ロランは、ベートーヴェン論も著している。園田は、音楽家ベートーヴェンの人間像を、ロランの叡智に満ちた解釈によって初めて知り、楽譜の背後にある奥深い世界に気づかされる。そして、楽壇にデビューして演奏活動を行うようになってからも、ロランによるベートーヴェンの作品研究を一言一句、噛みしめるように熟読し、「ベートーヴェンの音楽の精神的分析、作品構造への情緒的接近と解明」に、感動と興味を覚えたという。

園田は、一九五二年に初めてヨーロッパに渡り、パリでマルグリット・ロンに師事し、念願かなって本場でフランス音楽を学ぶことができたが、ベートーヴェンから遠く離れたように思えたこのとき、パリで思いがけずドイツ音楽の洗礼を受ける。それは、ヴィルヘルム・フルトヴェングラー（一八八六～一九五四）の指揮するベルリン・フィルのパリ公演を、聴いたことであった。

「今それを思い起こしても、その後あのような感動を、熱によって全身が焼き尽きるような激痛にも似た感動を、受けたことはなかったように思う。このとき、なんでもない和音が背骨に響き渡るように聞こえたことを、よく憶えている。これが契機となって、私の目も心も思考も、ドイツに向けて大きく向きを変え始めたのであった。」

この留学期間中、ピアニストでは、バックハウス、ギーゼキング、ケンプ、エトヴィン・フィッシャーの弾くベートーヴェンを、園田は聴いた。なかでも、「鍵盤の獅子王」とも呼ばれるヴィルヘルム・バックハウス（一八八四～一九六九）の、ゴツゴツした独特の奏法や、ベートーヴェンに対して正面から取り組む演奏スタイルには、ほかのピアニストからは得られない感動を覚えた。特に、中期の「熱情ソナタ（第23番）」や、後期の「ハンマークラヴィーア」（第29番）以降のソナタには、凄みがあったという。

「私がそもそもベートーヴェンを（ピアノ・ソナタを）全部弾きたいと思ったきっかけは、パリのサル・ガヴォーで、バックハウスが全曲演奏するのを間近に聴いた時なんです。もう感動を通り越して、ひとりの人間にこれだけのことができるのか、と思いました。」

そして一九五七年、再度渡欧して、今度はドイツに留学。リヒャルト・ワーグナー（一八一三～八三）の聖地バイロイトで、ワーグナーの楽劇四部作「ニーベルングの指環」を鑑賞したことは、園田にとって、「音楽家としての決定的な変貌」のきっかけとなった。

さて、ドイツ留学中の園田に、早々に公演の話が来た。しかし、リサイタルのプログラムは、ほとんどの場合、バッハ、シューマン、ショパン、リスト、ラフマニノフであった。本場のドイツでベートーヴェンを演奏することは、園田にとって恐ろしいことだった。つまり、ベートーヴェンを敬遠していたのだ。

そこへ、運命の偶然が訪れる。一九五九年一月、ベルリン・フィルの定期演奏会で、ベートーヴェンの代表作のひとつでもあるピアノ協奏曲第5番「皇帝」を、共演することとなったのである。演奏会は見事に成功し、「我々は、日本のピアニスト園田が、ベートーヴェンを如何に弾くべきかを我々に示すためにやってきたのではなかろうかという驚きにとらわれた」と絶賛された（一九五九年一月十四日、ベルリン・クーリエ紙）。「この演奏会がなかったら、私は演奏家として違った道を歩んでいたかもしれない」と、園田は回想している。

しかし、このように高い評価を受けても園田は、リサイタルに関しては、プログラムを変える自信は無く、やはりベートーヴェンを敬遠しがちだったという。ところが、またしても、運命を変える出来事が起こる。

ベルリン・フィルでの成功から七年後の一九六六年のこと、シュトゥットガルトの南ドイツ放送オーケストラのラジオ録音で、サン＝サーンスの「ピアノ協奏曲第4番」を演奏する機会があった。このとき、ハンス・ミュラー＝クライという老練な指揮者が、園田に対して突然、「日本人に一番遠い存在はベートーヴェンの音楽だろう」と、頭ごなしに言ってきたのである。二人が共演した当時の放送録音は、のちにCD化され、その因縁の演奏を聴くこともできる（CD「園田高弘／若き日の軌跡Ⅱ」に収録）。このとき園田は、「血が逆流するかと思えるくらい怒った」が、その怒りは逆に、「それまで鬱積してどうしてもぬぐい去れなかった優柔不断な態度を、一掃してしまった」という。そして、「まるで憑き物が落ちたように、目の鱗がはがれたように、これをきっかけとして、ベートーヴェンの音楽に対する恐れは、不思議なことに消え去ってしまった」のだった。

同時に園田は、ベートーヴェンへの興味をより高め、その音楽の追求に強く駆り立てられる。このときの屈辱が、ベートーヴェンを徹底的に探究したいと思わせたのだ。ベートーヴェンの音楽の持つ無限の問いかけが次々と現れてきて、それを解決するために園田は、ベートーヴェンとその音楽に関する文献をひもとき、楽譜の研究に没頭する。そして、リーツラーやセイヤーによる伝記をはじめ、リーマンによるソナタ分析論、ビューロー、ダルベール、シュナーベルによる校訂楽譜、シェンカーやロランによる研究書などを熟読するうちに、ようやくベートーヴェンの全貌が浮かび上がってきたような気がしたという。

「日本にいた頃は、ブゾーニの高弟だったレオ・シロタについて勉強をしていたし、その後はフランスへ行ってフランス音楽の洗礼を受けました。（中略）フランス音楽に心酔した時代もありました。その後ドイツへ行って、バッハやシューマンも勉強していくなかで、段々に、ピアニストとしてベートーヴェンと対決すべきだなっていう気持ちになったわけです。本場でシンフォニーやワーグナーなんかを聴くなかで、初めて、ドイツ音楽というのが日本人にとって非常に難しい音楽だと認識してね。パリでバックハウスの全曲演奏やケンプの演奏を目の当たりにしていたということも、影響していたとは思うけれど。そういう過程を経て、ベートーヴェンに行き着いたわけで（中略）。」

そして、一九六八年に、ピアノ・ソナタ全曲演奏会を七晩にわたって開催したのをはじめ、ソナタ全曲録音に三度も挑み、また、ピアノ協奏曲全五曲の連続演奏会を開催するなど、ベートーヴェン演奏の大きなプロジェクトに園田は挑んでゆくのである。

「ピアノ・ソナタ」全曲演奏・全曲録音

ソナタ全曲演奏とは

ベートーヴェンのピアノ・ソナタ全曲演奏会、全曲録音に取り組むことは、園田にとって「ベートーヴェンとの対決、厳粛なる祭典、挑戦」である。さらに彼は、次のように語っている。

「ソナタという堅牢な構築の中に、宇宙の現象から人間のロマン的な感情までぎっしり。これは汲めど尽きせぬ泉ですよ。」

「『バッハの四十八曲の平均律曲集が旧約聖書であるならば、ベートーヴェンの三十二曲のピアノ・ソナタは新約聖書である。』と云ったのは、有名なピアニスト、ハンス・フォン・ビューローであったと思うのだが、まことに、ベートーヴェンのピアノ・ソナタ全曲と取り組んでそれを連続演奏するということは、ピアニストにとって、常に荘厳な祝祭礼的な『理想』である。」

ソナタ全曲演奏会（一回目）

ベートーヴェン生誕二百年を迎える一九七〇年を前に、一九六八年四月～五月、一か月という短期に集中して、七晩にわたる「ベートーヴェン／ピアノ・ソナタ全32曲連続演奏会」を東京文化会館小ホールで開催。


第一夜（四月二十二日）　第1番、第12番「葬送」、第18番、第31番。

第二夜（四月二十四日）　第7番、第17番「テンペスト」、第25番、第27番、第28番。

第三夜（四月二十六日）　第3番、第10番、第15番「田園」、第19番、第20番、第21番「ワルトシュタイン」。

第四夜（五月十一日）　第2番、第9番、第16番、第22番、第23番「熱情」。

第五夜（五月十三日）　第5番、第8番「悲愴」、第14番「月光」、第24番「テレーゼ」、第30番。

第六夜（五月十五日）　第6番、第11番、第29番「ハンマークラヴィーア」。

第七夜（五月十八日）　第4番、第13番、第26番「告別」、第32番。

＝当時のインタビューから＝

「ベートーヴェンのソナタというのは、ピアニストにとっては（中略）一種の聖書であって、一生のうちのある時機に総決算したいという気持ちは、ピアニストとしては誰にでもあると思う。ただ（中略）全曲を勉強してステージにかけるということは、それ相当に、時間的・体力的・能力的な問題があり、また企画的にも非常に難しいということがあったわけです。私の場合、たまたま勉強の集積も出来たのでそれを機会にやったのですが、ただやるについては、（中略）短期間にまとめて連続で全曲演奏という形式をとりたかった。それは一つには、期間をおいて演奏するというのは、演奏する者にとっては、失礼だけど、非常に楽な訳です。それに聴く方にとってもずっと通して聴いた時、最初の印象が薄れてしまうと思う訳です。それを短期間にまとめてやるということは演奏の上で意義があると、それで集中的に七晩で演奏したのです。」

＝振り返って＝

「実はベートーヴェンのソナタ三十二曲のうち、当時は二十曲くらいしか知らなかった。二年かけて楽譜を読み込み、準備したんです。」

「形を整えることにきゅうきゅうとしていましたからね。初めて弾いたのが半分以上、それまでは三大ソナタも含めて十曲もなかった。で、三十二曲を頭の中に置いてみて、これは大変な作品なんだと感じたものの、とにかく演奏を続けることで頭がいっぱいでしたよ。」

ソナタ全曲録音（一回目）

日本人初の全曲録音（一九六八年～一九六九年録音、日本コロムビア。当時はLP、のちにCD化）。来たる一九七〇年がベートーヴェン生誕二百年、また日本コロムビアの創立六十周年ということで、二重の記念として企画されたものであり、七夜にわたる全曲演奏会（一九六八年）を終えて間もなく、スタジオ録音を開始。

当初、録音した順にLPとして一枚ずつ発売された。LPの演奏時間内に収まるように収録されており、連続演奏会の順序とは異なる。そして、全集としては、ベートーヴェン生誕二百年記念として、一九七〇年十二月二十五日に、LP十一枚組のボックスで発売され、講演を収めた特典盤一枚が付いていた（「ベートーヴェンのピアノ・ソナタについて」一九七〇年三月十四日、神戸日本楽器ホール）。

この全集には、分厚い別冊解説書が付いており、そのなかに、園田自身の執筆した楽曲分析が含まれている。全三十二曲のソナタについての、三百八十五点にも及ぶ園田自身の手書きの譜例が付いた、詳細な曲目解説である。手書きというのは、つまり、当時はコピー機が、身近なツールとして普及していなかった。写真は「ソナタ第23番『熱情』」の冒頭部分、第一楽章の二つの主題について、「この相反する二つの概念が、実は同一の律動動機（リズム動機）から出来ていることは、まことに驚嘆の他はない」との解説に付された、彼の手書きの譜例である（本書のカバーデザインにも用いた）。

全集は、のちにCD化されたが、CDでの曲順は、第1番から番号どおりの順序に編集されている。

＝当時のインタビューから＝

「今の時点では（一回目の全曲録音当時）、演奏と録音というものは根本的にやはり違うものではないかと私は考えています。生の演奏の時は偶発性というか、心が湧き出るような衝動にかられてやはり弾きまくる、それと色々技術的な問題も、多少、演奏会という場を借りて聴衆に訴える方が一つの創造として成り立つ。ところがレコードの場合は、色んな用途に――例えば勉強のためとか、比較対照とかいろいろに使われる。そのためにより正確に、原典に忠実にということが要求されて、原典をこういう風に読む、ベートーヴェンの作品をこういう風に解釈したい、それを忠実に出したいというのがレコード録音の場合、まず頭にありましたね。つまり演奏という衝動的なことでなくやはり学究的な態度で接したいと考えました。」

「勉強の過程から発見の連続だったし、演奏会とか録音の時点で楽譜を慎重に読み返し、だんだんまた自分のベートーヴェン像が変わっていくということもありました。」

「やっぱり私自身は自分のベートーヴェンを創りたいですね。注釈本とまではいきませんけれど…将来は自分の解釈というものを打ちたてたいと思います」と、当時語っていた園田は、その三十年後、全三十二曲のソナタの「注釈本」、つまり校訂版楽譜を完成させるのである。

＝振り返って＝

「ドイツ暮らしで時間のゆとりと静けさに恵まれていたためもあって、丸二年をかけて精魂を傾けてベートーヴェンの楽譜や資料を調べあげ、全力で録音に取り組むことができた。」

ソナタ全曲演奏会（二回目）および、全曲録音（二回目、ライヴ）

二回目の全曲録音（一九八三年のライヴ録音、LP、自主レーベル）は、東京（東京文化会館小ホール）と大阪（大阪厚生年金会館中ホール）で開催された各七晩の全曲演奏会からの、ライヴ録音として完成された。ヤマハの新設計のフル・コンサート・グランドピアノ「CFⅢ」を使用している。十三枚組のLPであり、全曲のCD化はされていないが、ベートーヴェンのいわゆる「三大ソナタ」として名高い第8番「悲愴」・第14番「月光」・第23番「熱情」の三曲については、園田の自主レーベル「Ｅｖｉｃａ」が発足して間もないころに、

CDとして発売された。

ライナーノートは、一回目と同じ解説・分析（但し、譜例は省略されている）に、「根源的な理念を求めつづけて」と題した一文を加えたもの。全曲演奏会のプログラム順に収められたライヴ録音であり、曲順は次のとおり。一回目のプログラムと見比べても興味深い。後述するように、調の関連性を含めて、園田のこだわりを反映したプログラム構成となっている。

第一夜　三月九日（東京）・五月十七日（大阪）◇第1番ヘ短調、第12番変イ長調「葬送」、第6番ヘ長調、第22番ヘ長調、第23番ヘ短調「熱情」。

第二夜　四月十三日（東京）・五月三十日（大阪）◇第2番イ長調、第9番ホ長調、第10番ト長調、第24番嬰ヘ長調「テレーゼ」、第28番イ長調。

第三夜　五月十一日（東京）・六月六日（大阪）◇第3番ハ長調、第7番ニ長調、第16番ト長調、第21番ハ長調「ワルトシュタイン」。

第四夜　六月十三日（大阪）・六月十八日（東京）◇第13番変イ長調、第14番嬰ハ短調「月光」、第15番ニ長調「田園」、第19番ト短調、第20番ト長調、第31番変イ長調。

第五夜　九月十四日（東京）・十月二十五日（大阪）◇第17番ニ短調「テンペスト」、第18番変ホ長調、第26番変ホ長調「告別」、第27番ホ長調、第30番ホ長調。

第六夜　十月十七日（東京）・十月三十一日（大阪）◇第11番変ロ長調、第29番変ロ長調「ハンマークラヴィーア」。

第七夜　十一月七日（大阪）・十一月九日（東京）◇第5番ハ短調、第4番変ホ長調、第8番ハ短調「悲愴」、第25番ト長調、第32番ハ短調。

「園田高弘／ベートーヴェン：ピアノ・ソナタ全曲シリーズ」と題されたこの演奏会は、夏を避けて、のべ八か月にわたった。会場は東京と大阪の二か所であり、実質二回の全曲演奏会を開催した、つまり園田は、通算三度のソナタ全曲演奏会を成し遂げたことになる。さらにいえば、二度目の全曲録音はライヴと兼ねて行われたが、一度目は演奏会とは別のセッションで録音されているから、ソナタの全曲演奏そのものについて園田は、合計四回にわたって遂行したことになる。

その壮挙は、日本人ピアニストでは園田が初だろうと筆者は思っていたが、二〇一六年に刊行された『ピアノの巨人／豊増昇』（小澤征爾・小澤幹雄／編著、小澤昔ばなし研究所）によれば、園田の東京音楽学校時代の師・豊増昇も、生涯のうちに四度ほど全曲演奏会を開催したという。同書の年譜によれば、豊増がソナタ全曲演奏会を開催したのは、一九四一年（明治生命講堂）、一九五七年（東京）、一九五八年（大阪）、一九六九年（東京文化会館）である。

一方、園田のライヴ盤の方は、もちろん日本人初の、二度目のソナタ全曲録音という壮挙である。長年にわたる国際的な演奏歴を持つ園田の、音楽に対する真摯な姿勢と充実した内面性、構築性が集約され、明快な音色で時に力強く、時に抒情豊かな、生き生きとした演奏だ。全七回のライヴ（東京）を筆者は聴いたが（P118〜119「鑑賞記録」参照）、その演奏会で受けた強烈な印象を、如実に伝える録音である。なお、拍手やノイズをできるだけ除いて、スタジオ録音に近い形で編集されている。

＝当時のインタビューから＝

「（一回目の全曲演奏会と全曲録音では）ベートーヴェンに挑みたい、研究して跡づけしたい、という意図だった。だが終わってから、欲が出た。もっと核心に迫った振幅の大きい演奏をしたい。私が演奏家として活躍できるのも、あと十年くらい。いまのうちに、きちんと自分の音楽を完成させておきたい。」

「常に新しい発見がありますね。（中略）演奏にかけている間にだんだん自分の考えも変わってくる、深まってくる。それまでの（自分の）演奏に対する批判も、だんだん回を重ねていくと出てきて、（中略）だから、演奏会が終わると常に始めからやり直したいと思いますけどね。」

「私は前に一度連続演奏会をやった経験もありますけれども、（中略）前にやったことに対する批判も自分の中にはあるし、その意味で一度総決算として演奏会とそのライヴ・レコードを作ってみようと思ったわけです。（中略）この前の連続演奏会をやってから二〜三年はほとぼりをさまして、それがさめた頃に考えも変わってきて、また改めて企画したいということで、結局十五年かかってしまったわけです。この先十五年経つと、七十過ぎになるから、果たしてそれが可能かどうかは分からない。」

しかし、園田は可能にした。このあと、三度目の全曲録音を、七十歳になる少し前に完成させるのである。

＝振り返って＝

「（一回目の録音では）細部まで徹底的にこだわりぬいた（中略）、そこで次はどうしてもライヴ録音をやりたいと思うようになった。ライヴ録音は、始まったからには途中で何があっても最後まで行かなければならない。いろいろ不満もあるが、ライヴの一発勝負の勢いにはやはり魅力がある。」

「二回目は、（ソナタの）初期、中期、後期と、様式的な違いを自分の中で区分けが出来るようにもなり、それらの面でも少しずつ修正していったという過程がある。」

「ライヴならではの臨場感、緊迫感への挑戦だった。東京と大阪で、ほぼ一年かけてのライヴだったので、（まとまった回数を終えると）そのつど前回の演奏に不満が残った。」

＝今回のプログラム編成に見るベートーヴェンの「根源的な理念」＝

ライヴ録音と並行して開催された、この二回目の全曲演奏会、全七夜のプログラムを、園田は自ら、次のように組み立てていった。一から始めるつもりで、一回目のプログラム編成は見ずに、白紙を短冊のように横長に切り、ソナタを一曲ずつ記入して、机の上に並べた。そして、第1番から始めて第32番で終わることと、どの日にも魅力のある中心となるべき曲目を置くことを決めたうえで、試行錯誤しながら組み立てた。完成したときに園田は、「一晩ずつのプログラムが表している、或る象徴的性格」に気づいて驚嘆する。それは、「ベートーヴェンの音楽に内在する『根源的な理念』とも云うべきもの」であったという。

「ベートーヴェンは、作品創造の過程にあっては、常に類型的な同じ作品を書いていない。それぞれの楽曲はいつも新しい創造の試みであった。にも拘らず、彼の創造の世界の中には、終生追い求めることとなったいくつかの『楽想の母体』と『音楽的観念』があったと思われる。（中略）ベートーヴェン自身はこれら全てのものを包括して、『征服するものと懇願するもの』或いは『男性的なものと女性的なもの』と云ったように、作品の中に二元的考察概念を好んで対峙させたのだが、これらの音楽的思惟は、調性の驚くべき確実な選択によって表明されている。ベートーヴェンはこのようにして、ハ短調、ヘ短調、変ホ長調、変イ長調、イ長調、ニ長調、ニ短調、ハ長調を好んで使用したのであり、作品はその調性を軸として、各楽章が、主題が、動機各々が、相互に惹き合っているのである。」

一回目の連続演奏会と全曲録音のときに、各作品について細かく比較検討した跡は、園田自身の執筆した曲目解説と楽曲分析に反映されていたし、また、それと並行して、作曲家の諸井誠と、ベートーヴェンのピアノ・ソナタについての往復書簡を「音楽芸術」一九六九年一月号〜十二月号に連載した。これは単行本『ベートーヴェンのピアノ・ソナタ〜分析と演奏』として、一九七一年に音楽之友社から刊行されている。そうした研究を通して、ベートーヴェンは終生変わらぬ一つのイデー（理念）を持っていた、という考えが、園田のなかでまとまっていた。

この、いわばベートーヴェンの根源的イデーには、いくつかのパターンがあると、園田は分析し、今回のプログラム編成において、その特色を前面に出した。具体的に第一夜〜第三夜を例にとると、まず、第一夜は、第1番ヘ短調、第12番変イ長調「葬送」、第6番ヘ長調、第22番ヘ長調、第23番ヘ短調「熱情」。ヘ短調に始まり、その関係調を巡って、同じヘ短調で終わるなかに、ベートーヴェンにおけるデーモン、魔神、パトスといった、「熱情ソナタ」に象徴されるイメージが浮かび上がる。第二夜は、第2番イ長調、第9番ホ長調、第10番ト長調、第24番嬰ヘ長調「テレーゼ」、第28番イ長調。イ長調に始まりイ長調に終わるこの五曲の連環は、抒情的あるいは女性的とも言えるグループである。第三夜は、第3番ハ長調、第7番ニ長調、第16番ト長調、第21番ハ長調「ワルトシュタイン」。ハ長調に始まって、同じハ長調の第21番「ワルトシュタイン」を頂点とする、壮大な宇宙的な規模を感じさせる音楽に向かってゆく。

各回のプログラムは、それぞれのパターンのなかでの年代的な変貌を捉えていきたいという園田の希望により、初期の作品を一曲目に置いたあと、年代順に並べられた。そして図らずも、「ベートーヴェンの異なった楽想あるいは理念を象徴するように、ソナタ群が集合してしまった」ことに、園田は感動すると同時に、「不思議な経験でしたね」と、驚きを隠せなかった。

ソナタ全曲録音（三回目）と「完成記念演奏会」

ベートーヴェンのピアノ・ソナタ全曲録音を三回完成させたピアニストは、世界的にもほとんど例がない。いずれも園田と同世代のピアニストで、フリードリヒ・グルダは二十代・三十代の若いうちに三度録音し、アルフレッド・ブレンデルは三十代・四十代・六十代に全曲録音を行っている。最近では、コロナ禍となってしまった二〇二〇年のベートーヴェン・イヤー（ベートーヴェン生誕二五〇年）に敢えて全曲録音に取り組んだ、ダニエル・バレンボイム（一九四二〜）がいる。彼の全曲録音は、映像収録も含めると実に五回目であり、さらに、この五回目の全曲録音の映像版も出された。

園田の三回目の全曲盤（一九九三年〜一九九六年録音、自社制作、自主レーベルのCD）は、ソナタ全三十二曲のほか、変奏曲七曲と、バガテルやロンドなどの小品八作品も、あわせて収録している。なお、このなかで「エリーゼのために」と「ディアベリ変奏曲」についてでは、日本コロムビアでの録音もあった（前者は一九六九年の「アンコール・アルバム」所収、後者は一九七一年録音）。

三年間に全十二枚のCDとして完成されたその全集の内訳は、次のとおりであり、このなかで、ソナタ第29番「ハンマークラヴィーア」ほかを収めた第5集は、平成八年度の第三十四回レコード・アカデミー賞（日本人演奏部門）を受賞した。


第1集◇ソナタ第16番、第17番「テンペスト」、第18番。

第2集◇『エロイカ』の主題による15の変奏曲とフーガ」op.35、ソナタ第15番「田園」、「自作の主題による六つの変奏曲」op.34。

第3集◇ソナタ第13番、第14番「月光」、第24番「テレーゼ」、第27番、第28番。

第4集◇ソナタ第30番、第31番、第32番。

第5集◇ソナタ第29番「ハンマークラヴィーア」、第11番。

第６集◇ソナタ第23番「熱情」、第26番「告別」、「幻想曲」op.77。

第７集◇ソナタ第４番、第８番「悲愴」、第12番「葬送」。

第８集◇ソナタ第21番「ワルトシュタイン」、第22番、「二つのロンド」op.51、「アンダンテ」へ長調WoO.57、「11の新しいバガテル」op.１１９。

第９集◇「ディアベリのワルツによる33の変奏曲」op.１２０、「六つのバガテル」op.１２６。

第10集◇ソナタ第１番、第２番、第３番。

第11集◇ソナタ第５番、第６番、第７番、「自作の主題による32の変奏曲」WoO.80、「六つの変奏曲」op.76、「ポロネーズ」op.89。

第12集◇ソナタ第９番、第10番、第19番、第20番、第25番、「ドレスラーの行進曲による九つの変奏曲」WoO.63、「パイジェルロの『うつろの心』による六つの変奏曲」WoO.70、「エリーゼのために」WoO.59、「六つのエコセーズ」WoO.83。


以上十二枚のCDのライナーノートも、園田自身が書いており、第一回の録音でのものを改編した内容に、ソナタ以外の楽曲に関する文章を新たに加えている。

ここに聴く演奏は、各曲とも、ゆるぎない構築でまとめられ、園田の豊かなキャリアを物語る円熟味が滲み出ている。さらに、今回三回目の録音に際して、彼は特に、テンポ、強弱、繰り返しなどの解釈を再検討し、その成果を演奏に如実に示した。といっても、解釈を変えて奇を衒うという意味ではない。たとえば、譜面に記された「アジタート（興奮して）」や「コン・ブリオ（元気に）」等の指示を強調するために、鍛錬を重ねたうえで、より勢いのある動きで表現している。第8番「悲愴」は、そうした解釈再検討の成果ないし相違が、特に顕著に表れた演奏のひとつとして注目される。このソナタの冒頭の和音には「フォルテピアノ（fp）」の指示があるが、現代のピアノでは、同じ音のなかでは一瞬のうちに強弱を変えられない。それを園田は、タッチ、ペダル、録音に工夫を加えることで実現させた。また、第1楽章提示部の繰り返しについては、従来のように「アレグロ」の部分からではなく、冒頭の「グラーヴェ」の序奏にまで戻っている。その経緯や資料については、園田自身がCDのライナーノートに記しているが、ルドルフ・ゼルキンもこれを唱え実践した一人である。

園田は常に真摯かつ厳しい姿勢で、演奏家としてのさらなる向上を図ってきた。今回三度目の全曲録音にも彼の不断の努力が反映され、その演奏は、一人の作曲家の作品に長い年月をかけて取り組むことの意義を改めて考えさせる。

＝三回目のソナタ全曲録音～進行中のインタビューから＝

「（三度目の挑戦の理由について……）作曲家ベートーヴェンが生涯をかけてピアノに親し

みをもって、ピアノを通じてソナタ形式を開発し、ソナタ形式を完成させ、シンフォニーを作り、その頂点から後期のソナタにだんだん移行していく。つまり後期の楽曲、そこには弦楽四重奏曲も、また第九交響曲も含まれるわけだけれど、そういうふうに総括的にベートーヴェンを捉えようとする興味が、年とともに深まってきたし、また理解できるようになったんです。何といったってベートーヴェンよりも長生きもしてきたしね。そろそろ晩年のベートーヴェンの心境もわかるようになった。」

「以前は（一度目は）若気の至りで細部をよく見ていなかったり、次は（二度目は）修正に努めたり、試行錯誤の繰り返し。今度は改めて曲を掘り下げ、己に磨きをかける。」

「その後（二回目の全曲演奏の後）、ドイツにいる間にロマン派の作品も勉強しましたからね、シューマン、そしてブラームス、彼らの作品を知ることでまたベートーヴェンに新たな目が開けてきた。それからモーツァルトやハイドンにも手を伸ばして、また違う側面が見え始めた。（中略）でもね、音楽に対する情熱は初めからまったく変わっていないし、姿勢も変わっていないんです。時代とともに移ろい変わったとは思わない。」

「(三回目については、）二回目の後ＬＰからＣＤの時代になったので、ＣＤで（録音を）残したいと思った。さらに資料をひもといて勉強を重ねた。いかに知らないことが多いか分かった。私もベートーヴェンを越える年齢になって、ベートーヴェンの音楽に対しても人生に対しても、洞察や推測が出来るようになった。」

「ＣＤの時代になって、やはり録音技術が格段に違うこともあり、もう一度、第三回目の全集を作ろうと思ったわけです。」

＝三度にわたる全曲録音を終えて＝

「最初の全曲演奏会とレコーディングをして、さらに諸井誠さんとの対談を本にまとめたり（『往復書簡～ベートーヴェンのピアノ・ソナタ／分析と演奏』）……と、当時も持論はあったけれども、今思えば（第一回の全曲録音当時は）まだやっと入口に到達した、という時期だったんだと思います。それ以降に自分のなかで切磋琢磨が始まって、振り返れば録音も三回もしているけれども、まだ到達していないというか。未だに発見があるし、わからないところもたくさんある。」

「初めのレコーディングのころは、ベートーヴェンの作品を全部知っているわけではありませんでした。一回目の録音が終わると自分の気に入らないことがたくさんあって、それを契機に勉強を始めて、二度目はライヴの録音をしました。その間十年、十五年経っていますが、それからまたさらに年月を重ね、ベートーヴェンより長生きして、この辺で自分としての総決算を、ベートーヴェンの作品の演奏で記録しておきたいと思ったわけです。」

「二度目のソナタ全集が完成したが、それでも、時間をおいて客観的に聴いてみると、反省も出てくるし、新しいアイデアも湧いてくる。（中略）そして、『もう一度挑戦したい』という気持ちが強くなった。幸いにもLPからCDへの移行期にあたり、この機会にベートーヴェンだけでなく、他の作曲家の作品もデジタルの新技術で録音し直そうと考えた。」

「『エヴィカ』レーベル（園田夫妻たちが興した会社の自主制作レーベル）の録音はすべて櫻井卓さんが担当している。諸井誠さんから『いい人がいる』と紹介された櫻井さんは、ドイツでトーンマイスター（音響主任技師）の資格を取得したエンジニアだ。（中略）ある意味で録音とは一種の芸術なのだ。それを、僕と櫻井さんは、演奏家とエンジニアというそれぞれの立場から、喧々諤々の議論をしながら追究してきた。」

第一回の全曲演奏会および全曲録音では、「徹底的に細部までこだわり抜いたが、その分、一点一画に神経が流れてしまった」。そこで、次は演奏をライヴ録音してはどうかと思い、第二回の全曲演奏会を録音をすることとなり、「東京と大阪で演奏会を開いて、録音していったが、最終的にはこれもクオリティの問題がクリアしなかった」。そして三回目は、「全曲を通しての構成がやっと見えてきて、自分の求めるベートーヴェンが表現できるのではないかと思った」と、園田は総括している。

そして、この三回目の全曲録音が、「日本人が到達した一つのベートーヴェン像というものに値する成果」と評価されたことにより、園田は一九九七年三月、第二十八回（一九九六年度）サントリー音楽賞を受賞した。受賞の言葉のなかで園田は、「最後まで現役でありたいという、燃えるような願望を抱いている」と述べた。

＝完成記念リサイタル＝

三回目の全曲録音の「完成記念リサイタル」が、一九九六年十一月二十九日と三十日に、東京・紀尾井ホールで開催された。三十二曲のソナタだけではなく変奏曲やバガテルなども含む録音だったことから、リサイタルにおいても、変奏曲を含むプログラムが組まれた。

第一夜　ソナタ第13番・第14番「月光」、「ディアベリの主題による変奏曲」。

第二夜　ソナタ第８番「悲愴」・第15番「田園」・第21番「ワルトシュタイン」・第32番。

二夜ともに、自身のピアノ演奏芸術をきわめるため、さらなる向上を目指すための、園田の鍛錬の跡と厳しい姿勢が表れていた。ひとつの作品について長い年月をかけて取り組むとはどういうことかを、改めて考えさせられた。

「ピアノ協奏曲」全曲演奏会・連続演奏会

園田は、ベートーヴェンの「ピアノ協奏曲」全五曲を個々に演奏するにとどまらず、大きなプロジェクトとして、全曲演奏会、および、二曲ないし三曲の連続演奏会にも挑戦し、成功を収めた。

ベートーヴェン没後百五十年の一九七七年、九月十二日と十三日に、ピアノ協奏曲全五曲の二夜連続演奏会を、大阪市のフェスティバルホールで開催。共演は朝比奈隆指揮、大阪フィル。第一夜に第2番・第3番・第4番、第二夜に第1番・第5番という連続演奏である。全五曲を二夜にわたって演奏した日本人ピアニストとしては、園田の東京音楽学校時代の師・豊増昇が、一九七〇年の五月十四日（日比谷公会堂）と六月一日（東京文化会館）に開催したが、二夜連続で演奏したのは園田が初めてである。大きなプロジェクトに意欲満々の園田のソロは、オーケストラを圧倒する威力を印象づけた（P１０２～１０３「鑑賞記録」一九七七年九月十二日・十三日参照）。

これより先、同じ一九七七年の三月二十七日には、協奏曲第1番・第2番・第3番を、旧東ドイツのドレスデンで一晩で演奏した。同年二月に旧東ドイツに渡った園田は、ベートーヴェン没後百五十年を記念して七回の演奏会を開いたが、その公演先のひとつのドレスデンで、ヘルベルト・ブロムシュテット指揮、ドレスデン・シュターツカペレと、三曲を共演したのである。ちなみに、このときは、ドレスデン市主催のベートーヴェン没後百五十年記念演奏会として、二人のピアニストが弾き継ぐ形で協奏曲の連続演奏会が開催されたが、第4

番と第5番のソリストは、エミール・ギレリス（一九一六〜八五）であった。ギレリスが先に三月二十五日に登場し、ベートーヴェンの命日（三月二十六日）をはさんだ二十七日に園田が登場したのである。

さらに翌年、一九七八年には、協奏曲三曲（第3番・第4番・第5番）を、東京で一晩で演奏した（一九七八年三月二十日、東京文化会館、森正／東響）。

最多演奏回数の協奏曲第5番「皇帝」

園田は、ベートーヴェンの「ピアノ協奏曲」全五曲および「三重協奏曲」の各曲を、内外のオーケストラの定期演奏会や特別演奏会で、たびたび演奏した。そのなかで最も回数の多いのが、第5番「皇帝」である。この曲は、園田が生涯で最も多く演奏したピアノ協奏曲でもある。

ベートーヴェンの五曲のピアノ協奏曲のなかで、変ホ長調の第5番（op.73）は、特にスケールが大きく、古今のピアノ協奏曲の名作中の名作として親しまれている。曲が演奏されたときに、会場にいたフランス軍の士官が「皇帝だ！」と叫んだことから、「皇帝」と呼ばれるようになった、というエピソードが伝えられている。全3楽章から成るこの作品では、第1楽章の豪華なオープニングや、変ホ長調の曲としては意外なロ長調で書かれた第2楽章の導入部などが注目されるが、これについて園田は、次のように語っている。

「第1楽章冒頭、いきなりオーケストラの主和音・属和音しか鳴らないところにピアノ・ソロが登場しますが、しかしこれを単なるカデンツァ（ソリストが技量を発揮する華やかな部分）だと解釈して演奏すべきではない。ベートーヴェンは初めの数分で作品のプランを提示したわけです。」

「第5番は、たくさん弾いています（中略）けれど、音楽の構造を考えるようになって、この協奏曲でカデンツァを一番初めに持ってきているのはどういうことか、ベートーヴェンは何を言いたかったのだろう、と考えるようになってから、やっぱり演奏は変わってきました。（中略）剣士ならば、刃を抜いてパッと構えた時の気迫があるでしょう、そういうものが演奏に出てこなければうそだと思うんです。ベートーヴェンは最初のカデンツァでそれをやりたかったのではないかな、と思っています。」

「第2楽章はロ長調で、第1楽章の変ホ長調の関係調として三度下の変ハ長調にロ音を読み替えられます。実はロ長調ならではの荘厳さがある。従来ピアニッシモ、エスプレッシーヴォとだけ書かれていたピアノの導入部に、欄外にデンメルント（ほの暗く）と書き記されているのが新原典版（新しいヘンレ版）で明るみに出てきた。第2楽章、弦楽器がコン・ソルディーノ（弱音器を付けて演奏する）で始まる冒頭はまだ夜明け前の丑三つ時で、次第に夜が白んでくるわけで、ピアノはキラキラ歌うべきではない。最後にピッツィカートを合図に第3楽章の主題が夢のように予告され、人生を謳歌するその主題が高らかに歌われるのです。」

園田が一九九八年九月四日、東京都響の定期でこの曲を演奏したときのこと（P140「鑑賞記録」参照）、指揮の高関健から、新しい原典版としてのヘンレ版スコア（総譜）を使用すると聞いて、興味を示し、自身も演奏に用いたという。このことは演奏会の翌日、園田に筆者が電話で問い合わせて確認した。従来の版との大きな相違としては、第2楽章が4分の4拍子ではなくアラ・ブレーヴェ（2分の2拍子）であることや、同楽章冒頭で独奏ピアノが入るところに、「ほの暗く」「まどろんで」あるいは「しらじらと夜が明けそめる」といった意味の「デンメルント」（独）という指示が注目される。なお、指揮者の高関は後年（二〇一三年四月十八日）、東京フィルの第七十七回東京オペラシティ定期シリーズでこの協奏曲を取り上げたとき、プログラム冊子に掲載された鼎談において、この「デンメルント」の指示を知った園田が当時大いに喜んでいた、と回想している。さらに、一九九九年のN響定期出演を前に受けたインタビューで、園田は、「自筆譜の研究によって、印刷譜に書かれなかった作曲家の手書きの指示が新たに発見されたりすると、長年弾いてきてよく分からなかった部分が、ああ、こう弾けばいいんだ、と分かったりするんです」と述べていた。今回の「デンメルント」は、まさにその喜ばしい発見のひとつだったのだ。

海外での協奏曲演奏歴

園田は、ドイツを拠点に活動していた一九五〇年代～七〇年代、ベートーヴェンのピアノ協奏曲をヨーロッパでたびたび演奏した。一九七七年に日本で全曲連続演奏会を開くにあたり、その海外演奏歴について、プログラム・ノートのなかで回想している。

まず、とりわけ忘れ難い思い出として語っていたのが、「ピアノ協奏曲第5番変ホ長調『皇帝』」を演奏してベルリン・フィルの定期演奏会にデビューしたことである。一九五九年一月十三日と十四日、ベルンハルト・コンツ指揮ベルリン・フィルとの、この曲の演奏が高く評価されたことにより、園田の国際的な名声は決定的なものとなった。一月十四日のベルリン・クーリエ紙では、次のように絶賛されている。

「彼の『皇帝』は、まるでこの曲が初演されているような印象を与えた。節度の保たれた情熱と、内に秘められた深遠さによって、曲には偉大な力強い効果が与えられ、われわれが今までどんなにしばしばこの曲を不充分な演奏で我慢して聴かなければならなかったかということを、今更のように知らされた。我々は心の底でおののきながら、次のようなことを考えた。一人の日本人がドイツ人たちに、ベートーヴェンをいかに弾くべきかを示すようになってしまったのではあるまいかと（中略）。」（Dr.クルト・ヴェストファル）

なお、このベルリン・フィル・デビューでの指揮者は、本来はヴィルヘルム・シュヒター（一九一一～七四）の予定だったが、病気のため、ベルンハルト・コンツに代わった。その後シュヒターは、N響の指揮者として来日し、園田をソリストとして、同じ一九五九年の三月二十四日・二十五日・二十六日にブラームスのピアノ協奏曲第1番を、翌一九六〇年の四月十一日・十二日・十三日にラフマニノフのピアノ協奏曲第3番を共演した。いずれも三日間連続の定期演奏会であり、しかも後者は、プログラムの前半がショスタコーヴィチの交響曲第5番、後半がラフマニノフのピアノ協奏曲第3番と、共にニ短調の重い作品が並んだうえに、協奏曲が後半に置かれるという、異例にしてハードな演奏会であった。

そのほか、この第5番「皇帝」は、人気の高い協奏曲だけに、ヨーロッパでも演奏する機会は多かった。たとえば、アンドレ・クリュイタンス（一九〇五～六七）指揮、ウィーン交響楽団と、一九六〇年二月十六日～十八日にウィーン・ムジークフェラインで共演している。

また旧東ドイツでは、ロルフ・クライネルト（一九一一〜七五）指揮、ベルリン放送交響楽団と共演した。一九五九年にはポーランドのワルシャワで、ヴィトルド・ロヴィツキ（一九一四〜八九）指揮のワルシャワ・フィルとも、「皇帝」を共演した。

「ピアノ協奏曲第4番ト長調」は、園田には奇縁のある協奏曲である。そもそも彼が二度目の渡欧をし、やがてドイツを拠点に活躍するきっかけとなったのは、ヘルベルト・フォン・カラヤン（一九〇八〜八九）が、一九五四年（昭和二十九年）に初来日してNHK交響楽団を指揮したとき、この協奏曲のソリストが園田だったことである。共演を通じて、カラヤンは園田に、ドイツに渡ることを強く勧め、一九五七年に園田が二度目の渡欧をするにあたって、推薦状を書いてくれた。一方、カラヤンとは全く対照的な芸風の持ち主でありライバルでもあったセルジウ・チェリビダッケ（一九一二〜九六）とも、園田はこの第4番をたびたび共演した。一九六四年十一月二十九日にストックホルムのラジオ交響楽団と共演したのをはじめ、一九六五年十一月にはヴェニスでイタリア放送交響楽団と共演し、さらに、ミラノ、トリノでも、チェリビダッケとはこの第4番での共演が続いた。

ちなみに、園田がチェリビダッケと出会ったきっかけは、N響の初の海外公演にソリストとして同行した一九六〇年九月、ミラノ・スカラ座で弾いたベートーヴェンの、このときもやはり協奏曲第4番を（指揮は岩城宏之）、チェリビダッケが聴いていたことだった。そして、一九六一年十月、園田はチェリビダッケと、ブラームスの協奏曲第2番で初めての共演を果たし、以後たびたび共演することとなる。

ベートーヴェンのピアノ協奏曲第1番・第2番・第3番については、三曲を連続して旧東ドイツのドレスデンで演奏したことを、先に紹介した。ほかに、個々の演奏歴で園田が思い出として語っているものは、「ピアノ協奏曲第3番ハ短調」については、オットー・マツェラート（一九一四〜六三）指揮、ベルリン・フィルとの共演がある（一九六一年六月、ベルリン・フィル定期）。マツェラートはこの後、読響の指揮者として来日し、読響の記念すべき第一回定期演奏会で、ブラームスの協奏曲第1番を園田と共演した（一九六三年九月十九日、東京文化会館）。しかし、マツェラートはこの年、病気のため日本で亡くなった。

「ピアノ協奏曲第2番変ロ長調」は、日本では演奏される機会が少ないが、ヨーロッパでは、小編成の愛らしい作品として、好んで演奏される。ドイツの小都市の演奏旅行で、園田は何度かこの曲を演奏した。たとえば一九七〇年五月八日、ハンス・マルティン＝シュナイト指揮、ヴッパータル市立交響楽団との共演がある。

「ピアノ協奏曲第1番ハ長調」は、意外と長いためか、演奏される機会は多くないが、園田は、ミラノで小編成のオーケストラと共演したことがある（一九六三年十一月、ルチアーノ・ロサダ指揮、アンジェリコ・オーケストラ）。

さて、園田は一九七七年、朝比奈隆指揮の大阪フィルとの二夜連続演奏会の開催によって、大阪市でベートーヴェンのピアノ協奏曲を五曲とも演奏することとなったが、海外では、旧東ドイツのドレスデン市でも、その全曲を、別々の機会ではあるが演奏しており、この二都市との縁を、喜びをもって回想している。

「演奏経歴が長くなると、独奏者と演奏会の行われる都市とは、偶然とでも云うような不思議なご縁が生じることがある。実に、私は（旧）東ドイツのドレスデン市との関係がそれである。」

園田は一九六一年に、オットマール・スイトナー指揮、ドレスデン・シュターツカペレと、ブラームス「ピアノ協奏曲第1番」、ベートーヴェン「ピアノ協奏曲第5番」、別の日にブラームス「ピアノ協奏曲第2番」、という大変な演奏会を、続けて開催したことがあった。その後、今度は一九七五年一月二十五日〜二十六日に、ベートーヴェンの第4番をギュンター・ヘルヴィッヒ指揮、ドレスデン・フィルと共演した。そして、一九七七年に再びシュターツカペレと、ベートーヴェンの没後百五十年記念演奏会で、ヘルベルト・ブロムシュテットの指揮で第1番・第2番・第3番を演奏したのである。

「つまり、ひとつの都市で、ベートーヴェンのピアノ協奏曲を全曲演奏したことになったわけで、この嘗てはドイツ中で最も美しい町として知られ芸術文化の伝統に栄えたドレスデン市とは、浅からぬご縁と思うわけである。」

「そして全く同じような不思議なご縁が大阪市、大阪フィルハーモニー及び朝比奈隆氏とも出来て、昨年の（一九七六年五月十四日）ブラームス二大ピアノ協奏曲の演奏会に続いて、今回（一九七七年九月十二日・十三日）ベートーヴェンのピアノ協奏曲全五曲を二晩で演奏することになったことは、自分ながらこの偶然に驚いている。」

協奏曲全集の録音

ベートーヴェンのピアノ協奏曲のなかで、第5番「皇帝」については、園田にはLP時代の録音（近衛秀麿指揮、日本フィル、一九七〇年録音、日本コロムビア）もあった（のちにCD化）。

その後、内外のオーケストラと全五曲の協奏曲をたびたび演奏してきた園田は、七十歳を迎えた年から、満を持して、その全曲録音に取り組む。大山平一郎指揮、九州交響楽団と組んで、一九九九年~二〇〇一年に、ベートーヴェンのピアノ協奏曲全集をリリースしたのである。この全三集のCDには、「ピアノ協奏曲」全五曲のほか、「ピアノとヴァイオリンとチェロのための三重協奏曲」（vn／豊嶋泰嗣、vc／岩崎洸）も収めている。一九九八年〜二〇〇〇年のライヴ録音であるが、園田が信頼を寄せる指揮者の大山と、作品解釈について徹底的に話し合うなど、リハーサルに時間をかけて取り組んだ。検討を重ねたそのていねいなアプローチが功を奏し、各曲とも細部まで練り上げられた演奏である。

「ソナタ全集に引き続いて、同じベートーヴェンの協奏曲の録音も始めた。指揮は、巨匠カルロ・マリア・ジュリーニの推薦でロサンジェルス・フィルの副指揮者を務めた大山平一郎さん、管弦楽は九州交響楽団である。リハーサルを二日間たっぷりとったうえに、ライヴの本番後にもさらに修正時間を設けており、ライヴの精気とスタジオ録音の完成度を兼ね備えたCDとなった。」

「一口に全曲録音と簡単に言っても、同一のオーケストラと指揮者で録音を完了するということは、その経費だけを考えても一大事業である。それにもまして躊躇したことは、ベートーヴェンの作品の独創性、それも年代によって変貌する作品の壮大な精神に、オーケストラと指揮者との共感を得て肉薄することは、音楽的にも芸術的にも同じ目的をもって鋭意努力しなければ到底演奏は出来るものではないと思っている。（中略）ところがある機会を通じて指揮者大山平一郎を知り、（中略）共演して以来、彼は信頼できる素晴らしい指揮者であると思った。その上に理想的なオーケストラのトレーナーであるという確信を得ていた。

その彼が今回はからずも、九州交響楽団の常任指揮者となり、オーケストラの能力を抜本的に向上改革できることを幾度かの演奏会を通じて体験して、更にその意を強くしたことが、ピアノ協奏曲全曲録音の決心をするきっかけとなった。最後に、九州交響楽団こそは、信頼出来る最高のオーケストラとなる能力を秘めていると期待しているのは、実は私も両親共大分の生粋の九州人の血を引いているからかも知れない。

「大山さんの場合、演奏家として十三年間ロス・フィルに在籍し（ロサンジェルス・フィルの首席ヴィオラ奏者）、第一級の指揮者（カルロ・マリア・ジュリーニ）の元にいたことで、オーケストラが何を判っていないか、オーケストラをどうトレーニングすべきか、本質的なことを把握している。ですから（中略）本当に必要なことしか言わずに、トレーナーとして考えを徹底させることができる。これは得難いことです。」

「共演するにあたり、ぼくは是非ともドイツ的なベートーヴェンを演奏したかった。エトヴィン・フィッシャー、バックハウスやケンプの演奏を継承したかった。だから練習もリハーサルも綿密に行い、オーケストラに私たちの考えは浸透したと思います。そのため、最初テープを聴いた方は皆ドイツのオーケストラだと思った。」

ピアノ協奏曲の楽譜について

園田が「ベートーヴェンのピアノ・コンチェルトについて」と題する講義（一九七八年、東京藝術大学大学院特殊講義）で述べたところによれば、まず、ピアノ譜だけではなくオーケストラのポケット・スコアも傍らに置いて勉強することが大切である。楽譜について、ブライトコップフ社のスコアは原典版に近いが、そのピアノ・パート譜にはリストの弟子のダルベールの注釈が付いていて、ブゾーニ校訂版のバッハの楽譜のように、細かな表情の指示がある。ヨーロッパで伝統的に使われているピアノ譜は、クーラクによる注釈の付いたシュタイングレーバー社刊のものであり、それは現代では、シャーマー社刊の復刻版で入手できる。チェルニーによるベートーヴェン作品の注釈本も、参考になる。

さらに、ベートーヴェンのピアノ協奏曲連続演奏会のために園田が自ら執筆したプログラム・ノートでは、以下のように語っている。

「常識的に考えるならば、ピアノ協奏曲の場合、伴奏をするオーケストラの楽譜、つまり指揮者の総譜（スコア）が最も重要な意味を持つわけである。通常、オーケストラや指揮者はブライトコップフの総譜を使用しているのであるから、ピアニストがこれを参照すべきであることは、当然のことである。こうしてみれば、安易に入手出来るオイレンブルクのポケット・スコアが細部にわたって意外と異なることが多いことも知るわけである。」

「そうすると、次にピアニストにとっては同じブライトコップフ版のピアノ・パート譜、つまり二台のピアノ用の楽譜を見ることが不可欠となってくるわけで、そこに偉大なる先人、大ピアニスト、オイゲン・ダルベールの解釈による数々の発想、つまり一時代前の演奏様式を知ることが出来るし、それによって、エトヴィン・フィッシャーの、或いはケンプの、ゼルキンやアラウの、演奏の根拠となった解釈の源を、知ることが出来るのである。」

「そして、ピアノだけの奏法の問題を更に追究するならば、以前広く使用されていたシュタイングレーバー出版社のクーラクによるピアノ二台の版が浮かび上がってきて、これが学究的にも詳細綿密、研究参考には不可欠であり、この版にもとづいた解釈が世界の演奏家達の演奏研究の根底にあるということが、理解されてくる。」

「こうした楽譜の比較検討をし、古今の演奏を調べてみるならば、我々が直ちに入手でき世に流布されている楽譜、たとえばペーター版の楽譜だけに頼るということが、演奏の根拠となるにはいかに薄弱なものであるかが、よく解るわけである。」

「他方、こうした煩雑な注釈本が数多くあるからこそ、新たな原典出版の重要性があるわけで、当節はやりの原典版のみを見ることは、果して我々には音楽を本当に知ること、うかがい知ることに、なるだろうかと、常に思うのである。」

ピアノ・ソナタの楽譜について〜「園田版」校訂譜の出版

園田がベートーヴェン／ピアノ・ソナタの一回目の全曲録音を完成させたころ、一九七〇年の講演から。

「手元にある楽譜を比較検討する。まず、注釈つきの楽譜（各種の校訂版）で、エモーション、表情づけを学び、そのうえで（そのあとに）原典版を見る、という順序が良い。なぜなら、日本には土壌がないから。」

続いて、一九七八年のFM番組でのインタビューから。

「ベートーヴェンの版（エディション）を系統的にたどって、時代ごとの様式を知る。自分がどういうふうに演奏するか、演奏スタイルの見当をつける。いろんなエディションをたどって、自分の予期しないことがあると『なぜか？』と追求していった。その作業を執念深く続けている。」

次に、二回目の全曲演奏会（同時ライヴ録音）を前にした一九八三年のインタビューから。

「シュナーベル（アルトゥール・シュナーベル）のベートーヴェンは、物心ついた頃から（レコードで聴いていて）、潜在意識としてあったのです。（中略）その注釈（シュナーベル校訂の楽譜）たるや、世界の権威者でしたからね、今でも非常に参考になりますね。（中略）ぼくは凝り性だから、何でも徹底して、演奏の系列なんかも調べたし、そういう積み重ねから、最大公約数みたいなものが、自分の心の中に残っていくわけですね。」

ここで園田の言う「最大公約数みたいなもの」が、校訂譜の出版につながってゆく。

三回目のソナタ全曲録音を一九九六年に完成させた園田は、続いて、ソナタ全三十二曲の校訂版に取り組んだ。春秋社より、一曲ずつの刊行で、何冊かまとめて配本され、二〇〇〇年九月に第一回配本。そして、二〇〇三年九月の第七回配本までで、全三十二曲の園田校訂版が完結した。

ソナタ一曲につき一冊、という刊行のしかたは、実は珍しい。従来、ベートーヴェンのピアノ・ソナタは、全三十二曲を十六曲ずつ二冊に分けて、あるいは十曲前後ずつを三分冊、という形態が普通であった。しかし、一曲だけを演奏するために、重い楽譜を、ピアノの先生の家や、学校や、演奏会場に、持ち運ぶのは、実際のところは重労働であり、筆者も大変な思いをした経験がある。園田自身、そのことを痛感しており、実用的な見地からも、一曲ずつの刊行にしたという。

校訂版そのものの意義と、自身による各曲の作品解説も付けた校訂譜の出版のねらいを、園田は次のように述べた。

「現在我々はロマン派以降の堅牢で強大なピアノという楽器によって、ベートーヴェンの作品を演奏している。そのため演奏に対する幾多の解釈、注釈が過去においてなされてきたことは当然であって、演奏はそれによって受け継がれ、『演奏の伝承』がおこなわれてきたのである。『原典』の意味が新たに問いなおされることは、それはそれで非常に意義がある。過去においてあまりにも多くの注釈がなされたがため、本来の姿が見極められにくくなったことも事実である。しかし、そのためにはまず過去の多くの偉大な演奏家たちの遺産である注釈版、解釈版を知っていることが大前提となる。『原典版』のみにたよっていては問題は決して解決しない。」

「このたび、新しくベートーヴェンのピアノ・ソナタを出版するにあたって、（中略）現在の近代的なピアノという楽器によって演奏するためには、どのようにベートーヴェンの『原典』を読み、それに基づく演奏表現のための詳細な指示、つまり演奏譜とでもいうべきもの、それによって最小限度の読譜解釈を認知することを、この版によって示すことができればと願った。」

室内楽を含むベートーヴェン・ツィクルス

三度目のベートーヴェンのピアノ・ソナタ全曲録音を完成させた園田は、さらに、ピアノ協奏曲の全曲録音、ピアノ・ソナタ全曲の校訂譜の出版と、大きなプロジェクトに次々と取り組みながら、同時進行で、室内楽曲を含むベートーヴェン・ツィクルスも成し遂げた。渾身の力をこめた晩年の活動の軌跡である。

まず、二〇〇〇年～二〇〇一年に、ヴァイオリニストの豊嶋泰嗣（当時、新日本フィルと九響のコンサートマスターを兼任）との共演で、「ベートーヴェン／ヴァイオリン・ソナタ・ツィクルス」を東京・すみだトリフォニーホールで開催した。

第一夜　二〇〇〇年十月二十五日◇第1番・第4番・第5番「春」・第8番。

第二夜　二〇〇一年六月二十二日◇第2番・第6番・第9番「クロイツェル」。

第三夜　二〇〇一年十月三十一日◇第3番・第7番・第10番。

なお、東京のほか、帯広、岐阜、大分でも公演が行われた。

そして、二〇〇二年～二〇〇三年には、東京・トッパンホールで、六夜にわたる「園田高弘ベートーヴェン・ツィクルス」を、前半三回がリサイタル、後半三回が室内楽演奏会として開催した。

「リサイタル第一夜」二〇〇二年十月十六日◇ピアノ・ソナタ第1番・第8番「悲愴」・第12番「葬送」、『エロイカ』の主題による15の変奏曲」。

「リサイタル第二夜」二〇〇二年十二月三日◇ピアノ・ソナタ第17番「テンペスト」・第21番「ワルトシュタイン」・第24番「テレーゼ」・第23番「熱情」。

「リサイタル第三夜」二〇〇三年一月二十四日◇「幻想曲」op.77、ピアノ・ソナタ第32番、「ディアベリの主題による33の変奏曲」。

「室内楽第一夜／チェロ・ソナタ」（vc／藤森亮一、二〇〇三年四月十八日）◇「ヘンデルのユダ・マカベウスの主題による12の変奏曲」、チェロ・ソナタ第3番・第4番・第5番。

「室内楽第二夜／ヴァイオリン・ソナタ」（vn／小林美恵、二〇〇三年六月二十三日）◇ヴァイオリン・ソナタ第4番・第10番・第9番「クロイツェル」。

「室内楽第三夜」（vn／豊嶋泰嗣、va／大山平一郎、vc／堤剛、二〇〇三年七月三日）◇ピアノ三重奏曲第3番、ピアノ四重奏曲、ピアノ三重奏曲第7番「大公」。

当初、このツィクルスの主催者側は、園田によるピアノ・ソナタ全曲演奏会を希望していたが、「全曲演奏会というのは、どこか耐久レース的な色合いもあり、若い時ならいざ知らず、この歳ではあまり気乗りしない。むしろ六回の演奏の場をいただけるのなら、ピアノ・ソロのシリーズと日本の若手と一緒に室内楽のシリーズをやるという方が意味あることではないだろうか」との、園田自身の提案により、ピアノ・ソロと、日本の若手を交えた室内楽とで、プログラムが組まれることとなった。また、三度目のピアノ・ソナタ全曲録音において、ソナタのほかに変奏曲や幻想曲などを含めたこともあり、このツィクルスのなかのリサイタルにも、変奏曲と幻想曲とを組み入れた。「ベートーヴェンほど、ひとつの主題からどんどん変容させていける作曲家っていうのはめずらしいと思うんですよ。即興の名人でもあったし」と、園田は語っている。

「ベートーヴェンは、音楽家として対決して一番難しい存在」と、繰り返し述べていた園田は、まさにベートーヴェンと対決し続けた。このソロと室内楽の「ベートーヴェン・ツィクルス」を聴いて筆者は、園田の気力がますます充実し、演奏内容がさらに深まっていると感じた。表情の機微、表現の綾も、細かくしつらえられている。このあとも筆者は、園田の弾くベートーヴェンのピアノ・ソナタを聴いた。「七十五歳記念リサイタル」と「トーク・コンサート」で（P153・157「鑑賞記録」二〇〇三年〜二〇〇四年参照）、曲はいずれも第23番「熱情ソナタ」であり、前者にはライヴ盤もある。年齢を重ねてなお若々しい演奏であり、たとえば作曲者の指示した、現実的には無理なメトロノーム表記（数字による速度表示）に肉薄する高速テンポも驚異的だ。高齢のピアニストにありがちな、落ち着いたテンポ運びで、余分な力をぬいて淡いタッチで弾き進め、色使いを微妙に変化させる枯淡の境地とは、対極にある。

Ⅵ　園田高弘とショパン、ブラームス、バッハ

ショパンへのあこがれ

ショパンの魅力、ショパンを弾く喜び

ポーランドが生んだ「ピアノの詩人」フレデリック・ショパン（一八一〇～四九）のピアノ曲は、いわば、かゆいところに手が届くように書かれていて、弾いていると無意識のうちに指が動くような衝動があり、ピアノを弾く喜びを感じる、と園田は語る。

「ショパンを弾いていると指が鳴る。（中略）何も考えずに弾いたとしても、ある程度は美しくピアノが鳴るように、書かれているのです。ピアノを使ってしか書けない、そしてピアノでしか響かない音楽を書いた。それがショパンの最大の魅力です。」

「私のようにまずフランスでピアノの鳴らし方を学び、その後ドイツで構造を学んだ者にも、その時々にショパンは魅力的に感じました。私の青年期のピアニズムにしみ込んだ音楽なのです。」

「ピアノの詩人、ショパン。作曲家ショパン。ショパンは真に天才であった。（中略）勿論のこと、人間ショパンの生活は音楽家ショパンと切り離して考えることは出来ないのだが、実は音楽家としてショパンを、真に伝説小説抜きに、ピアノ音楽の歴史、ショパン以降の流れにそって客観的に観察するとき、ショパンの遺産が、ドビュッシーやスクリャービン、シ

マノフスキーのような作曲家におけるピアニズムの流れと、もう一つは、リストの中に見られるショパンとの相互影響から出発して、ダルベール、ゴドフスキー、パッハマン、ラフマニノフ、プロコフィエフといったヴィルトゥオーゾ・ピアニストの系列に受け継がれてゆく演奏様式を観るとき、ショパンの天才の歴史的意義に対する驚きは、計り知れないものとなるのである。」

園田のショパン演奏歴とディスコグラフィーから

園田高弘が、ピアニストとしての六十年余に及ぶ活動のなかで、ベートーヴェンに次いで多く演奏したのが、ショパンの作品であった。

まず、ソロ曲については、リサイタルでたびたび取り上げ、アンコールにも好んで演奏した。数多く開催された演奏会のなかで、オール・ショパン・プログラムによる主なリサイタルには、次のようなものがあった。

ショパン没後百年の一九四九年（昭和二十四年）の十一月～十二月に、三回にわたって東京の日比谷公会堂で開催したショパン連続演奏会（＊プログラムは後ページに紹介）。

一九六一年十一月、ドイツのケルンで「ショパン・ツィクルス」として、「ロンド」、「ポロネーズ」ハ短調、「ノクターン（夜想曲）」三曲、「スケルツォ」第4番、「マズルカ」四曲、

「12の練習曲（エチュード）」op.10、というプログラムを演奏した。

一九七六年六月八日の「ショパンの夕」（京都会館第二ホール）では、「夜想曲（ノクターン）」op.62－1とop.62－2、「ソナタ」第3番、「24の前奏曲」を演奏。アンコールとして、最後の「マズルカ」二曲（おそらくop.63からの二曲）と、「即興曲」第2番を披露した。

一九九六年十一月十五日、さいたま芸術劇場での「ショパン・リサイタル」は、「ポロネーズ」二曲（嬰ハ短調、変ホ長調）、四つの「マズルカ」op.33、「ソナタ」第2番、「24の前奏曲」というプログラムであった。

協奏曲については、東京音楽学校（現・東京藝術大学音楽学部）を卒業して間もない一九四八年（昭和二十三年）五月、園田十九歳のときのデビュー曲が、ショパンの「ピアノ協奏曲第1番」であった（尾高尚忠指揮、NHK交響楽団、当時の日本交響楽団、定期演奏会）。以来、「同第1番」「同第2番」を、各地のオーケストラとしばしば共演した。ショパン没後百五十年の一九九九年には、この二曲を同じステージで演奏している（山下一史／日本フィル、四月十日、埼玉・大宮ソニックシティ）。また、ショパンの生地、ポーランドのワルシャワでも、ワルシャワ・フィルと「第1番」を共演し（一九五九年）、一九七三年の同フィルの来日では「第1番」（東京、大阪、大分の各公演）および「第2番」（京都公演）を共演した（指揮はいずれも、ヴィトルト・ロヴィツキ）。さらに一九八八年には、サントリー音楽財団の企画により東京・サントリーホールで開かれたシリーズ「ショパン／ピアノ曲全曲演奏会」の最終回（八月二十九日「協奏曲の夕べ」）に登場し、前半に協奏的作品三曲（「ポーランドの歌による大幻想曲」op.13、演奏会用ロンド「クラコヴィヤク」op.14、「アンダンテ・スピアナートと華麗なる大ポロネーズ」）、後半に「ピアノ協奏曲第1番」、というハードなプログラムにおいてソリストを務めた（山下一史／新日本フィル）。

一方、園田の録音したショパン・アルバムは、次のとおりである。

第1集◇「24の前奏曲」op.28（一九八三年録音）

第2集◇子守歌、ソナタ第3番、三つのマズルカ op.59、舟歌、幻想ポロネーズ（一九八九年録音）

第3集◇「バラード」全四曲、「即興曲」全四曲（一九九〇年録音）

第4集◇二つのポロネーズ op.26、二つのノクターン（夜想曲）op.27、四つのマズルカ op.30、四つのマズルカ op.33、ソナタ第2番（一九九七年録音）

第5集◇「12の練習曲（エチュード）」op.10、「12の練習曲（エチュード）」op.25（一九九八年録音）

以上五集の収録曲のうち、「子守歌」と「幻想即興曲（即興曲第4番）」は、ＣＤ「園田高弘／ピアノ名曲コレクション」にも収められた。また、同CDのために「ノクターン（夜想曲）」op.15－2が、新たに一九九三年に録音された。

さらに、以上のなかで「ソナタ」を除くジャンルから、小品十三曲が選ばれ、そこに一九九八年に録音した「マズルカ」op.68－4を加えて、全十四曲の「エッセンシャル・ショパン／園田高弘」もリリースされた。

なお、以上とは別に、「幻想ポロネーズ」には、日本コロムビアでの一九七二年の録音および、「七十歳記念リサイタル」に収められたライヴ録音（一九九八年）もあり、「ノクターン」op.15－2には、「七十五歳記念リサイタル」のアンコールで演奏されたライヴ録音（二〇〇三年）もある。

若き日のショパン体験〜憧れと疑問

ピアノを始めたころからヨーロッパでの修業時代までの、ショパン体験について園田は、「ショパンと私」と題してCDのライナーノートや自身のホームページに寄稿したほか、インタビューなどで回想している。

「記憶をたどってみると、最初にショパンを耳にしたのは、ピアノを始めて間もない五、六才の頃であった。ピアニストであった父がフランス留学から帰って間もない頃、早朝に父がショパンの黒鍵のエチュードを練習しているのを聴いて、眼を覚ましたのを記憶している。」

「私は少年時代、ブゾーニの弟子であったレオ・シロタ先生に師事して、音楽技術の全てを、先生の模倣から学んだのでしたが、シロタ氏は、白系ロシア、ポーランド・ユダヤ人で、氏の演奏によるショパンのワルツ、マズルカ、ポロネーズ等々は忘れえぬ風格ある名演奏でした。」

そして、レッスンのときにシロタ先生が弾いてみせた「独特の乗りのあるワルツ」、「物憂い甘い感傷的なノクターン」、「哀調を帯びたマズルカ」を、よく覚えているという。

中学生時代、担任の先生がレコード・コレクターだったことも、園田少年の音楽性を刺激した。

「中学校（豊山中学）に入った頃、国語と書道の担任の先生に、江川（江川源弥）先生という人がいた。この人は、（中略）今にして思えば私の人間形成に多大の影響を与えてくれた先生であった。私はピアノを弾くということで、その頃の中学生としてはかなり異邦人と見られていたけれど、ある日、この江川先生から、家に遊びにこいと云われて出掛けていったことがあった。先ずびっくりしたのは先生がすごいレコードの蒐集家であったことである。そこで初めて、ショパンの幻想即興曲が何と外国人の演奏家で十五〜十六種類もあることや、その演奏が実にさまざまであることに仰天した。その時に（中略）ピアノの音楽とは同じ曲でも実に色々な演奏解釈があるものである、ということを初めて自覚した。そして、パデレフスキーとか、パッハマンとか、ブライロフスキーなどというピアニストの名前を知ったのである。」

こうしたことから、ショパンを熱烈に崇拝するようにもなったという園田は、その後、全盛時代のアルフレット・コルトーをはじめ、個性的なヴラディーミル・ド・パッハマンなど、当時のレコードを聴いて、ショパンを研究したという。

東京音楽学校（現・東京藝術大学音楽学部）では、豊増昇に師事したが、隣のレッスン室で偶然、コルトー門下の野辺地瓜丸（野辺地勝久、一九一〇〜六六）に出会ったことが、ショパンへのアプローチに決定的な変化を与えることになる。

「コルトーの直伝ともいうべき、特徴あるタッチの持ち主で、（中略）その時に教わったものは、たとえば指の腹による奏法によってタッチを変化させる方法、手首の回転とか、上膊部（じょうはくぶ＝肘から肩まで）を使って波立たせるようにして打つ打鍵、運指法ではショパンが好んで用いた、半音階旋律下行の指使い５４５４（小指〜薬指〜小指〜薬指）といった方法などでした。（中略）こうした奏法は、今でもショパンの作品では必要な場合が多々あり、その都度、野辺地氏のことを思い浮かべ感謝しているのです。」

そして、学生時代にショパンのあらゆる作品を系統立てて勉強した園田は、東京音楽学校を卒業した直後の一九四八年（昭和二十三年）五月、日本交響楽団（N響の前身）の定期演奏会（五月十一日と十二日、日比谷公会堂）で、ショパンのピアノ協奏曲第1番を弾いてデビューする。当時十九歳。続いて翌月、六月二十一日には、同じく日比谷公会堂でデビュー・リサイタルも開催し、翌年の一九四九年には、三回にわたって日比谷公会堂でショパン連続演奏会を開く。ショパンの没後百年にあたるこの年、二十一歳の園田が開催した全三回のリサイタル・シリーズのプログラムは、次のとおりである。

第一夜　十一月二十四日（木）◇ソナタ第2番、「夜想曲」より三曲、「アンダンテ・スピアナートと華麗なる大ポロネーズ」、バラード第1番、即興曲第2番、スケルツォ第2番、「12の練習曲」op.10。

第二夜　十二月七日（水）◇バラード第4番、バラード第3番、「24の前奏曲」、スケルツォ第2番、「マズルカ」より二曲、ワルツop.34－1、ワルツop.42、幻想ポロネーズ、英雄ポロネーズ。

第三夜　十二月二十一日（水）◇ソナタ第3番、「夜想曲」op.48－1、「夜想曲」op.55－1、幻想曲、子守歌、舟歌、「ワルツ」より三曲、「12の練習曲」op.25。

国内での演奏活動ののち、園田は二十三歳でヨーロッパに渡り、最初はスイスで過ごす。

「一九五二年、初めて外国に出てスイスに行き、その直前に死んだディヌ・リパッティの話を聞かされ、早速ショパンの作品58のソナタ（第3番）のレコードを聴いたとき非常なショックを覚えた。リパッティはコルトーの弟子であるのに、およそ師の演奏とは似ていないどころか、これぞ現代のショパンの演奏と思えるような斬新な近代的なスタイルであった。そのピアニズムの美しさは特筆すべきもので、私は熱心にレコードを買い漁って彼の演奏の業績を辿って聴いた。」

続いてパリに赴き、マルグリット・ロンに師事する。パリでは、フランス的なショパン演奏のスタイルと、亡命ポーランド人の弾く独特のショパンに出会う。

「パリで初めて、ショパンについて、未知の要素に出会いました。」

「パリのロン夫人達が演奏していた感じ、同じ世代の人達が演奏していたショパンのスタイルも、私には魅力的に思えた。一つのルバートや、旋律の崩しやニュアンスにしても、フランス的と云ってしまえばそうだが、それらは日本で耳にすることは全く無いものである。」

「また、マルクジンスキーやウニンスキーなど亡命ポーランド人の演奏するショパンの雰囲気は、更に違うものであった。（中略）民族意識が強くて異様に感じた。私自身、ショパンの音楽とは何かを強く意識し、それぞれ特色があるのではないかと考え始めるきっかけとなった。」

「パリでは、ポーランドの亡命ピアニストたちが大勢いて、テアトル・シャンゼリゼ、トロカデロ、プレイエルの大ホールは常に満員で拍手喝采であることに茫然自失したのでした。当然のことながら、若い私は、自分の規律に合わぬ演奏を無視し軽蔑しようと思ったのです。その連中の演奏する、ワルツやノクターン、マズルカは、とんでもなく変哲なものに思えたのです。しかし、そのうち、熱中する聴衆が全て狂っているとは、思えなくなり、これは私が、とんだ思い違いをしているのではなかろうかと、考え直し出しました。これがショパンについての大きな疑問を持ち始めた最初でした。」

やがて、園田は演奏旅行で、ショパンの祖国ポーランドを訪れる。一九五九年、ワルシャワのフィルハーモニーにて、ヴィトルト・ロヴィッキ指揮ワルシャワ・フィルと、日本人として初の共演を果たす。曲は、ベートーヴェンの協奏曲第5番「皇帝」と、ショパンの協奏曲第1番であった。

「ショパンに対する興味は、その後、私がドイツに移ったりして、やや中断しましたが、パリでの体験がまざまざとよみがえって来たのは、一九五九年、初めてポーランド、ワルシャワに行き、ワルシャワ・フィルとロヴィツキ（指揮者）で、ショパンのピアノ協奏曲第1番を共演した時の旅行でした。その時に接した、多くの音楽家たち、音楽会の聴衆、音楽業の人たちと会ったり、ワルシャワの南西五十キロのところにあるジェラゾヴァ・ヴォラのショパンの美しい家を訪ねたりして、つまり私はショパンの同国人たちから、私たち日本人にはあまりにも遠い、ショパンの体質を、感性の隔たりを感じたのです。これは今に至るも（当時＝一九七七年）変わってはいません。」

疑問の解決〜分析的研究へ

ショパンのピアノ音楽について、パリとワルシャワで感じた疑問を、園田はどのように解決していったのか。

最初のワルシャワ演奏旅行ののち、さらに年月を経て、ショパンについて文献をひもとくなか、園田は、アラン・ウォーカー編の『ショパン、その人間と音楽』で、その音楽構造についての分析的研究を知り、ショパンの音楽の構造性にも着目する。このウォーカーの研究は、ショパンに対する価値判断が根本から覆るほどの教示だと、園田は思ったのである。

「ピアノの詩人と言われているショパンの音楽の美しさは、だれもが理屈抜きに堪能できるものであろう。しかしその美しさが、何によってどのように違うのかを知ることは、聴いていれば理解されるとか、弾いてみれば自然とでき上がるというような、それほど単純なものではない。ショパンの音楽の美しさの中に、千変万化の美のかげりがあることを理解できるようになり、その幾分かを自分で表現するためには、ショパンの音楽の構造はもちろんのこと、彼の創作態度、人間・芸術家ショパンの生涯についてかなり詳しく知ることが絶対に必要である。」

ショパンのピアノ曲は、ピアニストにとって憧れだが、ショパンがパリに移ってからの作品で、作風が変わってくる。「作品の成立の背景を知らないと、解釈のしようがない、演劇で言えば演出のしようがない。そこらへんに難しさがあるんじゃないかなあ」と、園田は言う。さらに、「ショパンには確かに即興的な面もあるが、構造的にもゆるぎがない。ショパン自身の音楽の変遷を考えてみると、その意味がわかります」ということで、園田はショパンのピアノ音楽を、次のように三つの側面からとらえた。

園田のショパン論～三つの側面

「ショパンのピアノに対する持って生まれた感性、天賦の才能は、ショパンの音楽を詳細に見るならば大きく変貌をとげている。それはワルシャワから逃れて、パリのサロンに居を移したことによって決定的に変ったと云ってよいのではないかと思うのである。」

「ショパンの作品について考える時、私にはポーランドを去って、外国に移り住むことになるまでの作品と、――最後には、パリに亡命することになるのですが――それ以降の作品、フランスで書かれたものとは、著しい相違があるように思います。」


まず、ワルシャワ時代の作品について。

「若いショパンはピアノの演奏家としても非常に優れていて、その風格を伝える練習曲（エチュード）は、ショパンの十代から二十代にかけての作品であった。（中略）ピアニスト必修の作品10と作品25のエチュードは、ショパンの初期の創作の締めくくりとなる重要な位置にある。それは単なるピアニストの技術の習得と研鑽のための例題ではない。しかもショパンはこの初期の作風から以後決別して、生涯再びこの創作態度を踏襲することは無くなり、エチュードはいわばそれまでのショパン音楽の集大成であったことになる。」

「ショパンが二十歳で生涯決定的にポーランドを去る時までに、彼は既に嘱望される若い作曲家であった。（中略）しかしそれまでの作品全体の傾向を、音楽の歴史の中に置いて見るならば、ショパンの直接の先人達、ウェーバー、フンメル、フィールド、モシェレスといった音楽家達に負うところが大きかったと思われる。」
「少年ショパンが好んで演奏した、『ラ・チ・ダレム変奏曲』をはじめとして、『クラコヴィアック』あるいは『第二ピアノ協奏曲へ短調』、初期のマズルカ、ポロネーズ、ノクターン、そしてたぶん、作品10のエチュードの大部分、作品25のいくつか、外国の演奏旅行用にと準備された『第一ピアノ協奏曲ホ短調』などが、二十歳前後のショパンによって、全て完成されていた、ということは驚き以外の何物でもないでしょう。そして、それら初期の作品（中略）が、人が考える以上に、ウェーバー、フンメル、モシェレス、フィールドに具体的直接的に恩恵を受けていることを知るのです。そしてさらに、興味あることは、（中略）モシェレスのエチュードはショパンのエチュードに、（中略）というふうに、芸術作品の変貌を見ることとでした。このように、天才の努力の跡が浮かび上がって来ることは、私などには厳粛な気持にさえなるのです。（中略）このように先人たちとの（中略）類似を指摘するのは、まるでショパンの創造が、（中略）いわば突然変異のように考える素人的思考を一掃したいと思うからで、これによって若いショパンの創造にいささかもケチをつけたり、ましてや価値を下げようなどという下心は全くないのです。」

次に、パリに移って以後のショパンについて。

「パリのサロンの芸術的雰囲気によって、（ショパンの）ピアノ演奏技法の展開、ピアノ独自の表現の確立となり、つまり彼の天賦の才能は見事に開花し、ピアノ音楽がいまだかつて達したことのない詩的領域にまで達したのであった。その芸術的サロンと云うのは、画家ドラクロワ、ピアニストのリスト、（リストの）愛人ダグー伯爵夫人、詩人ハイネ、作曲家マイアーベーア、女流作家ジョルジュ・サンド、そしてポーランドの国民的詩人ミッケヴィッチといった御歴々の顔ぶれが常連で、これらの人達によってひき起こされる芸術論争、文学論議がショパンの音楽的思考に新しい影響を与えなかった筈はないのである。」

「パリに移り住んでからのショパンの音楽の著しい文学的嗜好、文学好きが、これによって納得できることであるし、またショパンの音楽の意外とも思える構造的堅牢さ、その構成法などについても、近年まではとかく不問にされて来たことが、アラン・ウォーカーなどによって指摘され注目を集めて来た。それは恐らく作品の構成、部分の配置などについて、サロンの芸術家達、特に親しかった画家ドラクロワから、彼の画面構築法にショパンが触発された結果であったかも知れない。」

「パリに移ってからの代表的作品は、なんといっても（中略）四つの『バラード』でしょう。それと、作品49の『幻想曲』、さらに作品60の『バルカローレ（舟歌）』、作品61の『幻想ポロネーズ』、この他に、ピアノの詩集ともいうべき作品28の『24の前奏曲』が王冠のごとくそこに現れるのですが、（中略）これらのいろいろの作品は、全てをバラードと銘打っても不思議がないほど、類似した作品となっているのです。これをポーランドを去るまでの前期の作品と較べてみるならば、まるで以前のショパンとは別の作家のような、知的洗練さ、芸術作品としての飛躍を感じないわけにはゆかないのです。」

「作品はより構造的となり、ドラマティックな劇的表現を前面に出すこととなって、それは作品35の『葬送ソナタ』（ソナタ第2番）で表出されるような頂点の傑作を生んだのである。」

「こうした時期を通してのちに、徐々に、（中略）アラン・ウォーカーなどが研究して述べている構造的性格を持つショパンの作品が現れるのです。」

「彼はポーランドからパリへ出てきたとき、まずピアノの特性を重視して作曲した。その集大成がエチュードです。パリに落ちつくと、彼はそれをすべて捨て、構造を確立していった。それはポロネーズ、マズルカ、バラード、そしてソナタに表れている。最後はサンドと別れた後。身体は弱っていきましたが、その作曲への意思は非常に強かったと思います。ここで、彼の音楽構造は完成した。唐草模様のような繊細さと、ポーランドの民俗音楽の中にあるさまざまな思い。それらが非常によく考えられて書かれている。」

「ショパンは創作のこの劇的プロセスを経たからこそ、死ぬ直前にいたる晩年の、あの陰影に満ちあふれた激しい感情の起伏に彩られた作品、そこにはデカダンスの兆候すらも仄かに見え隠れする様々な傑作、作品58のソナタ（第3番）、作品59のマズルカ、作品61の幻想ポロネーズなどの一連の作品が生まれたのである。」

なお、別格として、「24の前奏曲」op.28がある。園田がショパンを録音するにあたり、最初に選んだのがこの作品であった。自ら執筆したライナーノートのなかで、ショパンのピアノ曲のなかから強いてひとつを挙げるとすれば、この曲集を選ぶ、とも述べている。

「ショパンの数あるピアノ作品からただ一曲だけ傑作を選ぶとすれば、私は躊躇なく『24の前奏曲』をとるだろう。ショパンはポーランドの伝統的な風俗習慣、民衆の音楽のなかに育ち、後に革命の難を逃れて祖国ポーランドを去り、パリに移り住み、サロンによって生き、三十九歳の生涯を結核によって閉じるわけだが、その人間ショパンの複雑な性向や、陰影に彩られた屈折した感情を、これほど見事に表している作品はほかにはない。『24の前奏曲』は疑いもなくショパンのもっとも重要な作品であり、古今の数あるピアノ作品のなかでも、作曲家の感情生活が表裏一体となって創作に反映した特異な傑作である。（中略）しかし、この24の前奏曲を作品集としてまとめるにはショパンは長い期間を要し、小品はかき集められ、書き足されていったのである。」

「数々の伝記作家の示す事実をたどれば、ショパンが日頃送った感情生活は、言うに言われぬほど複雑なものがあった。そもそも、ショパンはポーランドで十三歳まで、女ばかりの格別に女性的な家庭の雰囲気のなかで育っている。そしてショパンにとっては、母が生涯唯一の愛する女性であった。後年、ショパンのパリでの生活、優雅華麗なサロンでの生活によって、更に洗練された感性が加わり、それらはショパンの趣味趣向に複雑な影響を与えることになる。（中略）そうしたショパンの生涯の感情生活の流れの時期のなかでも、この『24の前奏曲』が着想されていく過程は極端なものであったと言えよう。」

そして、もうひとつの側面。初期から晩年を通しての、民族性を含めた特色に彩られたショパンの音楽がある。

「そして、もう一つのショパン。初めから最後まで、作品の変遷と並行して考えられる、特徴あるショパンの音楽。ポーランド土着の民族的音楽、のちにはパリで亡命ポーランド人としての国民的意識の強調、あるいは回顧という形を伴って、繰り返し作品として表出されたもの、マズルカ、ポロネーズ、ノクターン、ワルツ等があるのではないか、と思うのです。」

「民謡的な代表作としてショパンが生涯にわたり、その死の床においても絶筆となったマズルカの民族曲があるが、これらの民族の感情と直接に結びついた音楽を、ショパンは生涯書きつづけたのである。」

「ショパンの作品では、その初期から晩年、死に至るまで一貫して創作されたマズルカを勉強し、ショパンの美の表出の飾らない美しさと、その年代的変遷を知ることもむだではないだろう。」

ショパンへのアプローチ～七十歳で到達した境地

園田が楽壇デビューの直後、三日にわたるショパン連続演奏会を開いたのが一九四九年、二十一歳のとき。それから約半世紀にわたって演奏活動を続けるなか、ショパンの人物像をさぐり、作品の分析や演奏法の研究を重ねて、園田は一九九八年に七十歳を迎えた。彼が到達したショパン演奏のスタイルとは、どのようなものだったのだろうか。

★憧れの曲「ノクターン嬰へ長調」～タッチとルバート

東京音楽学校時代に集中的にショパンを学び、パリ留学時代に独特のショパン演奏に出会った園田は、タッチとルバートの研究も重ね、成果を得る。

「（パリでの）ロン夫人のプライベートなレッスンを通じて教わったことは、かつて（東京音楽学校で）野辺地先生がやっていたような、指の腹で撫ぜるような柔らかい打鍵は何も特別に独特の奏法ではなくて、ピアニストは皆色々なタッチによって音色の変化を付け、ニュアンスを変えるために行っているテクニックであることの確信であった。」

その後ドイツに留学し、ベルリンでデビューしたあと、リサイタルでオール・ショパン・プログラムのリサイタルも開いたが（一九六一年十一月、ケルンでのリサイタル等）、このとき受けた批評では、「ピアノのタッチとペダルの変化との組み合わせ＝ミッシング（独Mishung＝英mixing）に注目してくれた」という。

それから半世紀、五十年余にわたってショパンのピアノ曲の数々を演奏してきた園田は、二〇〇三年の「七十五歳記念リサイタル」で、アンコールの最後にショパンの「ノクターン（夜想曲）嬰ヘ長調op.15－2」を弾いた。若いころからの憧れの曲だという。その思い出話として、「昔から憧れの曲でね。古い録音で言えば、パデレフスキーまであるじゃないですか。パッハマンもあるし、いろんな人が弾いてるの。どういうふうにルバートするんだな、ということを若い時代にいろいろと研究したことがあるんですよ。コルトーの演奏のくずし方やルバートのやり方を一点一画まで自分で研究したわけで、それを自分なりに消化して演奏するというふうに努めました」と、二〇〇三年末の対談で回想している。

このときの演奏は、ライヴ盤「七十五歳記念リサイタル」に入っているが、これより先、園田はこのノクターンを、CD「園田高弘／ピアノ名曲コレクション」のために録音し、それはCD「エッセンシャル・ショパン」の一曲にも選ばれた。思い入れの深い曲のひとつであり、少年時代から抱き続けたショパンへの憧れを思い起こしながら、弾いていたのであろう。

★三度目のポーランド〜「バラード」全曲演奏の反響（一九九八年）

園田は、ショパンの祖国ポーランドに三回行った。先に紹介したように一回目は一九五九年、ヴィトルト・ロヴィツキ指揮ワルシャワ・フィルと、ワルシャワのフィルハーモニーにて共演した（ショパンの協奏曲第1番と、ベートーヴェンの協奏曲第5番「皇帝」）。彼らとは一九七三年の来日公演でも共演している（ショパンの協奏曲第1番・第2番）。二回目のワルシャワ訪問は一九八五年、ショパン国際ピアノ・コンクールの審査員として。スタニスラフ・ブーニンが優勝した回のコンクールである。そして三回目が一九九八年、NHK－BS番組出演のための来訪であり、このときは古都クラクフでリサイタルを開いた。筆者のもとに当時、園田から届いた絵葉書には、「ショパンの四つのバラードを、プロ（プログラム）の後半に演奏。甘ったるいショパンではなく、力強い祖国愛に燃えるショパンを意識して弾き、とても気に入られました」と書かれている。

クラクフでは、ポーランド映画界の巨匠アンジェイ・ワイダ（一九二六〜二〇一六）との対談も実現した。「地下水道」（一九五七年）や「灰とダイヤモンド」（一九五八年）をはじめ、時代を象徴する力作を発表した映画監督である。日本とも縁があり、歌舞伎俳優の坂東玉三郎主演の舞台を演出、映画化するなど、親日家としても知られるワイダは、一九八七年に「京都賞」を受賞し、その賞金などを基に一九九四年、クラクフに、日本の浮世絵などを展示する日本美術技術博物館「マンガ」を設立した。ちなみに、ワイダが映画芸術の道を志したのは、ドイツ軍に占領されていたクラクフで、日本美術展を鑑賞したことが、きっかけだったという。

対談では、園田がワイダに、「ショパンは感傷的にとらえられているが、作品が途中から構造的になっていく。特に最後の九年間の作品は非常に構造的で、このことを不思議に思っている」と問いかけたことから、話が数十分の長さに及んだ。そして、園田のリサイタルを聴いたワイダ監督は、「あなたのショパンが非常に気に入った。感傷的ではなく力強い。熱烈な演奏に感動した」と賛辞を送り、「数学的想像力の側面にも光をあてた演奏」とも評価した。

「僕はかねてからショパンに構築的な知性を感じていた。アラン・ウォーカーは、ショパンのソナタは設計の上で非常に省略の多い、しかし見事なソナタ形式であると言っているが、その通りで、支離滅裂だという評価はあたらない。また装飾的とはいうが、回を重ねるごとに陰影が深くなる独特の手法があり、それはセンチメンタルな音楽家がすることではないという説にも共感する。そのような解釈に基づく僕の演奏を『数学的』と表現したワイダ氏とは、初対面にもかかわらず意気投合した。」

「先日ワルシャワに行ってもいろいろ感ずるところがありました。ショパンは古典的形式の流れをくむオーケストラ伴奏の協奏曲から出発して、パリに移ってからそういうところを意識して、別なものを考えて、民族音楽を発展させて彼の音楽を作った、というところがあります。しかもショパンの最後の頃の作品は非常に構造的です。その辺をみんな勘違いしていて、外形だけでセンチメンタルだと判断している。」

園田は、ショパンがパリに移ってからの作風の変化、そのゆるぎない構造と構築美について注目しているが、これは、よくある甘美な、あるいは感傷的な演奏スタイルでは、表現できないものである。さらに、ポーランド人としての国民的意識の強調ないし回顧も、ショパンの作品には見え隠れしている。こうしたことをふまえた園田の構造的、数学的なアプローチと、ショパンの祖国愛を意識した力強い表現が、アンジェイ・ワイダ監督を含むクラクフの聴衆の心に、響いたのであろう。

「不思議なものでね、ポーランド人のなかでショパンを弾くと、民族が持っている期待というか、感情というか、こっちに伝わってくる、それを強く感じましたね。（中略）音楽は国境を越えて訴えるものだと簡単に言いますけれども、それぞれの作曲家には民族を代表するような思いがあって、特にショパンの作風はそういうものが強いということを、意識しました。（中略）演奏家というものは、作曲家のそういう思い入れ、作品の背景というものを理解し、そして強く訴えることに努力すべきだと、昨日（クラクフでショパンを）演奏して、つくづく思いました。」

「この年になって（当時七十歳）やっと頭の中が整理されてきたので、ショパンのさまざまな面が表現できるようになりました。ショパンは、ピアニストにとっても、もちろん私にとっても大切な作曲家の一人です。」

ブラームスはお好き？

ブラームスのピアノ協奏曲〜園田の解釈

園田高弘のキャリアのなかで、ドイツ・ロマン派の作曲家ヨハネス・ブラームス（一八三三〜九七）の「ピアノ協奏曲」二曲の連続演奏は、特別なイヴェントであった。

園田がブラームスのピアノ協奏曲二曲連続演奏会（一九七六年）のプログラム・ノートとして書き下ろしたあと、推敲しながら、共著書『ロマン派のピアノ曲　往復書簡』などで繰り返し用いてきた、次のような文章がある。

「ドイツというと人はすぐ、森と霧を思いうかべる。中部山岳地帯のハルツの山々、ライン河、南に下ってテュビンゲン、テューリンゲンの森、そしてアルプスの麓に至るまでの森林また森林の丘陵地帯。しかしそれらの地方とはうって変わって、ブラームスの祖先が生活した北のデンマークに接したシュレスヴィヒホルシュタインからオランダ、ベルギーに境を接するフラマン地方、エルベ河からルューネベルグ、ハノーバー地方は、はてしない荒野である。」

「この地方は一年のうち、冬は長く、中部山岳地帯やアルプスの麓に近い地方に較べれば雪こそあまり多くはないが、雨と霧とに閉ざされた暗澹たる荒野は無言のうちに自然の厳しさを人間に教える。」

「こうした土地に住んでいる北方ドイツ人が、得てして無口で感情を表に表さず、ともすると固く自分の殻の中に閉じ籠もりがちになることは想像に難くない。彼らの外型の無骨さからは、感情の起伏の豊かさを容易には知ることが出来ない。そしてユーモアは独特の味わいを持ち、得てして難解でもある。ブラームスの先祖はこうした土地柄に住んでいたのだし、わがヨハネス・ブラームスもその祖先の性格的遺産をそっくりそのまま彼の音楽の中に特質として持ち込んでいる。」

ブラームスは、二曲のピアノ協奏曲を残した。第1番が青年時代に作曲されたのに対し、第2番は円熟期にあたる四十八歳のときの作品であり、約二十年の隔たりがあるが、いずれも、古今のピアノ協奏曲のなかで特に規模が大きく、また、ブラームスらしい渋く重厚な性格が色濃く出ている。そして、二曲ともにシンフォニックであり、ピアノ独奏を伴う交響曲のようにみなされる。このことについて園田は、「ブラームスは、ピアノ協奏曲を二曲、ヴァイオリン協奏曲及びヴァイオリンとチェロのための協奏曲を一曲ずつ、それに交響曲を四曲加えて都合、つまり交響曲を八曲書いたといわれるのだが、そのいずれもが、古典、ロマン派の作品と較べていささかの遜色もなく、音楽史上の傑作として厳然と存在することは、まことに驚嘆すべきこととといわなければならない」と述べている。

「ピアノ協奏曲第1番」について、園田自身は次のように語っている。

「このピアノ協奏曲ニ短調（第1番）は、普通の協奏曲というよりはピアノ独奏を持った交響曲であり、交響曲という観念についてては、ブラームスは最初からベートーヴェンの第九の延長上に、つまり第『10番』を、という意図を持って作品を考えていたことの証が、そこにあるように見受けられる。それは直接には『第九』が出発点であり、第1楽章冒頭が、ニ短調という調性までもが全くベートーヴェン的であったり、また第3楽章の終結部の直前に、あたかも第九の合唱の中の四重奏を聴くようなピアノのカデンツを持つことにも示されている。」

「この曲の初演は一八五九年一月、ヨアヒムの指揮、ブラームス自身のピアノによって行われたが成功とは言えず、続いて行われたライプツィヒ・ゲヴァントハウスの演奏会では甚だしく不評であった。それと言うのも、当時のピアノ協奏曲の風潮は、全く忘れ去られてしまった、たとえばタールベルクの作品のように、ピアニストの表面的な絢爛豪華な技巧の誇示が、時代の趣向に合致していたからである。従ってこの作品が示すような、暗い重苦しい難渋な性格が、当時の人達の好みに合わなかったことは、よく理解できることである。」

「最も気に入った（ブラームスの）作品をあげるとすれば、それは最初ピアノ二台として着想され、長い年月を経て変貌していった第一ピアノ協奏曲ニ短調作品15であろう。そこにはブラームスの青春時代の野望、『シュトルム・ウント・ドランク』の疾風怒濤の感情と、シューマンの死による強烈な精神的衝撃の色濃い反映、そしてクララ（クララ・シューマン）への恋、ミンネの愛の思想との精神的葛藤、それらを超えて偉大な創造へとかりたてる青年音楽家ブラームスの（中略）姿がある。」


次に、「第2番」についての園田の解釈を聞こう。

「ピアノ協奏曲第2番は、（中略）牧歌的ホルンの誘いの明るい響きによって開始されるが、これはブラームスが、その前年アルプスの彼方の南の国イタリアに旅して、イタリアの明るい風物に接して受けた感動のありのままの表出にほかならない。以来生涯にわたって九回ものイタリア旅行を試みていることからしても、それがいかに北方ゲルマン人ブラームスにとって大きな喜びであったかは、このピアノ協奏曲全曲を通じてよくうかがい知ることが出来るのである。」

「第1楽章冒頭のホルンの呼びかけと、続く弦管の響き、それはドイツの重苦しい森から、アルプスの峨峨たる岩肌を越えて、イタリーに足を入れた途端に変るあの明るい空の色、ゆれる陽光、そよそよと誘うような空気の流れ、まさにイタリーの気候風土の反映でなくて何であろう。」

「楽章の構成では、ブラームスは初めて古典交響曲の形式である4楽章をとり上げている。雄大な第1楽章のあとにスケルツォを置いたことについて、ブラームスは友人に、第1楽章が『あまり単純だからさ』と答えたという。」

「第3楽章のチェロの独奏、オーケストラとピアノとの対話の美しさは、南の国の幸福な雰囲気を表し、その中間部アダージョに垣間見られる歌曲『死の憧れ』のメロディーを心のどこかに留めたとしても、第4楽章のアレグレット・グラツィオーソと共に、聴くものを喜ばせる。」

協奏曲二曲～個々の演奏歴から

園田は、ブラームスの二曲の協奏曲について、それぞれ国内外で少なくとも二十回以上演奏してきた。若いころの、その演奏の思い出を、次のように回想している。

「ブラームスはピアノ音楽としては無理難題が多くて必ずしも弾きやすくないのだけれど、若い頃は好きで協奏曲も独奏曲もよく弾きましたよ。」

「（ブラームスの）協奏曲はね、東京音楽学校を卒業した頃は第2番を特に素晴らしいと思っていた。だから、ＮＨＫ交響楽団をはじめ、数多くのオーケストラと、または多くの来日した指揮者たちとこの第2番を共演してきたのです。ところがドイツで、初めてベルリン・フィルでこの第2番を聴いたら、オーケストラがあまりにも立派すぎて、えらくピアノが貧弱に聞こえるんだな、本当に驚いた。あの素晴らしいと思っていたピアノのパートがベルリン・フィルの前ではあまりにも貧しく感じてしまう。（中略）ベルリン・フィルがあまりにもすごすぎるからなんだ。」

「一九六〇年にN響初の海外公演でヨーロッパに行った時、岩城君（指揮者の岩城宏之）と（ベートーヴェンの協奏曲第4番を）演奏したのを、セルジュ・チェリビダッケが聴いて気に入ってくれたらしく、その翌年、一緒にやろうと声をかけてくれたんです。（ミラノ・スカラ座での）イタリア放送交響楽団の演奏会で、曲はブラームスの第2番でした。」

「初めてドレスデン・シュターツカペレと演奏会をしたのもブラームスだった。あれはスイトナーがドレスデンの音楽総監督に就任して第一回目のコンサートでしたよ（一九六一年）。（中略）シュターツカペレとは、ブラームス／ピアノ協奏曲第1番とベートーヴェン／ピアノ協奏曲第5番『皇帝』、それと他の日にブラームス／ピアノ協奏曲第2番という大変な演奏会を、オットマール・スイトナーの指揮で演奏したことがあった。」

ブラームスの「ピアノ協奏曲第1番」について、園田の日本での最初の公演は、一九五九年三月二十四日・二十五日・二十六日の（当時は三日連続の定期公演！）NHK交響楽団第403回定期演奏会（ヴィルヘルム・シュヒター指揮、日比谷公会堂）だった。以後、園田のこの曲の演奏歴は、二〇〇二年四月十八日・十九日の日本フィルハーモニー交響楽団第539回東京定期演奏会（ルカーチ・エルヴィン指揮、サントリーホール、P149「鑑賞記録」参照）まで続く。この曲のように長大な協奏曲は、稀に、オーケストラの演奏会で最後に置かれることがあるが、この日本フィルの定期演奏会がそうだった。

「第2番」を演奏した回数も、同様に多い。国内の古い記録では、一九五〇年十二月五日の東京交響楽団第33回定期（近衛秀麿指揮）や、一九五五年二月十五日・十六日・十七日のN響第364回定期（ニクラウス・エッシュバッハー指揮）で演奏しているし（以上の会場はいずれも日比谷公会堂）、一九六五年四月十八日には、東京文化会館大ホールでの「園田高弘ピアノ演奏会／協奏曲の夕」として、ベートーヴェン「ピアノ協奏曲第4番」と、バルトーク「ピアノ協奏曲第3番」のあとに、ブラームス「ピアノ協奏曲第2番」という、ピアノ協奏曲を三曲（！）並べた驚異的なプログラムを披露している（外山雄三指揮、N響）。その後、いろいろな指揮者と共演するなか、園田が最後にブラームスの「第2番」を弾いたのは、世を去る二〇〇四年の五月二十四日、東京・サントリーホールでの、読売日響第427回定期演奏会（尾高忠明指揮）であった。

ピアノ協奏曲二曲連続演奏会～園田の挑戦

ブラームスの二曲のピアノ協奏曲は、ピアノ・パートが技巧的に至難であるうえ、オーケストラ・パートが充実し、古今のピアノ協奏曲のなかでも特に重量感がある。そのため、独奏ピアニストには相当な力量が求められるが、園田の演奏歴のなかで特筆すべきは、協奏曲第1番と第2番を一回のコンサートで弾くというハードなもので、しかもそのプログラムに、園田は四度も（！）挑戦した。

一九七六年五月十四日、大阪・フェスティバルホールでのコンサート（共演は朝比奈隆／大阪フィルハーモニー交響楽団）が、この二曲を一晩で弾いた日本人初の壮挙である。この演奏はNHK－FMでライヴ収録され、後日放送された（P99～100「鑑賞記録」参照）。この番組では、リハーサルの合間のインタビューも放送され、園田は、「二曲とも長い曲であり、肉体的に大変で、もちろん技術的にも音楽的にも高度なものを要求される」としたうえで、このコンサートを開こうと思ったきっかけについて、「（恩師の）豊増先生も亡くなり、自分も日本では年長の部類のピアニストになってしまって心外だけれども、自分のできるうちにたくさんのライフワークを、やりたいと思うことを、やっておいて、それを聴いて下さったなかから『自分もこういうふうにやりたい』という人（ピアニスト）が出てきたら、それに越したことはない。だから今回の1番と2番、私にとって大変な仕事だけれども、ぜひやってみたいと思ったわけです」と、熱く語っていた。また、指揮を務めた朝比奈は、「園田君とはハンブルクの放送交響楽団とショパンの協奏曲第1番を共演したこともあるが（一九六一年）、人間的な成長をとげたと感じる。彼がヨーロッパで積み重ねた成果が今回の演奏に必ず表れると思うから、私もオーケストラも全力を使って、（園田の）挑む姿勢に協力しようと思う」と話していた。そして、同じ二曲によるプログラムが、東京（一九七九年、尾高忠明／東京交響楽団）と藤沢（一九八〇年、山田一雄／東京交響楽団）でも披露され、藤沢公演についてはライヴ盤（LP）にもなっている。

当時、五十歳前後。この一連の連続演奏会での園田の演奏には、二曲を同時に取り上げることへの熱い使命感がみなぎり、オーケストラを先導し、かつ聴き手を圧倒する覇気があったことを、筆者は鮮明に覚えている。

そして、還暦を迎えた一九八八年、「演奏生活五十周年記念」としてコンサートを開くにあたって、園田はもう一度ブラームスの二曲を弾きたいと強く希望し、それは同年十月九日、サントリーホールで実現した（モーシェ・アツモン／東京都交響楽団）。これも熱演であり、ブラームス作品の壮大さと重厚な響きをかみしめるような音楽作りが印象に残る。

さらに園田は、サントリー音楽賞受賞記念のコンサートにも、ブラームスを選んだ。よほど思い入れの強い作品だったのだろう。一九九八年の「第二十八回サントリー音楽賞記念コンサート」に際して、二月の大阪公演で第1番を（岩城宏之／大阪フィル）、三月の東京公演で第2番を（岩城宏之／東京フィル）、弾き分けたのである。

演奏活動の節目にブラームスの協奏曲を選び、その二曲連続コンサートにも四度挑戦した園田は、同じ曲を何度も演奏するという経験そのものも含めて、インタビューで次のように語った。

「ブラームスの協奏曲を弾くには、音楽的な造形力はもちろん、かなりの体力がいるので、特に2番の協奏曲は男性の憧れの的なんですよ。」

「ピアノのオブリガート（助奏）付きの交響曲と呼ばれるほど、雄大なスケールを持ったオーケストラ音楽ともいえる協奏曲だから、オーケストラがワーッと迫ってくるのに、ピアノは絶対負けてはいられない。生半可な心構えじゃ弾けませんよ。」

「一晩に（ブラームスの）二曲の協奏曲というのは、（中略）ゼルキンやアラウもやったことがありますね。二曲とも壮大な構造ですから、そう簡単にはのみこめない。時間をかけて、ドイツ・ロマン主義思潮を勉強し、ベルリン、ウィーンのオーケストラを聴き、その周辺の作曲家を学ぶ……というように少しずつ理解していって、ブラームスの世界が段々わかるようになりました。（中略）どんな曲でも、完璧に弾けたと思えたことはまったくない。だから、何度でも弾いてみようという気持ちが持てるんです。」

「私の心の中で、ブラームスのピアノ作品に対する感応の仕方は常に不確実だ（中略）。ブラームスは好きだったけれど、ベートーヴェンにくらべると難解な部分は多かった。またブラームスのロマンティックな世界がなかなか分かりにくい質のものだったんだな。それはまた、ブラームス自身の生いたちが非常に屈折に富んでいて、若い青年時代のパトスに技巧を駆使して突っ走っていたころの作品と、晩年のあの小品――特にあれは分かりにくい世界だったんだけれど――、あるいは交響的な世界とか、室内楽的要素だとか、時代時代によって、また作品によっていろいろと変化があるんだけれど、そしてそうしたさまざまなブラームスに魅かれる時代があった。それも、同じ音楽を追求するにしても、その内容を年齢に応じて、だんだん理解していくことになったのかもしれない。」

協奏曲以外のレパートリー

一方、ブラームスのピアノ独奏曲について、園田は何曲かをリサイタルでしばしば取り上げている。特にオール・ブラームス・プログラムでのリサイタルとしては、ブラームス没後百年の一九九七年、さいたま芸術劇場で「ピアニスト１００」シリーズに出演したときのものがある（ソナタ第３番、「三つの間奏曲」op.１１７、「ヘンデルの主題による変奏曲とフーガ」）。

室内楽曲については、巖本真理や江藤俊哉や前橋汀子とのデュオでヴァイオリン・ソナタを演奏したり、ボロディン弦楽四重奏団と「ピアノ五重奏曲ヘ短調」を共演した（Ｐ１１８「鑑賞記録」一九八三年）。なお、ブラームスは一八六五年から一八七四年の間、夏の数か月をドイツのバーデンバーデンで過ごしたが、その家が現在「ブラームスハウス」として観光スポットとなっている。バーデンバーデンといえば、園田が一九六一年から二十年余の期間、住んでいた土地だ。同地のブラームス協会の設立（一九六六年）にも関わった園田は、一九六〇年代、ブラームスハウス存続運動の際、協会の主催する演奏会でも「ピアノ五重奏曲ヘ短調」を弾いたことがある。春子夫人によれば、園田自身の特に好きな曲でもあったという。

園田のブラームス・アルバム

園田は、ブラームスのピアノ独奏曲については、積極的に録音し、自主レーベルで三集のブラームス・アルバムをリリースした。「ソナタ」三曲のうち第3番、代表的な「変奏曲」の大作二曲、広く愛奏されている「ラプソディー」、晩年の小品集（op.１１６、op.１１７、op.１１８、op.１１９）が、収められている。

「ブラームス・アルバムⅠ」一九九三年四月録音◇「ヘンデルの主題による変奏曲とフーガ」op.24、「二つの狂詩曲（ラプソディー）」op.79、「八つのピアノ小品」op.76。

「ブラームス・アルバムⅡ」一九九七年四月録音◇「ピアノ・ソナタ第3番ヘ短調」op.５、「幻想曲集」op.１１６、「間奏曲集」op.１１７。

「ブラームス・アルバムⅢ」二〇〇一年八月、ドイツ・バーデンバーデンにて録音◇「パガニーニの主題による変奏曲」第1集・第2集（op.35）、「六つのピアノ曲集」op.１１８、「四つのピアノ曲集」op.１１９。

一方、協奏曲の録音について、園田は生前、二種類のライヴ盤（ＬＰ）を残していた。「ピアノ協奏曲第1番」＆「ピアノ協奏曲第2番」◇山田一雄指揮、東京交響楽団との共演（一九八〇年十一月十二日、藤沢市民会館でのライヴＬＰ）。

「ピアノ協奏曲第2番」◇黒岩英臣指揮、京都市立芸術大学音楽学部管弦楽団との共演（一九八〇年十月二十七日、大阪・フェスティバルホールでの「京都市立芸術大学創立百周年記念演奏会」ライヴＬＰ）。

そして、園田の亡きあと、ライヴのＣＤおよびＤＶＤが、いくつか世に出た。録音年代順に紹介しよう。

「ピアノ協奏曲第1番」◇ヴォルフガング・サヴァリッシュ指揮、ＮＨＫ交響楽団との共演（一九六九年四月十七日、東京文化会館での定期演奏会ライヴ。二〇一八年リリース）。

「ピアノ協奏曲第2番」（映像記録）◇朝比奈隆指揮、新日本フィルとの共演（一九九〇年六月一日、東京・オーチャードホールでの「朝比奈隆ブラームス・チクルス」ライヴＤＶＤ。二〇一一年リリース）。「朝比奈隆ブラームス・チクルス」の一環として開催された、朝比奈／新日本フィルとのライヴ映像（一九九〇年六月一日、東京・オーチャードホール）。

「ピアノ協奏曲第2番」◇イルジー・コウト指揮、ＮＨＫ交響楽団との共演（一九九九年十月二十三日、ＮＨＫホールでのライヴ。二〇一八年リリース）。

「ピアノ協奏曲第1番」◇大山平一郎指揮、九州交響楽団との共演（二〇〇二年二月十五日、アクロス福岡での定期演奏会ライヴＣＤ。二〇〇五年リリース）。

以上のうち、ＮＨＫ交響楽団との二曲は、サヴァリッシュとの共演によるシューマン「ピアノ協奏曲」を加えた三曲の組み合わせで、「Ｎ響創立九十周年シリーズ」のＣＤとしてリリースされた。

これらのライヴ盤のなかでは、園田四十歳のときの「第1番」（一九六九年四月）に聴く、サヴァリッシュとの相性のよい掛け合いが印象に残る一方、晩年に共演を重ねた大山平一郎指揮の九州交響楽団との「第1番」（二〇〇二年二月）も感慨深い。当時七十三歳の園田の演奏は、決して力まかせではなく、作品の様式をしっかりとふまえ、気心の知れた指揮者とオーケストラと共に演奏をていねいに作りこみ、ブラームスのロマンティシズムを朗々と歌いあげている。長年この曲を弾きこんできた巨匠ならではの落ち着いた風格が漂い、ひとつひとつの表現に深い味わいがある。二曲連続演奏会をこなした一九七〇〜八〇年代の演奏と比べると、音楽の運びはゆったりとしているが、技巧的にきわめて充実し、年齢を感じさせない活力にあふれた演奏が繰り広げられている。

バッハに始まりバッハに終わる

園田のバッハ演奏歴とディスコグラフィーから

バロック音楽を代表するドイツの作曲家、ヨハン・セバスティアン・バッハ（一六八五〜一七五〇）の作品について、園田は、録音と楽譜校訂も含めて、意欲的に取り組んだ。ピアニスト園田高弘の最初の録音（SP時代を除く）がバッハの「インヴェンションとシンフォニア」、最後に完成させた校訂楽譜がバッハの「平均律クラヴィーア曲集」であった。

園田は、バッハ生誕三百年の一九八五年に、四回にわたる「バッハ生誕300年記念　園田高弘　連続演奏会」を、東京のバリオホールで開催した（P121〜122「鑑賞記録」参照）。園田の残した偉業のひとつである。なお、このシリーズでは、演奏会に先立って、バッハの誕生日の三月二十一日に、シンポジウムや講演を含む「プレ・イヴェント」も開かれ、園田もパネリストとして参加した。「プレ・イヴェント」の内容と、全四回の演奏曲目は、次のとおりである。

プレ・イヴェント（三月二十一日）／鼎談「ピアノによるバッハ演奏をめぐって」（園田高弘、東川清一、諸井誠）、講演「生涯の新しい輪郭」（東川清一）、シンポジウム「転機としての一七二〇年」（磯山雅、園田高弘、東川清一、三宅幸夫、諸井誠）

第一夜（五月二十九日）／「パルティィータ」全曲。

第二夜（七月四日）／「平均律クラヴィーア曲集」第1巻全曲。

第三夜（十一月二十日）／「トッカータ」三曲（ＢＷＶ９１１、９１２、９１４）、「半音階的幻想曲とフーガ」、「幻想曲とフーガ」ＢＷＶ９０４、「幻想曲とフーガ」ＢＷＶ９４４。

第四夜（十二月十日）／「ゴルトベルク変奏曲」。


このシリーズのほかに、オール・バッハ・プログラムによる演奏会としては、「パルティータ」全曲演奏会（一九七五年七月四日・京都・大谷ホール、二〇〇〇年三月二十一日・東京オペラシティ・コンサートホール、バッハ没後二百五十年記念）、リサイタル「園田高弘プレイズ・バッハ」（一九九三年三月三十日・大阪・いずみホール）などがある。また園田は、個々の作品をしばしば、リサイタルの曲目に取り上げてきた。

ディスクについては、「インヴェンションとシンフォニア」を三度（一九六七年・一九七四年・一九八八年）、「平均律クラヴィーア曲集第1巻・第2巻」を二度（一九七二年［一九七三年度レコード・アカデミー賞受賞］・一九九二年）全曲録音したほか、「イギリス組曲」全曲（一九六八年）、「パルティータ」全曲（一九八五年）、「ゴルトベルク変奏曲」（一九九四年）など、バッハの主要なクラヴィーア作品を残している。これらのうち、園田の自主レーベル（Ｅｖｉｃａ）からリリースされた録音（一九八五年〜二〇〇一年録音の音源）は、

ＣＤ十枚組の『園田高弘バッハ集大成Ｂｏｘ』として、二〇二三年十二月にキング・インターナショナルから再発売された（ＫＫＣ－８８３６～４５）。喜ばしいことである。

バッハ入門～「インヴェンションとシンフォニア」

ピアノ学習者にとって、バッハは必須のレパートリーであり、バッハ入門に適切な教材として、数多くの「小プレリュード」と「小フーガ」がある。バッハが残した鍵盤曲には、家族の音楽教育のために書かれた作品が多くあるが、たとえば息子の名を付けた「ヴィルヘルム・フリーデマン・バッハのためのクラヴィーア小曲集」のなかに、六曲の小プレリュードが含まれている。そして、これらの小品を学んだのちに学習者たちは、次の段階として、「(二声の) インヴェンション」と「(三声の) シンフォニア」に進むこととなる。園田のバッハとの出会いと、教材としてのバッハ作品についての考えを、次に紹介しよう。

「バッハは音楽の基本的な形を勉強するのに最適で、音楽的思考能力をつけ洞察力を深めるために必要なレパートリーだと思います。こういうことを考えるようになったのは、のちにドイツに渡ってバッハと真剣に向き合ってからですが、僕自身、レオ・シロタ先生に習い始めてすぐ『小プレリュードと小フーガ』を勉強しました。それがバッハとの出会いですね。あの小さな曲の中に、楽曲の基本的な形式が盛り込まれていますから、音楽の基礎を学ぶのに分かりやすいと、先生が考えられたんでしょう。その後『インヴェンションとシンフォニア』『フランス組曲』『イギリス組曲』『平均律クラヴィーア曲集』と続いて、いつも必ず暗譜するように言われたのですが、後になってそれがどれだけ役立ったことか。シロタ先生はウィーン流のメソッドで学ばれましたから、御自身もそういう流れで勉強され、指導もされたのでしょう。」

「バッハの音楽は、まず様式に対する充分な知識がなくては作品の理解に至らないことは明らかである。(中略)『インヴェンション』と『シンフォニア』で音旋律の明快な組み合わせ、変化、その音楽的な意味の勉強をした後、組曲形式による作品構成を学び、個々の楽想の違いを意識することが、不可欠といえよう。」

ディスコグラフィーで紹介したように、園田は、バッハの「インヴェンションとシンフォニア」を三回録音した。その最初は一九六七年だったが、この録音を前に、子供時代に勉強したきりだった「インヴェンション」を改めて勉強し直し、「なるほどこれはバッハの音楽の根源に関わるものだ」と、実感したという。さらに、その機会に、のちに録音することになる「平均律クラヴィーア曲集」についても、あらゆる録音を手に入れて聴き比べ、全曲について研究を重ねた。「日本人として、ドイツの音楽家たちがやってきたことを知らないで、その上に継ぎ足すわけにはいかない」と、園田は語っている。

ピアノでのバッハ演奏について~園田の解釈

バッハの鍵盤曲を、当時のチェンバロではなく現代のピアノで演奏することについては、未だに反論する人たちもいるが、楽器の問題と、ピアノで演奏するうえでの留意点、たとえばペダルの効用などについて、園田の考えを聞こう。

「バッハに対する解釈を無制限に拡大することは、そこに非常に危険な落とし穴があるように思う。つまり方法論を先にして、演奏の奇を衒うことを主眼としたり、意表を衝くことを目的とした演奏に終始することは、戒めるべきである。」

「バッハ作品のピアノによる演奏について確固とした指針を持たないまま音符を並べても、それだけでは演奏にはならない。ピアノで演奏するということは、そこに新しい解釈と新しい演奏方法、つまり旋律をレガートに、あるいはスタッカートに弾くこと、ダイナミック(強弱)について、ペダルの使用について、楽曲の演奏速度について、より緻密な配慮にもとづく新しい演奏法が必要となってくる。クラヴィコードやチェンバロの演奏をピアノでなぞるのではまったく意味がない。」

「その時代(バッハの時代)のいずれの楽器も、現代のピアノからすれば、機能も音量も較べるべくもないほど貧弱なものである。したがって、巨体で万能なピアノによってバッハを演奏するからには、そこにはより一層の配慮が必要になってくる。」

「ピアノでバッハ作品を演奏するためには、たとえばレガートを例にとっても、チェンバロで演奏するのとは異なった、より緻密なアゴーギクによって奏さなければならない。また和声内部での旋律の動き、とりわけ主題の扱いとその強調は、ペダルの微妙な使用によらなくては、ポリフォニーの音楽を現在のピアノで再現することは困難である。またチェンバロの微震音（中略）による和音の進行の響きをピアノで再現するには、なめらかな響く音色を作り上げるペダルの効果は最適である。」

「演奏者の趣味が表れる装飾音にしても、音が持続しないチェンバロとかクラヴィコードでは長くかけないといけませんが、ピアノの場合は、長くかければ華やかな演奏効果があるし、短ければ鋭さを出すことができる。みんな一様にやっていたのでは全部同じ表情になってしまいますから、それぞれの曲の性格、前後の緩急、表情の要求するものに応じて判断し、装飾におけるアクセントのつけ方なども含めて工夫するべきだと思います。」

「パルティータ」について

バッハの鍵盤曲のなかで「パルティータ」は、「イギリス組曲」「フランス組曲」と共に、「組曲」である。舞曲の性格を持つ同じ調の曲を組み合わせた「組曲」は、バロック時代の重要な器楽曲の形式であり、バッハの「パルティータ」全六曲も、その伝統を受け継いでいるが、舞曲の配列には自由な扱いが見られる。冒頭の曲の名称がそれぞれ異なるうえ、自由な挿入曲があり、さらに、組曲を構成する舞曲が本来の性格から離れる傾向も見せている。

園田のバッハ演奏歴で紹介したように、彼は「パルティータ」全曲演奏会を、国内で三度開催している。以下は、バッハ没後二百五十年の二〇〇〇年に開催された「パルティータ」全曲演奏会（P145～146「鑑賞記録」参照）に向けて筆者が行ったインタビューからの引用である。

「（パルティータは、）バッハの器楽曲の中では一番魅力ある作品じゃないかな。六曲とも、アルマンド、クーラント、サラバンド、ジーグという基本的な舞曲のスタイルに、曲によってロンドーとかブルレスカが加わったり、ファンタジアやシンフォニアが頭にあったり、序曲がついたりと、変化に富んでいて、しかも組曲の中の舞曲のひとつひとつが、色も形も違う宝石のように、内容豊かで美しく輝いている。（中略）いろいろなカテゴリーを集約した作品ですね。教会に仕える身として忙しい日常を送っていた、外国にもほとんど行ったことがない人が、どうしてあのような、時代を集約する音楽を書くことができたのだろうかと、不思議な気がします。」

「『パルティータ』には、（バッハの）謹厳実直な職人としての綿密な技巧の裏に、豊かな感性が聞こえてくる。だから、遊び心のない四角四面の演奏にはまったく関心がないし、反対に『バッハより私の音楽』と言わんばかりの奇を衒った恣意的な演奏など問題外です。バッハの書いた音符に真摯に耳を傾け、そこから豊かな感性を汲み取ることこそ、バッハ先生に敬意を表することになるのではないでしょうか。」

「平均律クラヴィーア曲集」について

バッハの「平均律クラヴィーア曲集」は、一オクターヴ内に含まれる十二の音をすべて主音として用いた、二十四の長調・短調による前奏曲とフーガから構成された作品である。第1巻が一七二二年に、第2巻が一七四二年に生み出されており、各巻二十四曲、全部で四十八曲から成る。この四十八曲の前奏曲とフーガに示された、形式と内容の驚異的な多様性や、対位法の極致は、バッハの音楽の精髄であり、音楽史上に燦然と輝く至高の芸術である。その第1巻の巻頭にバッハが記した文章のなかに、「音楽を志す若い人々が有益に使用するため、また、すでにこの学習に習熟した人々の特別の楽しみのために」とあるように、教育上の意義を超越したこの曲集は、さまざまな角度から分析され、研究され続けてきた。バッハの時代から現代にかけて音楽史の流れを作ってきた多くの音楽家たちに、計り知れないほどの啓発を与えながら、今なお孤高の価値を保ち続けている作品なのである。園田は、この壮大な曲集について、次のように語っている。

「ピアニストにとって、バッハの『平均律クラヴィーア曲集』の前奏曲とフーガは、音楽的成長の過程では切っても切れぬ縁がある。（中略）バッハの『平均律』の音楽には、いくつかの音楽のスタイルがあって、第一には、当然のことながらクラヴィコードあるいはチェンバロという有鍵楽器に特有の機械操作の喜びの楽曲形態がある。それだけではなく、合奏曲のような形態のもの、あるいは純粋に教会の合唱のような形態、ミサ曲のキリエやサンクトゥスのような曲、コラール曲等、その楽曲形態はひじょうに多種多様である。また一般的に言って、前奏曲とフーガは、対立するような音楽的発想をもっているものが多い。こうしたことの注意、配慮をしながら音楽的な勉強が充分行なわれているだろうか。楽曲にたいする基本的理解とは、これに留意することであり、これが演奏家となっても最後まで音楽の理解につきまとうのである。」

「平均律クラヴィーア曲集」の全曲録音

バッハの「平均律クラヴィーア曲集第1巻・第2巻」を二度（一九七二年・一九九二年）録音した園田は、この全曲録音について次のように述べている。

「バッハの『平均律』も録音しましたが、僕の役目はモダン・ピアノでバッハ演奏をするということの指針を示すことだと思って取り組みました。」

「二回目の録音に際しては、（中略）ピアノによる、よりピアニスティックな演奏に努力し、テンポについても速いものは速く、遅いものはピアノの音の響きを利用して拡大し、ペダルの使用も充分に考慮して、ピアノによる演奏に変化あるものにした。」

「バッハの『平均律』を出したとき（一九九二年の、二度目の全曲録音のこと）、ドイツのシュトイラーという、現在（一九九九年）八十二歳になる大御所の教授がいるのですが、この人に差し上げました。しばらく経ってから、『自分はあのバッハを聴いてから、他の人の〝平均律〟をすべて聴き返してみた。お世辞でなく、あなたのがいちばんいい』と書いてきてくれました。面映ゆい気はしますが、さらに『世界中の音楽院のピアノ科学生にこれを聴かせねばならない』とまであったので、まあ、自信を得ました。」

このCDに聴く園田の演奏は、先に紹介してきた彼のバッハ論、その主張を裏づけるように、当時の時代背景や楽器の機能も充分に勘案したうえで、現代のピアノらしいスタイルで、バッハの音楽の多面的な魅力を表現している。鮮やかな音色と豊かな響きで、壮麗に歌いあげる一方、各作品の様式を明確にとらえて、音楽のなかに自然な流れを与えている。園田らしい確固とした構築性を生かしつつ、ピアノならではのデュナーミクを有効に使って、ゆったりとした曲では旋律を表情豊かに歌い、速い曲ではリズミカルで生き生きとした味わいを出しているのである。

園田は晩年、あるインタビューで、人生の終わりに弾いてみたい曲は何か、と問われたことがある。そのとき苦笑いを浮かべながら「さあ、何だろう」と、園田が考えこむのを見て、質問者の方が恐縮して話題を変えたが、インタビューの終わりに、「さっきの質問だけどね、バッハの『平均律クラヴィーア曲集』かな」と答えている。

「平均律クラヴィーア曲集」～園田高弘校訂版楽譜の完成へ

筆者が園田のレッスンを受けているとき、バッハの「平均律クラヴィーア曲集」を始めるにあたり、楽譜については、ムジェリーニの校訂版を使うように指示された。さらに、原典版（ヘンレ社）と、別の校訂版でブゾーニ版も、傍らに置いて勉強するように、とも指示されて、三種類の楽譜を買いそろえた。また、「イギリス組曲」のレコード（当時はＬＰ）の発売を記念した講習会では、楽譜について、原典版と共に校訂版を使うことを勧め、たとえば、エトヴィン・フィッシャー版などがよいと、園田は話していた。

さらに、インタビューなどにおいて、原典版と校訂版の扱いについて、次のように述べている。

「エディションについて。先に、注釈つきの楽譜（ブゾーニ版などの校訂譜）で、エモーションや表情づけを学び、そのうえで原典版を見る、という順序がよい。なぜなら、日本には、土壌がないから。原典版は、間違って使うと、罪作りなものになってしまう。」

「バッハの時代には音楽は専門家しかやりませんでしたから、音符の配列をみただけで、どういうテンポ、強さで演奏すべきかといった暗黙の演奏習慣があったのですが、そういう伝統を受け継いでいない我々は、やはりバッハ研究者の校訂版、注釈本をみて勉強しなければいけない。絶対必要な前提条件と僕は考えています。」

「例えばブゾーニの校訂版は、非常にロマンティックでピアニスティックに拡大して書かれていますから、テンポやペダリングをそのままの形で演奏するわけにはいきませんが、ブゾーニの解釈、とくに表情記号の読み方からは、多くを学ぶことができるのです。」

「先人達が行なった演奏解釈のうちから最大公約数を選びます。（中略）バッハを例にとれば、今まで習慣的に使われていたようなチェンバロの発想を考え、ダイナミックを考慮し、それをピアノにまず移しかえて、さらに、ピアノのヴィルトゥオーゾたちがやっていたバッハの解釈という『虎の巻』みたいなのがありますね、たとえばビューローとかブゾーニ編のバッハというもの（ビューロー版やブゾーニ版などの校訂譜）を参照しながら、ピアノで再現する場合に許されるであろう時代的な趣味の相違を考慮しながら、ぼくは伝統の上から、だんだん消せるものを消していく。（中略）最後に、自分の意見が煮詰まってくるわけです。」

園田は、ベートーヴェン「ピアノ・ソナタ」全三十二曲の校訂楽譜を完成させたのち、バッハ作品の校訂にも取り組んだ。この校訂版、いわばバッハの「園田版」について、筆者の行ったインタビューで、次のように語っている（一九九九年十二月、「パルティータ」全曲演奏会に向けたインタビューより）。

原明美（聞き手）「バッハ生誕三百年の一九八五年、四回にわたるバッハ・シリーズでは、ヘンレ版（ドイツ・ヘンレ社の原典版）を使ったと、当時先生から聞きましたが、今回もヘンレ版をベースに、アーティキュレーションなどを加えられるのでしょうか？」

園田高弘「そうです。ヘンレ版をなぜ使っているかというと、一番流布している原典版で、なおかつ楽譜にたくさん余白があって、書き込みがしやすいから。ヘンレ版をもとに、ペダリングやダイナミック・サイン（強弱の指示）、テンポ、アーティキュレーション、フレージングなど、どういうふうに演奏するかの指示を書き込んで、『園田版』を作っているわけです。（中略）バッハの作品は、クラヴィコードやチェンバロのために書かれたものですから、音量・機能が異なる現代のピアノで演奏するピアニストは、どのようにバッハをピアノで蘇生させるべきか、どう弾くべきか、方法を探究しなければいけません。楽器の違い、作品の時代背景をもとに、非常に詳細な楽譜の研究をした上で、自分で決めるべき要素がたくさんあるわけです。」

晩年の園田は、以前にも増して演奏活動に邁進すると同時に、録音ならびに楽譜の校訂にも意欲的に、次々と取り組んだ。ベートーヴェンのピアノ協奏曲の全曲録音と、ソナタ全三十二曲の校訂譜を仕上げたのち、バッハ「インヴェンション」と「シンフォニア」の校訂譜が、世を去ることになる二〇〇四年に出版されている。ほぼ書き終えられた原稿の遺ってい た「平均律クラヴィーア曲集」第1巻・第2巻の校訂譜については、園田に師事してこの作品全曲のレッスンを受けた筆者が、遺稿や、レッスン当時の譜面のメモやノートなどをもとに補筆・完成させ、それは二〇〇五年（第1巻）と二〇〇六年（第2巻）に春秋社から出版された。

「この校訂楽譜は、（中略）ピアノの特性を生かした演奏のための一つの解釈を示したものである。（中略）各版を参考にしつつ、作品の正確な理解と、実践的な演奏法を提示することを目指した。」

「時代の移り変わりと演奏楽器の発展によって演奏様式も変化してゆくのは自然であって、現在のピアノによる『平均律』の演奏は、すべてその歴史的経緯を踏まえたうえでなされるものなのである。それはすべてバッハが『平均律クラヴィーア曲集』の巻頭に書いた、『音楽学習者の喜びをうながす』ことであり、ピアノという現代の楽器によって、その機能とピアノの特性を生かした演奏をすることは、バッハの意図から逸脱したことではない。」

園田が晩年に精魂を傾けて仕上げたこの「園田版」のバッハ校訂譜には、自身の演奏した全曲盤のＣＤも付いており、併用することによって、その解釈をより深く理解できるはずである。

Ⅶ　挑戦者としての音楽

「実験工房」と現代音楽

「実験工房」での活動

日本を含む現代の作品を積極的に紹介したことも、園田高弘の残した重要な業績である。彼は早くから、二十世紀の音楽作品に興味を示していた。たとえば一九五〇年三月二十四日、東京・日比谷のCIEライブラリーでのレコード・コンサートに足を運び、そのとき作曲家の湯浅譲二もいた、という記録がある。CIEとは、Civil Information and Education Sectionの略で、GHQの民間情報教育局のことである。「あのころは戦後の何もないところへ、いろいろ新しいニュースや楽譜が外国から入ってきて、もう渇望したというか、そういうものに飛びついて演奏した時代だった」(対談集『見える音楽 見えない批評』より)。

そして、作曲家の武満徹らによって一九五一年に結成された「実験工房」に、一九五二年から参加した園田は、メシアンなどの作品の日本初演をしている。また、武満の「遮られない休息」や、湯浅譲二の「内触覚的宇宙」などを初演したのも園田であった。

「園田さんとは一九五一年に旗揚げした『実験工房』以来の付き合いだった。当時の若いピアニストの中でも、彼はとりわけ積極的に新しい音楽に取り組んでいて、武満徹や私など『アウトサイダー』を自任していた作曲家にとって頼もしい存在だった。技巧も申し分なく、メシアンの『アーメンの幻影』など彼が実験工房の演奏会で日本初演した難曲は数多い。私も初期の代表作『内触覚的宇宙』を、五七年に初演してもらった。園田さんの演奏はもったいぶったところがなく正確無比。バルトークやプーランクなどを実にみずみずしい音楽として聴かせてくれた。」（湯浅譲二「園田高弘さんを悼む」二〇〇四年十月十二日、読売新聞）

湯浅譲二（一九二九～二〇二四）が一九五七年に作曲した「内触覚的宇宙（COSMOS HAPTIC）」は、初演した園田高弘に献呈されている。

「実験工房」は、美術や音楽など、ジャンルを超えて集まった若手前衛芸術家のグループであり、一九五一年に結成され、十年近く活動した。主なメンバーは、美術家・写真家の北代省三、美術家の駒井哲郎、福島秀子、山口勝弘、写真家の大辻清司、作曲家の佐藤慶次郎、鈴木博義、武満徹、福島和夫、湯浅譲二、ピアニストの園田高弘、照明家の今井直次、技術者の山崎英夫、詩人・評論家の秋山邦晴である。

最初の活動は一九五一年十一月、東京・日比谷公会堂でのピカソ展前夜祭のために、創作バレエ「生きる悦び」（ダンサーは谷桃子ほか）を企画・構成したことであり、これが第一回発表会となった。彼らを支持し、「実験工房＝エクスペリメンタル・ワークショップ」として九月に命名したのは、詩人で美術評論家の瀧口修造である。なお、園田が加入したのは一九五二年からであり、彼自身の記憶によれば、おそらく秋山邦晴に誘われたのだという。

園田が参加した「実験工房第二回発表会」は、「現代作品演奏会」として、一九五二年一月二十日（日）の午後二時から東京・市ヶ谷の女子学院講堂で開催された。曲目は、メシアン「前奏曲集」（日本初演）、「世の終わりのための四重奏曲」（日本初演）、コープランド「ヴァイオリンとピアノのためのソナタ」、バルトーク「ピアノ・ソナタ」、ノーマン・デロ＝ジョイオ「二つの前奏曲」、バーンスタイン「四つの記念」だが、以上のうち、バルトーク作品は「演奏されなかったかもしれない」という記録があり（二〇一三年十一月二十三日～二〇一四年一月二十六日に東京・世田谷美術館で開催された「実験工房展」による）、また、バーンスタイン作品は園田の演奏ではなかった。

このとき、メシアンの「世の終わりのための四重奏曲」を日本初演したメンバーは、園田のほか、岩淵龍太郎（vn）、大橋幸夫（cl）、堀江泰氏（vc）であったが、同じ四人による同曲の演奏が、一九五四年七月三十日に、NHKラジオ第二放送の「ラジオ・リサイタル」で放送されていた。その一部が久方ぶりに再放送された。園田の没後十年ということで、二〇一四年十月二十五日放送のNHK－FM「クラシックの迷宮」で、全8楽章のなかの第7楽章を聴くことができたのである。さらに、二〇一六年五月二十八日には、同じFM番組で、ヴァイオリニスト岩淵龍太郎の追悼として、このメシアン作品の全曲が再放送された。六十年以上も前の演奏ながら、当時の若き精鋭たちの気概が伝わり、新鮮な印象を受けた。

次に園田が参加した「実験工房第四回発表会」は、「園田高弘渡欧記念／現代作品演奏会」として、一九五二年八月九日に、同じく女子学院講堂で開催された。演奏された曲目は、サティ「グノシェンヌ」「夜想曲」、ミヨー「マルティニークの舞踏会」「ニュー・オリンズの謝肉祭」、湯浅譲二「二つのパストラール」（処女作・初演）、武満徹「遮られない休息Ⅰ」（初演）、鈴木博義「二つのピアノ曲」（初演）、バーバー「ピアノ・ソナタ」、メシアン「アーメンの幻影」（ピアノ・デュオ／園田高弘&松浦豊明、日本初演）だが、このうち鈴木作品は長松純子が演奏した。そして、「渡欧記念」とのタイトルどおり、園田はこの直後、初めてヨーロッパに渡る。

園田が病のために帰国し、二度目の渡欧をする前に「実験工房」に参加したのが、一九五七年六月二十二日（土）、東京のブリヂストン美術館で開催された「作曲家の個展～第三回実験工房ピアノ作品演奏会」である。「ブリヂストン美術館コレクション展～ベスト・オブ・ザ・ベスト」（二〇一五年開催）での展示物によれば、この演奏会は午後四時の開演、入場料は百円であり、一九五二年に開館した同館の音楽新企画として開催された「作曲家の個展（作品発表会）」シリーズのひとつ。主な曲目は、武満徹「二つのレント」「遮られない休息Ⅰ」、佐藤慶次郎「五つの短詩」「悼詩」（後者は初演）、湯浅譲二「内触覚的宇宙」（初演）、鈴木博義「二つのピアノ曲」だが、「何曲かは演奏されなかったようだ」という記録もある。なお、この演奏会直後の七月九日にＮＨＫで録音され、同月二十一日に放送された園田の演奏（ここに挙げた六作品）は、ＮＨＫ「現代の音楽」アーカイブシリーズの特別篇としてＣＤ化され、二〇一三年にナクソス・ジャパンからリリースされた（ＮＹＮＧ－０１３）。

この録音のあと間もなく、一九五七年七月十九日に、園田は二度目の渡欧をし、ドイツに移住することとなる。「実験工房」は正式には解散しなかったが、この年の後半ごろから一人一人が多忙になり、共同作業は終了した。

園田自身は、実験工房での活動を、どのように感じていたのか。

「『実験工房』というのは（中略）謙虚に仕事で結びついた二十代の青年芸術家の集まりです。しかも、そこで音楽や造形芸術や詩の世界が、はからずも結び付いていることは、実に尊い芽生えだと信じています。実験工房が冒険的に海外の新しい作品紹介に手を付けてくれたことに、いまもって同感を禁じ得ません。（中略）実験工房というのは、いってみれば、私の青春とともにあった。それによって、現代音楽、それから前衛芸術というようなものに非常に関心がわいた。（中略）それがあったから、新しい芸術、前衛芸術、そういうものに違和感とか拒絶感とか拒否感とかは、まったく持つことはなかった。それには、私はいままでも、非常に感謝している。」（一九九九年十二月十一日、日本アルバン・ベルク協会例会での講演「実験工房と私」より。二〇〇〇年四月、みすず書房刊「みすず」第４６９号に所収）

「実験工房」後の、現代作品とのかかわり

「実験工房」での活動以外、そして活動後も、園田は現代の作品に積極的にかかわった。演奏だけでなく、座談会やコンクール審査も含め、その活動は海外でも展開された。

一九五五年三月十日、東京・日比谷公会堂にて、清瀬保二（一九〇〇～八一）「ピアノ協奏曲」を初演した（上田仁／東響第六十八回定期演奏会）。

一九五八年九月、「ベルリン芸術週間」のなかの「日本音楽の夕べ」にて、諸井誠「ピアノのためのαとβ」を演奏した。

一九五九年八月十九日、軽井沢での「二十世紀音楽研究所／第三回現代音楽祭」にて、湯浅譲二「プロジェクション・トポロジック」を初演した。諸井誠「ピアノのためのαとβ」も演奏している。なお、この二曲と、諸井「ピアノ曲1956」、湯浅「内触覚的宇宙」の計四曲を園田は録音しており、秋山邦晴らの創始した「ジュピター・レコード」から、一九五九年にLPとして発売された。

一九六五年にヴェネツィアで、セルジウ・チェリビダッケの指揮で、ヴェルナー・テーリヒェン（一九二一～二〇〇八）「ピアノ協奏曲第2番」を初演した。一九七一年にベルリン・フィルの定期で（エーリッヒ・ベルゲル指揮）、同曲のドイツ初演も行っている。

一九六六年四月十八日、サミュエル・バーバー（一九一〇～八一）「ピアノ協奏曲」の日

本初演を行った（若杉弘／読響、東京文化会館）。なお、園田はこの曲をヨーロッパでも演奏している（一九六七年三月十二日・十三日、ヴォルフガング・サヴァリッシュ指揮、ハンブルク・フィル）。

一九六七年二月一日に東京文化会館大ホールで開催したリサイタルに、ブリテン「組曲『休日の日記』」op. 5と、ストラヴィンスキー「ピアノ・ラグ・ミュージック」が含まれている。

一九六九年にベルリンで、水野修孝「仮象――ピアノのために――」と、湯浅譲二「プロジェクション・エセムプラスチック」を演奏した。なお、水野作品については、同年二月だったとの記録もあり、ヨーロッパ初演である。

一九七〇年一月十日にベルリン・フィルの定期演奏会で（ラインハルト・ペータース指揮）、諸井誠「ピアノ協奏曲」の海外初演を行った。初演を前に、朝日新聞でも紹介されている。この作品は、一九六六年にＮＨＫ委嘱作品として作曲され、同年の放送初演および翌年のステージ初演では、小林仁が独奏ピアノを担当したが、海外初演では園田がソリストを務めた。園田は諸井誠（一九三〇～二〇一三）とは公私にわたり交流があり、共著の「往復書簡」として『ベートーヴェンのピアノ・ソナタ』『ロマン派のピアノ曲』を発表（いずれも当初は「音楽芸術」に連載）するなど活動を共にする一方、一九七一年の夏、諸井誠・登美子夫妻のドイツでの結婚式では園田夫妻が仲人を務めた。なお、この諸井作品を、園田はのちに日本でも演奏している（一九七七年五月の名古屋公演。後述）。

一九七〇年十月五日、「ベルリン芸術週間」の一環としてベルリン芸術アカデミーホールで開かれた「日本の前衛音楽'70」で、石井真木「遭遇Ⅰ――尺八曲とピアノ曲」と、高橋悠治「メタテージス」を演奏した。このうち石井作品は世界初演であり、初演者の園田と横山勝也（尺八）に献呈された（日本初演は翌年）。

一九七一年、東京ゲーテ・インスティトゥート（ドイツ文化研究所）の主催する第五回「日独現代音楽祭」（のちに「パンムジーク・フェスティバル」と改称）が開かれ、二月十一日の第一夜が「園田高弘と前衛音楽」であった（東京文化会館小ホール）。曲目は、P・ミカエル・ブラウン「メディウム」（日本初演）、ヴォルフガング・シュテフェン「シュピラーレ」（日本初演）、水野修孝「仮象――ピアノのために――」、湯浅譲二「プロジェクション・エセムプラスチック」、高橋悠治「メタテージス」、石井真木「遭遇Ⅰ――尺八曲とピアノ曲」（日本初演、尺八／横山勝也）、シュトックハウゼン「ピアノ曲Ⅺ」。「園田の鍛えぬかれた音楽精神と技巧が、前衛をどう扱うかに興味がかかっていた。尺八の横山勝也を加えた石井真木の『遭遇Ⅰ』、わずか一分間の閃きに終わったシュトックハウゼンの『ピアノ曲Ⅺ』などは、期待にたがわぬ楽興の時であった」（文／柴田南雄、一九七一年三月十日、毎日新聞）。なお、このときの演奏曲目のうち、水野・湯浅・石井の各作品は、同年五月に録音され、十一月にＬＰとして発売された（日本コロムビアＯＳ－１０１２１）。

「音楽芸術」一九七一年七月号の誌上座談会「ピアノの内部奏法の問題点」で、園田はピアノの内部奏法について実践的に語っている。なお「内部奏法」とは、ピアノの鍵盤だけでなく内部の弦に直接触れたり弦を叩いたりする奏法のことであり、ここで園田は、内部奏法を用いた湯浅譲二の作品について話している。

「私は湯浅さんの曲を弾くについて、自分の解読譜をつくったわけです。（中略）位置を覚えるためにね、（中略）こまかな何センチというのを書きました。これはこの駒板から、これはダンパーからどのくらい、こっち手前とか、強く押せとか、それを全部記号で、自分にわかるように書いてあります。（中略）演奏家として再現した場合、ある程度同じような効果が出ることが一つの条件だと思うんですよ。（中略）たとえば、フレームをパーンと叩くときにね、その前に全部ペダルを踏んでおいて叩いて、叩いたときの音が一番いいというのも、ちゃんと何回かやって、調べておいて、その効果通りにやってるわけですよ。（中略）どこを叩いたら最も効果的な音がするか、あるいは叩いている音も中に変化があるかということも調べて、そしてやるわけです。そういうことは、内部奏法の最も魅力だと思うんですね。」

また、同じ座談会で、現代の作品へのアプローチについて、次のような考えを述べている。

「古典だって、ロマン派だって、みんな同じことですけどね、音だけが並んでいるとは絶対に解釈しないでしょう？　技法なり、手法なりを通して、その裏にある、表現すべき音楽を探究するわけです。（中略）グラフ（図形楽譜）を見たから、ただそこのところを（鍵盤を）押して弾けば作曲家の意図したものが出る、とは考えてないわけです。そのグラフと技法とを通して、湯浅さんの考えていたものを表現することに、私が演奏するひとつの意味があると思うんです。」

一九七四年十月二十六日（放送日）に、諸井誠がピアノと鼓を独奏楽器として作曲した「第2協奏交響曲『交感（コリスポンデンツァ）』」を、放送初演した（鼓／藤舎呂悦、森正／N響）。

一九七七年にニューヨークで、ヴァイオリニストの江藤俊哉との共演で、日本人の作品による演奏会を開いた。

一九七七年五月二十七日、名古屋市民会館大ホールでの名古屋フィル第四十七回定期演奏会（指揮／森正）にて、諸井誠「ピアノ協奏曲」を再演した。先に紹介したように、一九七〇年一月に園田がベルリンでヨーロッパ初演をした作品である。

一九七八年四月六日、東京文化会館大ホールでの「諸井三郎記念演奏会」において、諸井三郎（一九〇三〜七七）の遺作となった「ピアノ協奏曲第2番」を、山田一雄指揮の都響と共に初演した。のちに、この演奏会のライヴ音源が蔵出しされ、二〇〇九年にCDとしてリリースされている（キングKDC－24）。ちなみに、諸井三郎がベルリンで一九三三年に書き上げ、翌年同地で放送初演された「ピアノ協奏曲第1番」について、一九三七年一月二十九日の日本初演（東京）でピアノを弾いたのは、園田の師のレオ・シロタであった（ジョセフ・ローゼンストック／新交響楽団、現・N響）。

一九七九年三月十九日、東京・虎ノ門ホールでの「日本のオーケストラ音楽」第三回演奏会（山田一雄／東京交響楽団）において、西村朗のピアノ協奏曲「紅蓮《ぐれん》」を演奏した。一九七七年に作曲・初演された「ピアノ協奏曲」を改訂した作品であり、当夜が改訂初演であった。

一九七九年十月二十二日、東京・朝日生命ホールでの「第190回朝日音楽サロン〜園田高弘ピアノコンサート」は、現代日本のピアノ曲だけのプログラムによるリサイタルであった。曲目は、松平頼暁「アルロトロピイ」、武満徹「For Away」、一柳慧「Piano Media」、湯浅譲二「On the Keyboard」、甲斐説宗「Music for Piano」、藤枝守「Falling Sound（Plastic Music）」、坪能克裕「Tri Focus for Piano」であり、園田は各作品の特色を明快にとらえた演奏を聴かせた。

一九八〇年九月二十八日、東京のＯＡＧホールで、「第十四回パンムジーク・フェスティバル」最終日のシンポジウム「音楽と批評」に参加した。

一九八五年の第一回「日本現代音楽ピアノ・コンクール」（学校法人尚美学園アビラック・ミュージック・コミュニティセンター主催）で、審査委員長を務めた。

一九九〇年五月、シェーンベルクのピアノ曲全曲を録音し、自主レーベルから一九九一年十一月にリリースした。

一九九〇年六月六日と七日、東京文化会館大ホールでの新日本フィル第１８０回定期にて、ベルク「室内協奏曲」を演奏した（小泉和裕指揮、前橋汀子vn）。

一九九六年六月十三日、「再現・１９５０年代の冒険〜実験工房コンサート」（東京・津田ホール）で、武満徹「遮られない休息Ⅰ・Ⅱ・Ⅲ」と、湯浅譲二「内触覚的宇宙」を演奏した。そのライヴ録音のＣＤ「実験工房の音楽」（フォンテック）もあるが、収録時間の都合上、武満作品のなかのⅡとⅢが割愛されている。さらに園田は、二〇〇三年十月三十一日に開催した「七十五歳記念リサイタル」（東京・サントリーホール）においても、この二作品を取り上げた。彼自身によれば、若いころ彼らと出会い、共に「実験工房」のメンバーとして活動したことを「生涯の誇り」「生涯の誉れ」とする思いを、選曲に込めたという。

二〇〇〇年、パリで開催されたオリヴィエ・メシアン国際コンクール（現代音楽の演奏によるコンクール）に、審査員として招かれた園田は、そのレポートと感想を自身のホームページに綴っている。一部を紹介しよう。

「目の前で演奏される若い演奏者の実力には、目から鱗が落ちるように驚いた。今や若い世代のピアニストたちは、自由選択曲でブーレーズ、カーターのピアノ・ソナタ、クランプの内部奏法の曲、ベリオ、クセナキスのピアノ曲等、まるで古典を演奏するように堂に入って暗譜で弾いてのける実力の持ち主である。（中略）音楽教育の現場に、若い演奏家を育てるため、その人達を教授する教師がいるし、それを（現代曲を）課す教育システムが既に確固として確立されているということである。このことは、二十一世紀未来に向かっての音楽教育を展望するときに、ヨーロッパ特にフランスは着々と礎石を築いていっているのに対して、ひるがえって日本では何時の時点からか、全く海外の音楽教育の現状から取り残されてしまったことを、痛感させられる。物見遊山的に、何処かひとつ海外のコンクールでも受けたいという安易な考えの日本人の氾濫は論外としても、こうした未来志向の音楽コンクールをパリ市が全力をあげて協力している姿勢には、心の底から羨望を禁じ得なかった。日本の音楽界を将来に向けてどう改善していかなければならないかは、これからの大きな課題であろう。」

探究と伝承

国際的な感覚

海外留学など容易にできない時代。十七歳までが戦中だったが、戦後間もなくヨーロッパに留学し、その後、ドイツ中心の生活が長かった園田高弘。彼の国際的な感覚は、ブゾーニ門下のウクライナ人であるレオ・シロタに師事した幼少のころから芽生えたのだろう。しかも東京音楽学校では、ドイツに留学した豊増昇や、パリに留学した野辺地瓜丸（勝久）に師事している。園田には、留学する前から、また、当時としては異例に早くから、グローバルなとらえ方のできる素地が備わっていたのであり、これは、西洋音楽を学ぶには大きな強みだったと言えるだろう。

日本でレオ・シロタに学び、ヨーロッパに渡ってパリでマルグリット・ロン、ベルリンでヘルムート・ロロフに師事し、さまざまなピアニズムに触れてきた園田が、ベルリンでのデビュー・リサイタルを控えていたときのこと。当時のマネージャーのフリードリヒ・パッシェが次のようなメモを渡して、ステージに向かう前の緊張をほぐしてくれたという。

「ベートーヴェン〜チェルニー〜リスト〜ダルベール〜エトヴィン・フィッシャー〜ロロフ〜ソノダ」

つまり、ベートーヴェンから園田まで、師弟の系譜がつながっているというわけである。さらに、「ブゾーニ〜シロタ〜ソノダ」という別の系譜も、ここに加わることになる。

「僕の最大の強みは、一つの流派なり門下の関係にとらわれないで、さまざまなものを咀嚼して自分のものにしてきたことだ。それがあるからこそ、演奏活動を続けてこられたのだと思う。」（『ピアニスト その人生』より）

日本人ならではのアプローチ

東京音楽学校在学中から優秀であり、卒業直後から華々しく活躍した園田は、幅広いレパートリーを持っているという自負があり、自信に満ちていた。しかし、ヨーロッパに留学したところ、西洋音楽は西洋の思想に裏づけられた音楽であることを、当たり前とはいえ衝撃的な事実として、いやというほど思い知らされた。さらに、その人生をピアノ演奏芸術に捧げることになった原点とも言うべき大きな出来事として、次の二つの体験が挙げられる。

ひとつは、パリ留学時代を紹介する項でも触れたように、フルトヴェングラーの指揮するベルリン・フィルの名演を聴いたこと。

「素晴らしかった。もう感動なんてものではなく、体の中に何かを叩きこまれた感じでしたね。（中略）私はフルトヴェングラーを二回実演で聴きましたが、その体験が生涯のバック

ボーンになったと言えますね。」（「レコード芸術」一九九九年八月号インタビューより）

もうひとつは、ドイツで、日本人ピアニストとして屈辱的な言葉をかけられ、ショックを受け、憤慨したこと。ベートーヴェンの項で紹介したように、一九六六年、シュトゥットガルトの南ドイツ放送オーケストラのラジオ録音で、サン＝サーンスの「ピアノ協奏曲第4番」を演奏したとき、共演したハンス・ミュラー＝クライという老練な指揮者が突然、「日本人に一番遠い存在はベートーヴェンの音楽だろう」と、頭ごなしに言ってきた。園田は、「血が逆流するかと思えるくらい怒った」が、この怒りの感情によって、ベートーヴェンを敬遠しがちだった姿勢も、その音楽に対する恐れも、消え去ったという。同時に、ベートーヴェンへの興味がいっそう高まり、その音楽の追求に強く駆り立てられ、徹底的に探究したいと思うようになったのである。

園田高弘はドイツものに定評があり、その業績から「ベートーヴェン弾き」のイメージを持たれがちだが、バッハから現代音楽まで、若いころから幅広いレパートリーを誇るピアニストだった。録音についても、ドイツものに限らず、ドビュッシーやラヴェルなどのフランスもの、ムソルグスキーやラフマニノフといったロシアもの、また、シェーンベルクをはじめとする二十世紀の作品を収めたＣＤも含まれている。

ドイツ音楽、フランス音楽、ロシア音楽、現代音楽を、等しくレパートリーにして、西洋クラシック音楽の全体像をつかむことを目指した園田は、技術的な鍛錬を積み、徹底した研究を重ねたうえで、伝統ある西洋音楽の世界に日本人ならではの感性を加味し、日本の美意識を盛り込む、という課題にも立ち向かう。

日本人にとって、西洋音楽は本質的に異質なものであり、その作品を演奏するには、文献を読んで勉強するしかないと、園田は留学中に強く実感したという。

「私達にできるのは、ドイツ文学者がドイツ文学を研究するように、西洋音楽を徹底して研究することであり、その中からひとつの解釈が生まれてくるのだと思う。（中略）そのように徹底して研究したのちに、日本的な感性が反映された西洋音楽論（中略）というものが出てくるわけであろう。（中略）日本人の音楽家が西洋音楽のフィールドで確固たる日本の美意識を打ち出すとき、日本人による西洋音楽自体が大きく前進するものと、私は信じている。」（対談集『見える音楽 見えない批評』より）

日本人が西洋音楽のなかで何を表現できるか。日本人の自分というフィルターを通して、いかにして多くの人々の心に響く演奏を聴かせられるか。この課題に真剣に取り組んだ園田は、海外で高く評価され、日本人ならではの美質を認められた。それは決して、狙ってできることではなく、ひたむきに西洋音楽を研究し、突き詰めていった結果として表れるものだろう。そして、日本人音楽家として、いわば新しい伝統を作り、今の日本の若い世代に、欧米で活躍する道を切り開いたのである。

世界的指揮者の小澤征爾（一九三五〜二〇二四）も、西洋音楽の世界で日本人がどこまで進んでいけるかを模索し続けた。追悼記事によると、彼は自身の人生を実験にたとえて、「僕の人生は、西洋の音楽をどこまで東洋人としてわかるようになるか、自分のスタンダードをどんなふうに作っていけるかという、前例のない実験」と、語っていたという。

終わりなき探究

園田を徹底した探究に駆り立てた源には、ピアノが好き、生まれ変わってもピアニストでありたいという、根本的な感情もある。

「ピアノが好きなんです。それをいかにして表現し、聴く人達に伝えようかと、自分の情熱を燃やすことに喜びがあるわけ。（中略）そのプロセスに喜びがないんだったら、苦労して研究などしようと思わないですよ。」（対談集『見える音楽　見えない批評』より）

「この次生まれ変わってもピアノを弾くでしょうな。なぜって、この楽器は音が純粋で、表現力が豊かで、孤独。それが好きなんですよ。」（インタビュー記事〜一九八三年十月三日、

毎日新聞夕刊）
「次に生まれ変わったら何になりたいかと聞かれるが、私はやはりピアノを触っているだろう。」（寄稿「自分と出会う」～一九九七年十一月十八日、朝日新聞）
「（生まれ変わっても）できればピアノを弾いていたい。（その思いは）前から変わっていない。やっぱりピアノが好きなんだ。」（ＥＴＶ特集「核心へ～ピアニスト園田高弘」ＮＨＫ教育テレビ、一九九九年九月一日放送）

ピアノが好きで、「生涯一ピアニストを貫きたい」「最後まで現役でありたい」と語っていた園田は、常に真摯かつ厳しい姿勢で、演奏家としての向上を図ってきた。

一九七一年、日本芸術院賞を受賞した当時四十二歳の園田は、「受賞を契機に」と題するコラムを新聞に寄せている。

「（中略）受賞の理由は、国内および海外での活躍により日本のピアノ界を世界的水準に引き上げることに貢献したということで、先駆者的な業績を認めてもらえたことはもちろんありがたいと思っている。しかし私自身は自分の芸術を完成したなどとは全く考えていないし、むろん満足にはほど遠いものだと思っている。（中略）私自身の芸術的発展の途上でも、より人間性の表現に腐心すべきだと感じていた矢先なので、こんどの受賞は、私の将来のため

への一つのはっきりとした契機として決意を新たにするのに役立てたいと思っている。」（一九七一年五月十一日、日本経済新聞）

そして一九八〇年、日本芸術院会員に選出された当時五十二歳の園田は、インタビューに答えて次のように話している。

「（中略）昭和生まれとして第一号会員だとのことですが、音楽家として私は、これからの年が正念場だと心しています。大学を卒業して以来、変わらず精進してきたつもりですが、いま気がつくと演奏歴四十年に達し、現役演奏家としては最年長になっていました。同年輩の現役が少なくなり、少しさびしい気がしないでもありません。が、外国や日本の邦楽界では七、八十歳でいまなお健在という方もあり、これを機会に自ら安逸をむさぼらず、音楽の道に一層励んでいきたいと思います。」（一九八〇年十一月十九日、京都新聞）

園田の言うように、欧米では七十代、八十代まで活躍したピアニストは多いが、日本の洋楽界では、環境にも起因してか、ある程度の年齢に達すると教育活動に専念したり、その多忙さゆえに技術的なレヴェルを保てなくなるなど、減速してしまう演奏家が少なくない。そうした日本の音楽界のなかで園田は、ほとんど孤軍奮闘に近い形で活動したのである。

「録音や演奏会がすむと、気に入らない訳です。（中略）自分の演奏で、良かったな、全体的に素晴らしかったと思ったことは、一度もない。（中略）どんどん目標は遠くなる。だか

ら何度でも演奏したいのです。」（インタビュー〜月刊「都響」第150号、一九九八年九月）

古稀を過ぎても旺盛な探究心と向上心をもって精力的に活動し、しかもその演奏が、より生き生きとしていて若々しかったことは、世を去る前年のライヴ盤「七十五歳記念リサイタル」でも実証されている。

「日本ではこれまでに、その年代まで弾いた人がいなかった。つまりその年代まで演奏するのは大変なプレッシャーで、今までそれに耐えた人がいなかったということだろう。」（『ピアニスト その人生』より）

晩年の演奏は、以前とはまた異なる輝きを放っていた。若さを保ったまま精神的に深みを増したようなピアノだった。園田が、年を重ねたことを理由に解釈に妥協を加えることは、一切なかった。テンポをゆるめるどころか、音楽の流れに勢いがある。それは、余分な力を抜いて淡い色彩をかもし出すような、高齢の演奏家にありがちな枯淡の境地とは、対極にあるものだったと言えよう。

伝承〜次世代へのメッセージ

園田は自らの実践によって、自身のスタンスを常に明らかにしてきたピアニストであり、音楽に限らず読書量が膨大で、その広い知識をすべて、ピアノ演奏と作品解釈に注ぎこんだ。演奏活動、録音、教授活動に加えて、著書『ピアニスト その人生』や対談集『見える音楽 見えない批評』、インタビュー、講演、放送、雑誌や新聞への寄稿などで、長年のキャリアと絶えざる研究心に培われた深い学識を披露し、熱く語った。同時に、日本の音楽界の問題にも鋭く迫り、辛口の意見を述べている。しかし、ただ批判するだけに終わるのではなく、対談相手や、時には私たち門下生に対しても、広く意見を求め、後進の奮起を促した。

園田自身、日本人ピアニストとして西洋音楽の演奏史に名を残す成果を出せるのかと、自問しながら活動を続けたわけだが、自身の出した成果は、次代の音楽家に引き継がなければならない。そこで、教育が重要になる。

「西洋音楽は私たちの血の中にないものだから、教育の力が圧倒的です。（中略）まきがなければ、燃やすことは出来ないんです。」（インタビュー～日本経済新聞／一九七二年十二月二日）

「演奏という表現活動には、終わりということがありません。（中略）そして、そういう旅を一生続けていくことで、生き方そのものが音楽になっていくということを、幾多の名演奏家たちが実践して見せてくれた（中略）。次の世代に引き継がれてこその芸術であり、それは、個性といった個人のレヴェルを超えた営みであると言ってもよいと思います。」（インタ

ビュー〜「音楽の友」二〇〇三年十一月号より)

ここで再び、園田が幼いころに師事したレオ・シロタのことに、話を戻そう。というのも、シロタのレッスンと、日本の伝統音楽の教え方が、つながっているのである。日本の伝統音楽の教え方＝伝承について補足しておくと、筆者は大学在学中、副科実技で長唄を学んだことがあるが、長唄の先生は向かい合わせに座って、三味線を弾きながら唄って教えてくれた。譜面はあるが、節回しなどはそのお手本をなぞりながら、耳と目の両方で同時に教わるのである。

「(シロタ先生のレッスンに) 通訳はいたが、レッスンは二台のピアノで一対一でする。何か違うと、『ノー、リスン』と言って弾いてくれる。ペダルの踏み方や表情の付け方など、先生が弾いたのを聴いて覚えた。そう、伝承です。日本の伝統音楽の教え方です。(中略) この影響は無視できません。音楽の場合、生の音で伝わるものが大きいですから。(中略) とにかく、二十一世紀に立派な花を咲かせるような音楽家をたくさん育てることが今一番の使命でしょう。日本には、伝統音楽の伝承という文化土壌がある。(二十一世紀への展望としては、) 皆で検討しながら、新しい道を開拓していくことではないですか。」(インタビュー〜読売新聞夕刊／一九九八年二月十七日)

個人的なピアノ・レッスンや、京都市立芸術大学教授としての教育活動のみならず、若いピアニストへの支援に力を注ぎ、コンクールを主宰し、日本から多くの優秀な音楽家が育つための土壌作りに懸命に取り組んだ園田は、何人もの音楽家にバトンを渡して旅立った。

おわりに

日本人ピアニスト初の業績、壮挙の数々を残した園田高弘は、文化功労者として顕彰された一九九八年、解離性大動脈瘤で入院したが、三か月ほどの静養を経て復帰した。その後は以前にも増して、今から思えば急ぐように演奏活動にいそしみ、古稀を過ぎてなお若々しい演奏を聴かせた。ベートーヴェン／ピアノ協奏曲の全曲録音を完成させ、ベートーヴェン／ピアノ・ソナタ全三十二曲の校訂譜を仕上げたのもこの時期である。二〇〇四年に入ってからは、バッハの「インヴェンションとシンフォニア」の校訂版を世に出し、同じくバッハの「平均律クラヴィーア曲集」全四十八曲の校訂譜の原稿もほとんど書き終えるという、超人的なペースで駆け抜けた。晩年の活動は、自らの生命をかけたものだった。「過去は振り返らない」「やりたいことは、いっぱいある」と語っていた園田は、七十六歳で世を去るまで現役で、第一線の世界的ピアニストとして、旺盛な探究心と向上心を保ちながら演奏活動を続けたのである。

日本が世界に誇るピアニスト、園田高弘は一九八〇年に日本芸術院会員に選出され、一九九八年に文化功労者として顕彰された。二〇〇四年十月七日に東京で逝去、享年七十六。正四位旭日重光章に叙勲。

強い信念を持った求道者のように、生涯をかけてピアノ演奏芸術の本質を追い求め、その伝承のために、活動内容を実践的な形で残した園田高弘。この巨匠の精力的な活動の軌跡は、CD、映像、校訂譜、著書、インタビュー、出演番組、講演記録などに残ると同時に、共演者、音楽関係者、門下生、世界中の多くの音楽家とファン、それぞれの心のなかに刻まれている。そして、貴重な遺産として後世まで美しく輝き、ずしりとした重みと共に受け継がれることだろう。

写真撮影／相澤 實（2004年9月29日）

［出典／参考文献］

Ⅰ　萌芽への軌跡と奇跡

園田高弘『音楽の旅〜ヨーロッパ演奏記』（一九六〇年、みすず書房）
園田高弘／対談集『見える音楽　見えない批評』（一九八六年、草思社）
園田高弘『ピアニスト　その人生』（二〇〇五年、春秋社）
日本経済新聞連載「私の履歴書〜園田高弘」（二〇〇〇年二月一日〜二十九日）
弟・園田敏夫あての手紙（一九五二年〜五三年）
寄稿「スイス便り」（「音楽芸術」一九五二年十二月号）
寄稿「世界の潮流に即した教育を」（「音楽芸術」一九七一年十一月号）
寄稿「恩師レオ・シロタ先生」（「ムジカノーヴァ」別冊『年齢別ピアノ学習法』、一九八七年）
寄稿「自分と出会う」（朝日新聞、一九九七年十一月十八日）
日本経済新聞インタビュー記事（一九七二年十二月二日）
朝日新聞夕刊インタビュー記事（一九九四年六月十七日）
日本経済新聞インタビュー記事（一九九四年九月十一日）
インタビュー（「ショパン」一九八四年十二月号）
インタビュー（「音楽の友」一九八八年九月号）
インタビュー（「ムジカノーヴァ」一九八八年十月号）
インタビュー（「音楽現代」一九八八年十月号）

［出典／参考文献］

インタビュー「『七十歳記念リサイタル』を前に」（朝日新聞、一九九八年九月二十三日）
インタビュー（月刊「都響」第150号、一九九八年九月）
インタビュー（「レコード芸術」一九九九年八月号）
インタビュー（「ムジカノーヴァ」二〇〇三年十月号）
対談～園田高弘&大山平一郎（「音楽の友」二〇〇四年二月号）
プログラム・ノート～ベートーヴェン／ピアノ・ソナタ・ツィクルス（一九六八年、第一回の全曲演奏会）に掲載の「ヨーロッパの新聞評から」、「一九六七年中にヨーロッパ各地で演奏したピアノ協奏曲」
プログラム・ノート～「楽壇生活五十周年記念／園田高弘／ブラームス」（一九八八年十月九日、サントリーホール）
プログラム・ノート～「園田高弘の足跡」／原明美（「第二十八回サントリー音楽賞記念コンサート」、一九九八年二月・大阪、三月・東京）
プログラム・ノート～園田高弘「七十五歳記念リサイタル」（二〇〇三年十月三十一日、サントリーホール）
プログラム・ノート（インタビュアー横溝亮一による聞き書き）～園田高弘トークコンサート（二〇〇四年三月十九日、成城ホール）
NHK総合テレビ「こんにちは奥さん」鼎談「音楽の早期教育」（一九七一年四月十五日放送）
NHK－FM「FM音楽手帳～音楽家訪問／園田高弘」（聞き手／中野博司）（一九八五年五月十二日放送）

テレビ朝日「題名のない音楽会～園田高弘、わが青春の歌」（一九九二年五月三日放送）

ＮＨＫ教育テレビ～ＥＴＶ特集「核心へ～ピアニスト園田高弘」（一九九九年九月一日放送）

ＬＰライナーノートに記載の「主要演奏歴」～ベートーヴェン／ピアノ・ソナタ全集（一九八三年、二度目の全曲録音盤）

「私のベートーヴェン～諸井誠vs野平一郎トーク・バトル」（「音楽の友」二〇〇八年二月号・三月号）

「戦争と平和と音楽家たち」山本尚志（「ムジカノーヴァ」二〇〇九年七月号）

「『音楽の友』で振り返る／あの時あの人」第十二回（「音楽の友」二〇一一年十二月号

エッセイ「ピアノ・コスモス～自分史の中の『ピアノ読本』」諸井誠（ＯＮＴＯＭＯ　ＭＯＯＫ『ピアノ曲読本』、一九九六年五月、音楽之友社）

読売新聞記事～スーザン・ファー（ハーバード大学教授、『日本の女性活動家』著者）（二〇一五年七月十五日掲載）

「現代日本の管弦楽作品表１９１２～１９８０」（作成／楢崎洋子）（「フィルハーモニー」特別号、一九八一年九月、ＮＨＫ交響楽団）

『新編　日本の交響楽団定期公演の記録１９２７―１９８１』（小川昂編、一九八三年、民音音楽資料館）

「フィルハーモニー」２０００／２００１　Special　Issue（二〇〇一年六月、ＮＨＫ交響楽団）

「フィルハーモニー」２００１／２００２　Special　Issue（二〇〇二年六月、ＮＨＫ交響楽団）

『人生の朝の中に《うち》～羽仁もと子選集』（一九九五年、婦人之友社）

『ガスパール・カサド　原智恵子　コレクション目録』（二〇一六年、玉川大学教育博物館編）

V　ベートーヴェンとの長い旅

日本経済新聞インタビュー記事（一九九四年九月十一日）
インタビュー（「音楽の友」一九九四年十一月号「スポットライト」）
対談「ピアノ・ソナタにみるベートーヴェンの古典性とロマン性」小倉朗&園田高弘（「音楽現代」一九七六年八月号）
読売新聞夕刊「余話」（一九九九年十一月二日）
寄稿「ベートーヴェンのピアノ曲と私」〜ロマン・ロラン全集月報7（一九八〇年五月、みすず書房）
NHK教育テレビ「ステージドア〜わがあこがれのベートーヴェン／園田高弘」（一九九六年九月一日放送）
園田高弘『ピアニスト　その人生』（二〇〇五年、春秋社）
京都新聞夕刊記事「リサイタル『ベートーヴェンの夕べ』を前に」（一九七七年六月十三日）
プログラム・ノート〜園田高弘ピアノ・リサイタル（一九七七年十二月四日、日比谷公会堂）
プログラム・ノート〜「ベートーヴェン／ピアノ協奏曲第3番・第4番・第5番」（一九七八年三月二十日、東京文化会館）
対談「ベートーヴェン／ピアノ・ソナタの問題点」属啓成&園田高弘（「音楽の友」一九七〇年四月号）
インタビュー（「ムジカノーヴァ」一九九七年五月号）
インタビュー（「レコード芸術」一九九九年八月号）

毎日新聞夕刊インタビュー記事（一九八三年十月三日）
インタビュー（季刊「アルペジオ」一九七〇年夏号、京都・十字屋楽器店）
インタビュー「園田高弘に聞くベートーヴェンのピアノ・ソナタの世界」（「音楽現代」一九八三年六月号）
プログラム・ノート「根源的な理念を求めつづけて／園田高弘」～「ベートーヴェン／ピアノ・ソナタ全曲シリーズ」前期（一九八三年三月～六月／東京、大阪）
インタビュー（「ムジカノーヴァ」二〇〇三年十月号）
NHK－FM「FM音楽家手帳～音楽家訪問／園田高弘」（聞き手／中野博司、一九八五年五月十二日放送）
対談～園田高弘&大山平一郎（「音楽の友」二〇〇四年二月号）
インタビュー（「トッパンホール・プレス」第2号、二〇〇二年十一月）
CDライナーノート～「ベートーヴェン／ピアノ協奏曲全集Ⅰ・Ⅱ・Ⅲ」
プログラム冊子～ワルシャワ・フィル来日公演ソリスト紹介欄（一九七三年）
プログラム・ノート～「ベートーヴェン／ピアノ協奏曲（全五曲）連続演奏会」（一九七七年九月十二日・十三日／大阪・フェスティバルホール）
インタビュー（月刊「都響」第150号、一九九八年九月）
プログラム冊子～ベートーヴェン／ピアノ・ソナタ・ツィクルス（一九六八年、第一回の全曲演奏会）に掲載の「ヨーロッパの新聞評から」
LP（講演録）「園田高弘、ベートーヴェン／ピアノ・ソナタを語る」（全曲盤の特別附録、一九七

〇年）
楽譜～園田高弘校訂版ベートーヴェン／ピアノ・ソナタ「出版にあたって」（二〇〇〇年七月）
東京藝術大学大学院特殊講義／園田高弘「ベートーヴェンのピアノ・コンチェルトについて」（一九七八年）
プログラム・ノート～園田高弘「七十五歳記念リサイタル」（二〇〇三年十月三十一日、サントリーホール）
NHK－FM「園田高弘ピアノ・リサイタル」演奏とインタビュー（一九七九年十二月二十八日、生放送）
「トッパンホール・プレス」第15号（二〇〇五年一月）

Ⅵ　園田高弘とショパン、ブラームス、バッハ

◆ショパンに関して

寄稿「楽曲についての基本的理解」（『最新ピアノ講座6～ピアノ技法のすべて』一九八二年、音楽之友社）
寄稿「恩師レオ・シロタ先生」（一九八七年、「ムジカノーヴァ」別冊『年齢別ピアノ学習法』）
インタビュー（日本経済新聞、一九七二年十二月二日）
インタビュー（「ショパン」一九八四年十二月号）
インタビュー（「音楽現代」一九八八年十月号）
インタビュー（「音楽の友」一九八八年九月号・一九九八年十一月号）

インタビュー（「レコード芸術」一九九九年八月号）
インタビュー（月刊「都響」第150号、一九九八年九月）
出演番組「世界・わが心の旅／ポーランド～ショパンを大地に聴く／園田高弘」（NHK－BS、一九九八年十月十七日、ショパンの命日に放送）
原明美への手紙～ポーランド・クラクフより絵葉書（一九九八年六月十五日着）
CDライナーノート～「ショパンの音楽について」「ショパンと私」（一九九八年録音「ショパン／エチュードop.10、op.25」）、「ショパンについて」（一九九七年録音「ショパン・アルバム第4集～ソナタ第2番ほか」）、「24の前奏曲」（一九八三年録音）、「演奏のエピローグ」（一九八九年録音「ショパン・アルバム第2集～ソナタ第3番ほか」）
園田高弘『ピアニスト　その人生』（二〇〇五年、春秋社）
対談集『見える音楽　見えない批評』（一九八六年、草思社）
園田高弘、諸井誠『ロマン派のピアノ曲　分析と演奏　往復書簡』（一九八四年・音楽之友社、初出「音楽芸術」一九七七年一月号～十二月号）
プログラム・ノート～一九七六年十月十九日のリサイタル（東京・日比谷公会堂）
プログラム・ノート～一九七九年六月八日のリサイタル（大阪・フェスティバルホール）
対談「園田高弘の音楽哲学」園田高弘×相澤昭八郎、二〇〇三年十二月十六日（「レコード芸術」二〇〇四年十二月号、追悼記事として）

◆ブラームスに関して

出演番組「青少年コンサート」（ＮＨＫ－ＦＭ、一九七六年五月二十三日、六月二十日放送）
出演番組「サンデー・クラシック・スペシャル～ブラームスのピアノ音楽の魅力」（ＮＨＫ－ＦＭ、一九八七年八月十六日放送）
園田高弘、諸井誠『ロマン派のピアノ曲　分析と演奏　往復書簡』（一九八四年・音楽之友社、初出「音楽芸術」一九七七年一月号～十二月号）
寄稿「演奏家が語るブラームスの魅力」（「音楽の友」一九八三年六月号）
プログラム・ノート～「ブラームス／ピアノ協奏曲の夕」（一九七六年五月十四日、大阪・フェスティバルホール）
プログラム・ノート～「ベートーヴェン／ピアノ協奏曲連続演奏会」（一九七七年九月十二日・十三日、大阪・フェスティバルホール）
プログラム・ノート～「京都市立芸術大学創立百周年記念演奏会」（一九八〇年十月二十七日、大阪・フェスティバルホール）
インタビュー（「音楽現代」一九八八年十月号）
インタビュー（「ムジカノーヴァ」一九八八年十月号）
インタビュー（「フィルハーモニー」第七十一巻第三号、一九九九年九月発行、ＮＨＫ交響楽団）
ＣＤライナーノート～「ブラームス・アルバムⅠ」「ブラームス・アルバムⅡ」「ブラームス・アルバムⅢ」

◆バッハに関して

寄稿「楽曲についての基本的理解」（『最新ピアノ講座6〜ピアノ技法のすべて』一九八二年、音楽之友社）
寄稿「バッハ生誕三百年」（「尚美学園だより」第六十二号、一九八五年一月）
寄稿「イギリス組曲について」（ピアノ講習会チラシ、一九六九年、ヤマハ）
園田高弘『ピアニスト その人生』（二〇〇五年、春秋社）
LP「園田高弘、ベートーヴェン／ピアノ・ソナタを語る」（全曲盤の特別附録、一九七〇年）
対談「創造と再現をめぐって／園田高弘&諸井誠」（「ムジカノーヴァ」一九七四年三月号）
インタビュー（「レコード芸術」一九九九年八月号）
インタビュー（「ムジカノーヴァ」二〇〇〇年五月号・二〇〇三年十月号）
インタビュー（東京オペラシティ／メンバーズマガジン「tree」二〇〇〇年二月号）
インタビュー（「フィルハーモニー」第七十一巻第三号、一九九九年九月発行、NHK交響楽団）
公演チラシ「バッハ／パルティータ全曲演奏会」（二〇〇〇年三月二十一日、東京オペラシティ）
楽譜〜バッハ「平均律クラヴィーア曲集」第1巻・第2巻（園田高弘校訂版、遺稿にもとづき補筆、二〇〇五年・二〇〇六年に出版、春秋社）
CDライナーノート〜バッハ「平均律クラヴィーア曲集」第1巻・第2巻（一九九二年録音）

あとがき

恩師である園田高弘先生へ、心からの感謝をこめて、本書を捧げます。

夫人の園田春子様には、貴重な助言をいただき、内容について、また写真の掲載について、許諾をいただきました。厚く御礼申し上げます。

文芸社の前田洋秋さん、藤田渓太さんをはじめ、スタッフの方々には大変お世話になりました。ありがとうございます。

園田先生と出会わせてくれた両親、本の完成まで見守ってくれた家族、応援してくれた友人にも感謝です。

音楽を学んでいる若い人たちには、ピアニスト園田高弘の渾身の演奏を、ぜひ聴いてもらいたい。自主レーベルから出されていたＣＤは、ｗｅｂ上で、ＮＡＸＯＳのミュージック・ライブラリーで聴くことができます。また、昨年末から今年にかけて、これらのなかから編集された『園田高弘Ｊ・Ｓ・バッハ集大成』『園田高弘ロマン派Ｂｏｘ』という二つのＣＤＢｏｘが発売されました。

そして、園田先生が晩年に精魂を傾けて作ったベートーヴェンとバッハの校訂譜も、ひもといてみて下さい。

ピアノを愛する人に、ピアニストを目指す人に、この本が少しでもお役に立てば嬉しいです。

二〇二四年十月七日、園田高弘先生の二十回忌に

原　明美

著者プロフィール

原 明美（はら あけみ）

音楽評論家。京都府出身。4歳でピアノを始め、10歳より園田高弘氏に師事。東京藝術大学音楽学部楽理科卒業、安宅賞受賞。同大学院音楽研究科音楽学専攻修士課程修了。ピアノ音楽を中心に評論活動を行う一方、これまでにNHK-FM、NHK-BS、TBSラジオ、BS-PCM放送局「セント・ギガ」で音楽番組の制作に携わる。共著書に『ピアノおもしろ雑学事典』（ヤマハミュージックメディア）。バッハ『平均律クラヴィーア曲集』第1巻・第2巻の園田高弘校訂版楽譜（春秋社）を、恩師の遺稿をもとに校閲して完成。

和魂洋才の連弾 園田高弘メモリアル

2024年11月15日　初版第1刷発行

著　者　原 明美
発行者　瓜谷 綱延
発行所　株式会社文芸社
〒160-0022 東京都新宿区新宿1－10－1
電話 03-5369-3060（代表）
03-5369-2299（販売）

印刷所　株式会社フクイン

ISBN978-4-286-25844-7